我国城乡社区图书馆

建设与发展战略研究

孙国峰　唐俐俐 著

WOGUO CHENGXIANG SHEQU TUSHUGUAN
JIANSHE YU FAZHAN ZHANLUE YANJIU

浙江工商大學出版社 ZHEJIANG GONGSHANG UNIVERSITY PRESS｜杭州

图书在版编目(CIP)数据

我国城乡社区图书馆建设与发展战略研究 / 孙国峰，唐俐俐著. — 杭州：浙江工商大学出版社，2019.11
ISBN 978-7-5178-3527-1

Ⅰ. ①我… Ⅱ. ①孙… ②唐… Ⅲ. ①社区图书馆—图书馆工作—研究—中国 Ⅳ. ①G259.252.4

中国版本图书馆 CIP 数据核字(2019)第 221784 号

我国城乡社区图书馆建设与发展战略研究
WOGUO CHENGXIANG SHEQU TUSHUGUAN JIANSHE YU FAZHAN ZHANLUE YANJIU
孙国峰　唐俐俐 著

责任编辑	田程雨
封面设计	林朦朦
责任印制	包建辉
出版发行	浙江工商大学出版社
	（杭州市教工路 198 号　邮政编码 310012）
	（E-mail：zjgsupress@163.com）
	（网址：http://www.zjgsupress.com）
	电话：0571 - 88904980，88831806（传真）
排　版	杭州朝曦图文设计有限公司
印　刷	杭州宏雅印刷有限公司
开　本	880mm×1230mm　1/32
印　张	8.5
字　数	260 千
版 印 次	2019 年 11 月第 1 版　2019 年 11 月第 1 次印刷
书　号	ISBN 978-7-5178-3527-1
定　价	38.00 元

序

　　文化自信是新时代中国特色社会主义强国建设的必然要求，但文化自信绝非是一句口号就能实现的，还需要长期扎实的工作。图书馆作为我国文化事业发展的重要组成部分，对社会大众潜移默化的作用不可低估。它在满足人们文化知识追求和精神需求的同时，也提升了国民素质，优化了社会环境，助推了经济社会的进一步发展。新中国起于百废待兴的基础上，尤其是改革开放的前期，经济增长是首要任务。"仓廪实而知礼节"，人们先要解决吃饱饭的问题。因此，图书馆事业尽管也在不断地建设发展之中，但也仅仅是在一些大中城市才得以较好地实施。整体上，我国各级政府在解决经济难题的惯性下，没有将图书馆事业放在一个相对重要的位置，本来有限的社会资源也就自然而然地较少投放于文化领域。在社会经济发展的初、中期阶段，这种选择可谓是一种无奈的理性。但当我国已经成为世界第二大经济体，拥有相对完整发达的工业体系，全面小康社会即将建成并走向新时代中国特色社会主义现代化强国两个一百年目标时，就必须高度重视文化事业的建设，补齐短板，避免出现社会经济发展进程中的"短板效应"。而大力发展图书馆事业就成了文化事业建设的重中之重。

　　我们欣喜地看到，近年来，随着各级政府的不断重视和大量利好政策的出台，我国的图书馆事业也正在快速地向前发展。尤其是东部沿海发达地区，其城乡社区图书馆都取得了很好的发展成绩，也产生了较好的社会效益。方便了群众，给人们带来了幸福感和获得感。中西部欠发达地区的图书馆事业也水涨船高，得到了一定的发展。但是，我们也应该看到，由于长期的制度惯性，即使在城市,社区图书馆的建设发展也存在着诸多问题。除了受限于资金的短缺,更多的问题导源于制度设计的不合理和人们意识上的保守。城市如此,广大的农村则更是问题丛生。"十九大"报告已经将乡村振兴作为接下来最重要的战略之一,而要发展农村,除了经济要上去,文化精神建设更不能忽视。尽管各级政府在农村文化建设方面已经出台了许多投资扶持政策,开展了诸如"文化工程"等全国层面的建设项目,但面对广大复杂的农村,这些还远远不够,还需要各级政府和全体社会的艰苦努力。

本书从社区图书馆的概念、发展历史、现状和问题、发展模式、路径选择、国内外案例比较以及我国社区图书馆的发展对策等方面比较系统地展开分析,以期探寻这一文化工程重要组成部分"以人为本"的科学发展路径。其中第二章、第三章第三、四节和第六章由唐俐俐撰写,共计 6 万多字;其余章节由孙国峰撰写。

目　录

第 1 章
绪　论

1.1　概念界定

1.1.1　社区

"社区"一词源自拉丁语,表示人与人之间拥有某种共同的特质且联系密切,并产生了情感纽带。例如,人们长期居住在某一场所,并形成了某些共同的风俗习惯、价值取向,在生活上联系密切,这样的一个社会实体就是社区。"社区"一词最早由我国学者费孝通从德语转译而来,这一译法得到了社会的认可,现在仍被人们广泛使用。

社区是社会学的常用术语,腾尼斯认为社区是由思想观念相似的人组合而成的,人们在日常生活中互动频繁,互帮互助,是一种人情味十足的社会关系和社会团体。此外,他还将社区划分为地区社区、非地区社区和亲属社区。随着社会的不断进步,人们在以往的基础上,根据自身所处的不同背景条件对社区做了丰富的解说。戴维·波普诺在《社会学》中指出社区是在一个地区内的人们围绕着日常生活交往组织起来的群体。世界卫生组织认为社区是一个社会共同体,人们有着共同的价值取向,居住的场所比较固定;他们在日常生产生活中有着较为紧密的联系,并在相处的过程中产生一些约定俗成的东西,促使人们会自觉遵守;这些社会实体会一同致力于公益事业以促进所在社区的和谐稳定。在《中国大百科全书·社会学卷》中社区是指特定的地区范围内的社会群体,其特点体现为有一定地域界线,成员数量较为稳定,住户之间往来密切,并形成某些行为规范和社区意识。《辞海》认为社区是在某固定区域范围内的社会群体的总称。其包含的要点有:①特定区域边界;②该地区成员数量相对稳定;③它有特定的形态和类型,有共同的认知、理解、判断和选择,人们在社会活动中会遵循共同的标准和原则,会根据居住地的特点进行机构设置;④配备有相应的基础设施,为当地居民提供服务。费孝通在《社会学概论》一书中也指出,社区是指聚集在某一地区内,并且在生活上紧密相连的若干社会群体或社会组织所形成的大集体。霍国庆、金高尚认为社区是一定地域范围内,具有社会互动,生活联系密切的人类群体。彭吉罗尔认为社区是指特定区域内,由一群拥有个性特征且往来密切的人构成的和谐团体。2003年,王冰在《社区图书馆建设刍议》一文中认为社区是人口居住相对集中的一定范围内的区域,该文章指出社区主要是由五个基本要素构成。陈华认为社区是指居住在某区域范围内的群体或组织,依据某些规则、法规条例组合而成的社会生活共同体,具有地区特性。鲍日新、刘泽雨、董慧等人从构成社区的客观因素出发,认为社区是由一定的地域范围内的,拥有社会互动、共同的价值观念和地方特征的生活方式,且彼此相互依存的社会群体和社会组织所形成的社会生活共同体。汪大海、魏那、郁建立等人认为社区即区域性的社会,是人们能感觉到的具体化了的社会。蔡禾综合国外和国内学者的认识,对社区给出以下定义:"社区是在一定的地域范围内,在日常生活中彼此相识且互相来往,具有共同利益和认同感的社会群体,即人类生活共同体。"

综上所述,我们可将社区理解为:它是具有一定地域界线的社会生活共同体,包含着地域、人口、社会互动、组织形式、行为规范、文化和意识等。目前,我国将社区普遍表述为:聚居在某区域范围内的人们所构成的社会生活共同体。根据我国现实情况,它通常包括街道、乡镇、里弄（小区）、村庄。

社区是由人构成的，是现代人类聚居的主要形式。按照社区所具有的特征可划分成不同的类型，通常以人口密度、人口聚集度和经济结构等为划分标准，可划分为农村社区、城镇社区和城市社区。农村社区在我国主要指的是行政村或自然村，是指居民以农业为主要经济产业的区域社会。在该社区内，居民之间血缘关系浓厚，人们深受风俗习惯的影响，人口密度低，生产经营活动和组织架构比较单一，该社区的发展直接关系到我国现代化的整体进程。在我国，城镇社区的服务对象是城镇居民，直接对社区内的群团组织、党建工作、环境卫生、文化事业等进行管理，是中国基层群众自治组织的重要组成部分。随着现代化的发展以及城市化水平的不断提高，城市社区将逐渐成为城市居民生活和学习的主要空间。新型社区将结合地域性、利益性和认同性等构成要素，按照便于服务管理、提高社区资源开发利用率以及民主性的原则，对原有管理体制和建设模式进行重新设计，使社区更人性化，更具有社会属性的特质。

因此，社区具备的基本要素包括特定区域、居民、机构，管理体制，能帮助社区民众进行社会互动，是具有共同的价值取向的社会实体。值得注意的是，它并不像政区边界那样分明。此外，一个大的社区通常由若干个小的社区构成，这若干个小的社区即居民小区，居民小区将会成为城市建设的基本架构。

1.1.2 社区图书馆

（1）图书馆和公共图书馆

起初，英文"Library"由日本学者译为日文，中文的"图书馆"一词则由日文转译而来。

对于图书馆的定义，有些学者将它理解为一种记号或标记，是一种被感知的客观形式;还有一些学者将其视为一种实体,如"社会装置"、"设施"等。在我国,图书馆最早是一个搜集、整理、存储图书资料并为需求者提供借阅参考的机构。随着社会生产力水平的提高,和大众闲暇时间的增多,人们更加重视自身的文化素养,也更加强调及时获取信息资源。顺应时代的变化,图书馆将逐渐成为文化教育机构和信息交流中心。

公共图书馆是保障公民享有最基本的受教育权利和文化信息权利的重要设施,为群众提供一个交流文化的良好场所,是建设我国现代化文化体系不可缺少的重要公益机构,是平等免费的社会公共空间。它具有地域属性,为就近的居民免费开放,如提供休闲娱乐场所、进馆借阅、信息咨询等。公共图书馆的建立和完善离不开国家政策和财政的大力支持。

(2)社区图书馆

我国学界对社区图书馆内涵的界定各持己见,目前还未有一个比较权威的定义能够被社会广泛接受。国内最先对"社区图书馆"概念进行探讨的学者廖子良,他在《建立社区图书馆刍议》一文中指出:"所谓社区图书馆,就是按社区设置的图书馆,如城市图书馆、集镇图书馆、工矿图书馆、农村图书馆、特区图书馆、海港图书馆、林区图书馆,等等。"霍国庆和金高尚认为社区图书馆对人们的生活具有重要影响,它对社区的发展起着重要的作用,是图书馆的另一种表现形态,他们将社区图书馆划分为三种类型:乡村社区图书馆、小城镇社区图书馆和市社区图书馆。马仁勇、武晓丽在提出关于河北省社区图书馆建设的构想方案中,除上述三大类型外还增加了街道(里弄)社区图书馆。学者刘兹恒、薛旻则从社区图书馆的功能视角提出了社区图书馆的概念。"社区图书馆,即建立在社区内,以社区居民的需求为出发,通过对各种类型信息的搜集、保存、组织与利用而形成的一种文化教育机构,同时也是社区信息交流的中心。"李诚认为社区图书馆是建立在社区内的,是一种基层公共图书馆。相对于公共图书馆来说,它对外界的需求和刺激比较灵敏,能够及时反映人们的需求。它通过对文献信息的选择、组织和传递来为本地社区居民提供免费社会教育、培育社区文化和提供信息咨询等服务,从而满足社区读者的最大需求。杜秦生认为随着互联网技术的发展,各种信息资源实现了全面共享,社区图书馆在技术上也得到了大幅度提升,馆与馆内部之间、馆与外部之间在信息资源上逐步实现整合,人们获取信息资源更加及时也更加便利。黄丽琼认为社区图书馆具有 4 个最显著的特点:小型,分散,数量众多,方便居民。胡长锋指出,与传统图书馆相比较,社区图书馆的特点为:①举办主体多元化;②读者对象多样性;③经费的不确定性;④社区图书馆的娱乐性。吴德志认为快餐化社区图书馆的特征为:效率性、可测定性、可预测性、可控性。

社区图书馆是公共图书馆服务领域的延伸,它设置在社区内,以社区为单位,面向社区各阶层和年龄段,根据他们不同的需要,提供职业培训、养老、学前教育等活动,是社区居民休闲娱乐的场所。人们在此还可及时了解股票交易、房价涨落等信息资源,公共图书馆具有大区域特性,其服务范围大、结构松散。而与公共图书馆不同的是,社区图书馆具有小区域性特性,其服务范围比公共图书馆小,结构相对来说较紧密。它更强调服务于社区居民,对服务职责、范围更明确,对图书馆的馆藏量以及读者容纳量更加重视,更加注重发挥社区图书馆在社区中的情感纽带功能。随着城乡一体化的发展,社区图书馆建设和管理模式日趋完善。借助先进的科学技术,社区图书馆搜集、整理、加工和贮存相关信息资源等传统功能有了较大的改进,并朝着数字化和网络化的方向迈进。社区图书馆具有宣传教育、信息传递、社会教育和文化传承等功能,它能够反映社区的历史和现状,使本社区文化传统得以传承,还有助于居民及时接受新知识和新观念,从而促进社区的建设和发展。同时,它作为信息集散地,随着信息资源的网络化和数字化,信息的利用率将普遍得到提高,居民之间的沟通与交流也会更加便利。农村社区图书馆是面向广大农村居民的农村基层图书馆,它为农民提供科技文化知识和技能,拓宽他们的知识面,提升他们的文化修养,是社会主义新农村建设的坚实力量。

社区图书馆发展历程。在 20 世纪 70 年代,西方国家的社区民众参与社区图书馆举办的相关活动有较高的积极性,同时,对其社区规划也产生了兴趣。此后,居民逐渐转变旧有的思想观念,社区规划的公众参与度得到很大提升。"自下而上"的社区规划体现了公众对社区建设有很高的热情,而"自愿式更新"则是社区居民面对当时环境背景主动采取的行为,目前已经成为西方国家城市更新的主要方式。"自下而上"的社区规划是指居住在某一特定环境里的居民不仅渴望原有的居住环境得到改善,希望参与到社区规划的全部过程和各个方面,同时又渴望社区自身文化得到保护,从而促进邻里和睦,创造就业机会,获得个人的认同感和归属感。

我国社区图书馆的建设最早产生于 20 世纪 80 年代末、90 年代得到初步发展,在 21 世纪取得了较好的成效。1992 年,在党的十四大报告中首次提出要积极创建社区文化。国家在政策方面给予的支持使社区图书馆的发展迎来了一个暖春。2001 年,我国召开了第一届中国社区乡镇图书馆发展战略研讨会并取得了较好的成果:理论研究方面得到了巩固提升,也较好地与实践经验结合起来。研讨会开展至今,我国社区图书馆在建设模式、管理体制、服务质量等方面成效显著。此外,2002 年初,我国图书馆学会成立了社区乡镇图书馆专业委员会。尤其是 2003 年召开的党的十六届三中全会提出了科学发展观,我国社区图书馆得到迅速发展,研究者逐渐增多,研究主题呈现多样化,论文数量增加。2005 年,我国出版了关于社区图书馆方面的专著——《社区图书馆工作》。此后,在 2010 年和 2011 年两次政府工作报告中都强调,文化设施和公共文化资源的优化配置。在各种政策的出台,以及科研机构与科研工作者的不懈努力之下,我国社区图书馆建设正蓬勃发展起来,社区图书馆的理论研究更加系统化和规范化,并将理论研究与实践经验较好地结合起来。

社区图书馆影响因素。社区图书馆是在城乡一体化发展过程中物质文明和精神文明的组合体,它是社区文化建设的平台,是社区居民接受继续教育的"第二课堂",是经济和时代发展的结果。因此,其发展受到来自社会各个层面因素的影响。

①政策调控。公共图书馆是城市文明的产物,自中国改革开放以来,我国国民经济高速增长,乡镇企业得到发展,大量农村人口转为城市人口,这样的条件迅速推进了城市化进程,直接促进了城市的发展。1990 年以来,中国城市化全面展开,城市化水平从 1990 年的 26.41% 提高到 2014 年的 54.77%。从国外的实践经验可知,图书馆事业的发展水平与城市化水平呈正相关关系。以上数据从侧面反映出,一个国家的宏观调控会对文化设施和文化公共资源的配置产生直接影响。此外,城乡差别缩小,促进了城乡间劳动力、资金、信息和技术等资源的流动。一系列宏观政策的实施,我国社区图书馆在经费、人员、技术、基础设备等方面面临的严峻问题得到一定的缓解,在构建和谐社会方面起到了关键作用。如它积极培育社区文化,开展社会继续教育,完善终身学习。同时,为居民提供休闲娱乐服务,并在一定程度上传承社区历史,保存社区文化。

社区图书馆相关的法律体系的完善,有助于促进图书馆管理各方面的法制化和规范化;通过法律规章明确各方责任主体的职责范围,能为其自身的建设、发展以及社区居民的需求提供强有力保障。2006 年 10 月,党的十六届六中全会做出的决定指出要大力发展文化事业,满足人们的精神需求,同时要加大财政拨款力度。各级政府高度重视社区文化建设,大力推进图书文献事业的发展。在政策的支持下,各个地方都将社区文化建设纳入政府有关工作的评比考核标准中,结合当地实际情况积极建设社区图书馆。例如,上海在全国公共图书馆网络建设方面遥遥领先,为当地居民提供了全新的服务。

②读者需求。随着社会的发展,人们不再只是关注物质层面的需求,更加注重精神食粮是否能够得到满足。社区图书馆是社区文化建设的平台,因而,做好社区居民的服务工作,可以增强社区居民的认同感和归属感,有利于社区的和谐稳定。社区图书馆有着特殊的功能,它设置在社区内,能较好地感知民众关心的热点和难点问题,并为本社区居民提供相关的信息和咨询服务以帮助他们解决难题。当今世界各国都十分关注终身教育,并将其摆在重要位置上。在未来社会里,知识和科技水平将得到大幅度提升,终身学习将逐渐常态化,人们需要及时汲取新知识,掌握新的技能,为自身的生存和发展打造坚实的基础。社区图书馆是整个社区的有机组成部分,是人们学习的第二课堂,利用馆内的资源,为各类型用户包括儿童、青少年读者、中年用户以及老年用户提供服务,如技能培训、读书分享交流会、座谈会等形式各样的社区文化活动。科学技术的进步使我们的生活发生了巨大变化,人们有了更多娱乐休闲的时间,但生活节奏也更加紧张。因此,更需要有一个提供放松、休闲娱乐服务的良好场所。它通过定期举办文学讲座、读书沙龙、历史研讨会、艺术展览、音乐表演等各种活动使人们接受新知识,放松心情,促进了人们之间的沟通交流和加深彼此间的信任,有利于社区建设的稳定发展。

③科技发展。信息技术革命对人们传统的观念和行为产生了巨大冲击。人类有了新的生产手段和组织管理方式,产业结构也发生了变化。在信息社会,人们可通过形式多样的渠道学习新

知识,掌握新技术。图书馆作为其中一条重要的学习途径,为了适应时代的变化,满足读者的需求,也在不断适应新的技术环境,逐渐向信息化的方向发展。现代文献信息资源已经大量数字化,互联网技术快速地进入家庭。尤其近些年来计算机硬件和软件、应用软件开发工具等得到很大提升,使社区图书馆服务质量得到改善,服务范围得到扩大,馆员的工作效率得到提高。利用数字网络技术,社区图书馆能为公众提供便捷的服务,读者对图书资料的获取相对以往会更加及时。图书馆整体的管理和服务水平得到显著提升。

1.2 创建社区图书馆的必要性及其功能

1.2.1 创建社区图书馆的必要性

(1)塑造现代新型农民的需要

改革开放以来,农业生产力水平显著提高,农业的生活质量也得到较大的改善。但是,农民保守性、缺乏主动进取精神的小农意识、生活陋习等仍旧需要很长一段时间来加以改正。这些情况进一步表明要使农村经济社会的发展得到质的飞跃,最关键的任务是要提高农民综合素质,培养现代新型农民。在农村地区,社区通过农村社区图书馆拥有的书刊、网络信息资源等为当地居民提供各类文化知识和信息,从而达到建设精神文明的目的。农村社区图书馆在提高农民的文化修养、加快农村经济的发展、产业结构的转型以及促进农村文化事业的发展过程中具有举足轻重的地位。

①进行文化知识教育。一个国家的软实力会对该国的世界地位产生重大影响,而国家的软实力归根结底是国民综合素质。我国是世界上人口最多的国家,农民在全国人口总数中占有较大

的比例。在一些欠发达地区，农民很难接受教育，文化水平普遍比较低。正如李克强总理所说的：中国问题的最终解决还在于农民问题。因而当务之急是普遍提高农民的文化知识水平。现今，我国积极倡导农业现代化建设，主张农业用现代工业、科学技术和经济管理方法武装起来。农业现代化建设要求要提升农民文化知识水平，提高他们的素质，使他们适应信息技术革命带来的变化，尤其是高新技术对农业发展带来的影响。针对农村人口文化知识偏低的情况，农村社区图书馆则可以发挥重要作用。例如，对农民进行知识教育：通过提供借阅和信息资源的查询，帮助他们学习和掌握新的知识和技能，从而拓宽他们的视野；此外，还可通过举办各类社区文化活动，帮助农民提高文化修养，打造和谐社区。因此，农村社区图书馆是农村进行文化知识教育的重要平台和依托，它为农民提供了接受继续教育的场所。它与其他公共文化机构相比有其自身特色和优势，因此，它并没有替代性。

②传播科学技术知识。当前，农民整体受教育水平普遍偏低，了解和学习新的科学知识和技能的途径较少，农业现代化过程中所需要的技能素质尤其缺乏。这种情况已严重影响了我国社会生产力的发展，农业综合效益难以提高，农民就业增收较低，很难拉动国内消费和推动城乡经济社会一体化发展。目前提高农民的科技素质的途径和方式还比较欠缺，虽然近几年来国家大力支持职业学校的发展，通过职业学校来培养和提高人们的实际操作能力，但要在短期内得到提高显然是不现实的，而通过各种类型的图书馆或者其他公益组织来帮助农民学习新的知识、掌握先进的科学技术具有重要的意义。社区图书馆是信息的集散地，应在提高科普水平和宣传新技术上发挥其重要功能。乡村居民可通过图书馆提供的信息资料、举办的相关培训活动使自身的科技素养得到提升，并进一步掌握科学技术和信息资源。它还要积极引导农民转变观念，引导他们学习并运用现代科学技术，成为

新一代掌握高新技术的农民。

③开展思想教育,提升农民综合素质。农村社区图书馆对农民的思想教育发挥着重要作用,包括显性和隐形两种方式。一方面,农村社区图书馆通过隐性方式,如借阅书刊或者休闲娱乐对农民产生潜移默化的影响,从而端正其思想,达到精神文明建设的效果。另一方面,农村社区图书馆还可以配合基层政府,通过借助各种载体和形式,加强对农民的法制教育以及思想宣传教育,并通过组织基层党建或者团建等活动,使农民有较高的政治觉悟和道德品质,以此占领社区教育这块阵地,宣传党的方针政策,净化社会环境。农村社区图书馆通过展览会、座谈会等形式,对广大农村居民进行政治思想教育,进行社会公德和法律知识教育,帮助农民成为社会主义新型农民。

④新农村政治文明建设的强有力保障。它作为农村的公共文化服务机构,承担着重要的政治任务。它有利于化解根深蒂固的封建思想和小农思想,同时有利于加强民主和法治意识。乡村居民通过阅读书刊和报纸能够加深对党和国家的了解,更好地支持国家的方针政策和举措,这有利于农村治理的法治化以及基层民主制度完善。通过自身拥有的资源,通过举办知识研讨会、辩论赛、展览会等多种形式的社会文化活动,图书馆把党的方针、政策、相关法律法规普及到社区中,运用法律法规和实施细则指导他们,教会他们依法行使自己权利、履行自身义务。总的来说,农村社区图书馆事业的发展在很大程度上推进了学习型社会的构建,加强了政治文明建设。

(2)社区文化建设的需要

构建和谐社区需要社区文化强有力的支持,社区文化建设能强化居民的社区归属感和主人翁责任感,同时为社区的经济发展提供强大的智力支持。市民是否可以很好地享受文化权利主要取决于该区域公共文化服务体系完善水平。社区图书馆是社区文化的核心和支柱。它的设立可为居民提供就近借阅以及获取信息的便利,还可让居民享受并参与文化活动的权利。它在社区文化建设中发挥着重要功能,如通过对所在社区的人口居住情况、自然环境特征、社区组织的构成、社区文化等方面开展调研,根据调研结果有计划、有针对性地开展相关活动来丰富人们的生活。社区图书馆通过开展相关文化活动,有助于增进社区居民之间的互动和理解,对社区建设达成共识。它是打造和谐社区文化的引擎,通过阅读、学习或与他人交流,有利于缓解工作与精神压力和化解邻里之间的冲突,营造融洽的氛围,使社区居民的文化修养和素质普遍提高。

20 世纪 80 年代以来,随着城市化进程的加快,城市人口快速增长,城市住宅小区的功能在这个过程中日趋完善。但是与城市化发展速度相比,社区图书馆的发展相对来说是滞后的,图书馆的数量、馆藏数量、服务内容、服务形式、服务质量、技术设备等都远远不能满足社区居民的需求。发展城市先进文化要求社区应有一定的文化底蕴,但现今大部分社区提供的服务过于单一化,主要以娱乐和餐饮为主。社区文化的缺憾为"马路文化"的发展提供了契机。这反映了当前社区文化建设存在的两个关键问题:第一,社区居民对文化信息服务的需求十分迫切。由于图书馆配套服务寥寥无几,居民只好通过社区边的报刊亭、书摊、网吧等满足自身的需求。第二,图书馆布局规划和建设模式还有待完善,缺乏便利性。大部分图书馆远离居民区,或者设置在科研机构、高校内部,无法为社区居民提供便利。随着学习型社会的到来,人们更为重视终身学习。各种学习型组织是学习型社会的基本构件,这些构件也包含学习型城乡社区。由于当前竞争环境愈加激烈,"马路文化"已经无法满足人们进一步深入学习,人们对知识的渴求已上升到一个新高度。因此,倡导全民学习已成当务之急,这首要任务就是社区图书馆的建设。首先,社区图书馆有利于社会稳定,同时它也是推动经济发展的加速器。通过创建各种文明道德活动,营造和谐、绿色、健康的社区环境,提高居民的文化素质和道德修养,共同抵制不文明行为。随着居民文化知识水平的提高,社区的发展便有了智力支持,进而推动社区的经济发展。其次,建立社区图书馆,可通过传播积极向上的书刊和信息,使社区居民形成正确的价值取向,营造一个温馨、积极向上的家庭氛围,使城市的社区文化建设提高一个档次。

(3)图书馆建设发展的必然趋势

世界经济全球化,各国的联系更加紧密,同时所面临的环境变得更加复杂,这既会带来收益,也会带来重重挑战。因此,我国各方面的建设和发展都应与国际要求接轨。2012 年,中国共有县级以上独立建制的公共图书馆 3076 个,人均拥有公共图书馆藏书 0.58 册。这与国际图联公布的"每 5 万人应有 1 所公共图书馆,人均拥有藏书至少 3 册"还相距甚远。阮冈纳赞在其著作中对未来的图书馆分布进行了阐述:图书馆与居民住所最合适的距离是步行 10 分钟左右。图书馆学家丘巴梁认为城市社区图书馆应根据居民居住情况来分布,并认为图书馆建设应考虑图书馆活动的范围和图书馆读者容纳量来建设。社区图书馆建设是我国先进文化发展的重要标志,能在一定程度上满足居民的文化需求。因此,有必要建立社区图书馆,满足居民的需求,为他们提供更加便利的服务。

(4)社区居民阅读要求和终身学习的需要

随着科学技术的进步和社会生产力的发展,人们生活水平大大提高,可供自由支配的闲暇时间日益充足。为了追求更高的利益目标,寻求更合理、更健康的生活方式,同时,也为了提高自身素质,使自身得到全面发展,人们积极汲取各方面的知识,以使自身更快适应迅速发展的社会。在这样的背景下,人们非常渴望花最少的时间,在最近的距离,以最快的速度获取所需的知识与信息。于是,各种文化教育、休闲娱乐的活动场所就应运而生。在快节奏的工作生活中,对读者来说,他们往往秉持着"最小努力原则"。若居民住所离图书馆较远,读者需要费时费力,也就容易削弱他们利用图书馆学习的积极性,更不用说去休闲娱乐了。而社区图书馆位于居民的生活区内,与人们近距离接触,它凭借自身的借阅优势和地域亲和力为人们创造安静的阅读场所,拓宽居民的知识面。它还提供医疗保健、修身养性、美容时尚等休闲性读物来打发闲暇时间以及为人们提供娱乐休闲的服务。这种"零距离"服务为广大社区民众所接受和喜爱,它的建立不仅增长了大家的文化知识,居民也可从中获得美的享受,放松疲惫身心。

当今社会是一个学习型社会,人们需要获取更加丰富的知识。因此,学习已是当代社会公民必备的技能。社区图书馆拥有海量的文献,还配备知识型管理人员、高新的信息技术等资源,居民只需花费少量的成本,就可获得各个领域的资源,并为居民提供一个舒适的阅读环境和休闲场所。它是一所"社会大学",没有年龄、性别和身份的限制,在这里人们可以获取自己想要的资源。社区图书馆可通过开展相关活动,巩固并拓展居民的文化知识水平,提高他们的实际操作能力和生存能力;也可通过提供文献借阅、不定期举办讲座、阅读辅导活动等形式多样、灵活的服务,培养社区居民自身素养和道德情操。

1.2.2 社区图书馆的功能

社区图书馆对社区发展做出了重要贡献,在我国思想教育、信息传递等方面承担重要角色。它的功能主要有:

(1)宣传教育功能

社区文化囊括社会生活的各个方面,涉及一定地域范围内的科、教、文、卫、体等内容。社区文化活动渗透到群众生活的方方面面,具有形式多样、范围广泛、规模庞大等特征,并且这些活动受到了社区居民的好评。现今,人们注重丰富自己的闲暇时光,追求高质量的生活,也更注重精神层面的追求,而社区文化在培养人们的良好品质方面起到了积极的促进作用,社区图书馆作为居民终身教育的学校和社会知识保障体系的一部分,它通过举办形式多样的活动,丰富居民的文化生活,为他们营造了社区良好的软环境,满足了广大民众的休闲娱乐与求知的需求。因而,它越来越得到人们的重视,这一领域的理论研究成果也比较多。此外,社区图书馆的宣传为本社区打造了良好的品牌形象,还带来了良好的经济效益和社会效益。

社区图书馆要坚持社会主义精神文明建设的导向,不定期举办读书报告会、书刊展览、文化讲座、知识竞赛、技术培训班等文化活动,对群众进行思想教育,宣传党的方针政策,做好社会主义精神文明建设,以正确的舆论引导人,以高尚的精神塑造人,在全社会形成和谐的人际关系和良好的社会风气,建立新型的社会主义道德风尚,为培养"四有"公民,加强思想道德建设、提高科学文化素质水平做出应有的贡献。

(2)社会教育功能

社区图书馆作为社区中的社会教育机构,是社会主义教育的重要力量。它通过传授知识,提高市民素质,使优秀文化得以持续传播。它利用收藏的各种文献信息和资源,向社会提供形式多样、灵活的服务,使民众获取知识,并对人们进行思想道德、科学文化知识教育。在学习型社会中,居民需要不断扩大知识积累,学习新的知识。而社区图书馆作为一个社区的文化中心,在社区文化教育中发挥重要功能。它已成为一所"没有围墙的学校",也即"第二课堂",使我国社会主义精神文明建设和社区居民的终身教育迈出了一大步。社区图书馆的社会教育不受年龄、性别、身份限制,不论男女老少、研究者还是普通的公民,都可以有进馆学习,参加相关活动,享有受教育的权利。

社区图书馆教育功能的主要表现:一是社区内青少年儿童的课外教育。与学校教育不同,它通过开展生动有趣的读书活动、征文活动、有奖竞猜、演讲会等,培养学生的阅读兴趣,扩大学生的知识面,从而引发他们多阅读,多思考,提高他们的自学能力、思维能力和创造能力;利用内容丰富的书刊,拓宽少年儿童的知识面,弥补在学校所接受的知识教育有限性;通过开展各种培训班,使青少年在接受理论教育的同时,可以进行实际操作,掌握利用图书馆的相关技能,为今后的学习打下基础。其以自身的优势弥补了学校教育知识面狭窄的不足,有效地拓宽他们的知识面。二是社区内成年人的继续教育。目前,社会在不断地发展,科学技术也在不断地进步。为了适应社会的需要,我们必须随时随地地学习,不断充实自己。社区图书馆具有社会教育的重要功能,为居民提供知识、信息等其他多种类型的服务,帮助他们化解当前面临的困境。

(3)传递信息功能

在经济信息社会里,传统图书馆所提供的服务已经无法满足人们的需求。社区图书馆是社区信息集散地,其需要收集、整理和存储各类资源以方便人们使用。随着信息时代的到来,社区图书馆要适应时代发展的需要,充分发挥数字化、网络化的优势,向着数字图书馆的方向迈进。第一,由于各个图书馆拥有大量的文献信息,所以馆与馆之间要构建信息网络,实现文献以及网上信息共享。读者可通过网络浏览各地实时信息,也可以检索各地图书馆的文献资源。第二,图书馆要与社区内的其他企事业单位加强信息的交流与合作,采用先进的信息技术,为社区居民提供更多的便利。

社区图书馆的信息服务可从两方面来理解:第一,为居民提供丰富的信息资源。社区图书馆本身拥有海量的信息,此外,它还是人们沟通交流的主要场所,因而有利于居民获取各类信息资源。由于社区居民所处的背景、受教育水平等是不尽相同的,他们所需要的信息也是不一样的。这就需要进行实地考察,掌握居民需要的是什么,然后按照需求者的不同需求提供服务,发挥出其作为信息枢纽的作用。第二层含义是指信息意识的培养。在知识经济时代,情报工作将成为社会发展的关键驱动力之一。掌握实时信息对一个单位、部门或者个人来说是至关重要的,因此,每一个社区居民都要掌握获取信息的技能。在这个过程中,社区图书馆应该对社区民众开展信息获取技能的培训活动,使他们掌握获得知识的方法。

（4）网络信息导航功能

信息时代,各类通信技术的飞速发展必将带动图书馆对现代技术的应用。图书馆必须加强自身的数字化建设,使其向着电子化、数字化的方向发展,让人们能在网上互动。应支持微博、微信等新媒体在图书馆中的应用,研究用户需求变化,以全新的服务功能、服务方式重新建构图书馆服务网站。公共图书馆可针对社区信息搭建网站,使多个社区的信息资源进行整合。它跨越了社区人际网络,增加了社区对外交流的机会,在很大程度上保证了信息需求的及时性,同时也使社区居民获得更加丰富的信息。它利用新技术重新构建了图书馆服务网站,提高了服务质量。

社区图书馆担负起打造有利于精神文明建设的网络文明的重要任务。随着社会和科技的飞跃发展,我们将逐步过渡到“泛在信息社会”,社区图书馆应积极提升技术水平,为居民提供网络信息资源。互联网作为社区文化的新阵地,要加大网上正面宣传力度,倡导居民绿色上网,打击各种不法行为,进而使读者遵守公民基本准则,提高居民的品德与修养,建设网络文明。

消除数字鸿沟,社区图书馆是热情的参与者。数字鸿沟是指由于信息素养的不同以及受教育程度的差异,导致受到良好教育的高收入群体同受教育少、收入低的群体之间在掌握信息方面有着巨大差距。信息时代的不断发展,居民要积极更新自己的知识体系。首先,让他们接收新的知识和教育,转变他们的思想观念,提升他们的文化修养;其次,要在运用信息技术上对他们加以引导,让他们拥有并掌握获取信息的技能。所受的教育内容也会发生相应的改变。国外在这方面已取得很大成就,他们举办了各种培训,数字鸿沟逐渐变小。近年来,我国的公共图书馆也开始采取诸多举措,正为缩小数字鸿沟而不懈努力。显然,图书馆在践行全民信息素质教育方面是最热情、最务实的实践者。

(5)社区文化的传承功能

社区图书馆是作为保存人类图书文化典籍而产生的,履行着传承本社区特色文化的重大使命。它是社区文化的标志和社区文明的象征,因而,与社区有关的风俗习惯的文献、人物传记、民间传说以及社区内部印行的作品等,它都要予以收集、留存,以防这些文献因无人搜集而受到破坏乃至于消逝。同时,对于本社区的传统民间艺术,社区图书馆要有意识地开发,通过开展培训活动或艺术展等形式在社区内培养爱好者和传承者,使社区文化得以永续传承下去。

(6)扫除文盲功能

我国全民平均教育水平远远低于发达国家,因而,提升劳动者的综合素质是解决我国在实现中国梦的路上面对的重大问题的关键所在。扫除文盲是图书馆在社区文化建设中的一个很重要的研究议题。农村图书馆通过弥补农村社区文化基础设施的不足,减少了农村文盲率,逐步消除农村知识贫困。例如,丰富农业科技资料和企业发展知识;根据当地特点,组织形式多样的知识扶贫活动,帮助农民更新知识;与教育机构合作,学习国外先进的技术,并引导他们如何使用,使之成为掌握和使用先进科技的现代农民。

1.3　社区图书馆研究现状

1.3.1　国外社区图书馆的相关研究

　　国外很早就对社区图书馆展开研究,理论研究与实践研究都取得了重大突破。作为世界公共图书馆最高纲领的国际性文献《公共图书馆宣言》由联合国教科文组织草拟,1949 年初次面世,又经 1972 年和 1994 年两次修订,迄今已有半个多世纪,对公共图书馆的发展产生了巨大的影响。1974 年,英国 William J. Martin 在"The Highfield Community Library, Belfast"一文中提到"Community Library"(社区图书馆)一词,并介绍了英国贝尔法斯特市的 Highfield 社区图书馆。20 世纪 80 年代末,英国在这一领域也出版了比较有代表性的著作。还有一些学者分析了社区图书馆与居民获取信息的关系,认为图书馆应该在社区建设和居民自身素质提高的过程中起重要作用,Khan N S 通过案例研究发现经费短缺、人力资源和基础设施较为落后在一定程度上使得社区图书馆的信息化难以实现,这也是发展中国家社区图书馆发展中面临的主要问题。近些年来,英美等国纷纷举办了与社区图书馆建筑设计相关的大型赛事,其中不乏一些在理念上很具有创新性的优秀作品,不仅走在时代潮流的前沿,还体现了设计的人性化。

　　在实践方面,国外社区图书馆研究趋于成熟。一些国家在建筑模式上坚持总分馆模式,图书馆不仅是学习的场所,也是休闲娱乐、信息沟通交流的场所。在设计上,空间宽敞、明亮,能够产生视觉流通。馆内环境舒适,功能齐全,使人与环境能够很好地协调。在利用信息技术的基础上,美国社区图书馆的总分馆模式使全美所有社区人口基本都可享受图书馆服务。英国是世界上人均拥有公共图书数量最多的国家,该国图书馆存书上亿册,不但普及率高、馆舍多,并且规模大、具有先进的网络技术,实现了信息服务立体化和文献资源共建共享,各馆之间可通过互联网加强合作。德国把社区图书馆等文化设施建设等同于商业的日用品超市的建设,保证了社区居民能够随时进行研究、学习。日本注重加强文化设施建设,社区图书馆不仅提供图书借阅功能,还为读者提供活动和休息的娱乐设施。

早在 20 世纪 70 年代,国外社区图书馆已有良好的发展态势。国外的社区图书馆建设无论在管理模式上,还是布局规划上都比较系统和规范。目前,国外主要是从以下几个方面展开研究:

(1)关于开发社区图书馆功能的研究

有关研究认为社区图书馆作为社会主义精神文明建设的重要平台,拥有丰富的资源,可为社区民众提供信息服务。因而,要不断完善社区图书馆建设,满足社区居民的需要。研究强调它不仅要为社区民众创造舒适的阅读环境,还应为社区提供信息资源和休闲娱乐的场所,如为社区民众及其他各类社区团体的日常聚会交流及活动提供场所;为社区居民生产和生活提供有权威性的信息;为社区未来的规划提供相关文献资源;与社区居民保持密切联系,及时地发现难处,并将他们的意见传达给有关部门。

(2)关于社区图书馆服务对象和服务内容的研究

对于该领域的研究,Cowley D 认为培养少年儿童形成良好的阅读习惯是社区图书馆工作的重要组成部分。Rock A 认为社区图书馆提供的服务小到可为儿童讲故事,大到可以举办讨论会、座谈会等,他认为社区图书馆应该满足社区民众研究、沟通、娱乐休闲等需求,从而拉近其与人们的距离。Anne Jarry 等人对加拿大全国视障人士协会的成员就如何方便使用数字图书馆以及如何创建一个社区网络为特色人群服务做了分析,并通过调研数据,证实其对视障人士的生活与学习起了巨大作用。

(3)关于延伸社区图书馆服务领域的研究

大部分的研究成果表明延伸社区图书馆服务领域应充分体现为惠民利民。主要包括三个方面:第一,重视偏远地区的社区图书馆建设,特别要重视弱势群体聚居区的社区图书馆建设和服务。为此,社区图书馆之间必须进行馆际合作,走资源共享之路,以实现更大范围的文献信息资源共享。第二,社区图书馆作为社区信息的集散地,应按照社区实际情况,社区的每一位居民都能享受到服务。同时,社区图书馆要保持与居民的沟通,了解什么是他们需要的,将这些信息资源数字化,使每一条信息都能为人们所用。第三,重视社区中的弱势群体,保障他们享受受教育的权利,如提供进馆学习、参加培训等各类服务。社区图书馆应根据居民的不同需要,帮助他们解决生活、学习中所遇到的不便和难题,这就要求其应掌握人们的具体情况,把握他们关心的难点问题,及时向他们提供信息咨询服务。

(4)关于社区图书馆中各种新技术与研究方法的应用

随着社会步入网络时代,越来越多的学者强调社区图书馆除了实体上的建设之外,还要加强信息服务的网络化建设。Scott Robertson 很重视图书馆在城市社区信息中所起的作用,认为数字图书馆在社区知识共享中有着重要的地位。Ronald 则认为,利用网络手段传播信息是当今信息服务方式的主流,社区图书馆也应该广泛借鉴。Joan 和 Karen 强调社区图书馆应构建信息服务网站并提升信息网站的质量,从而向人们提供社区信息,丰富他们获取信息的内容和途径。Hillenbrand 和 Mount Barker 应用定量分析和定性分析,发现图书馆在居民中的新型功能已经或正在形成。

(5)关于加强社区图书馆与社区内其他机构互联关系的研究

社区图书馆不仅要与其他社区图书馆建立联系,还要与社区内其他机构形成互联关系,以便利社区民众并满足他们的需求。网络时代,建立社区图书馆网络是馆与馆之间密切联系、合作交流的一个重要途径。数字化和网络化的发展提高了社区图书馆服务体系中信息资源建设的自动化水平和信息资源建设的紧密度。

1.3.2 国内社区图书馆的相关研究

我国社区图书馆的研究起步较晚,约从 20 世纪 90 年代开始兴起。1992 年,廖子良发表了一篇题为《建立社区图书馆刍议》的文章,代表我国对社区图书馆研究才刚刚开始。直到进入 21 世纪,伴随着社区图书馆建设的步伐,各级科研项目中才出现了与社区图书馆相关的研究课题,研究社区图书馆的文章也随之不断增长。从 2001 年召开第一届中国社区乡镇图书馆发展战略研讨会至今,学术界发表了一系列与社区图书馆相关的论文,同时,出版了《社区图书馆工作》、《中国乡村社区图书馆的现状及发展模式研究》等经典著作,这些作品给我国后续研究奠定了坚实的基础。

我国对社区图书馆的研究还不是很系统化。与国外相比,我国在设计观念、设备配备、服务理念等方面的理论研究成果都还未达到体系化,这成为我国社区图书馆事业发展的瓶颈。近些年来,我国对这方面的理论、技术与方法的研究和实践开始日益重视。但是,目前我国有关社区图书馆等文化设施的研究很少从城乡规划的视角进行探讨。梁琦提出通过创造新型城乡现代文化形态,建构合理的服务模式,实现城乡图书资源的有效整合和利用,丰富城市和农村的文化,并提出城乡图书馆统筹建设的五种模式,分析了其中的利害关系,指出在实施过程中需要引起重视的关键问题。

在实践方面,与发达国家相比,我国社区图书馆仍有很大的发展空间。截至 2016 年末,全国共有公共图书馆 3172 个,受经济发展水平影响,公共图书馆建设和发展过程中也存在明显的地区差异。从当前我国的社区图书馆发展态势来看,在北京、上海、广州等一些经济发展较快的城市,其社区图书馆发展得也较好。而中西部一些地区才刚开始接触,有许多问题仍待解决。以上海地区为例,它的社区图书馆建设一直遥遥领先于其他地区,社区图书馆拥有着丰富的网络资源、人均拥有的报刊、书籍相对来说也比较多。在 1998 年,上海首先将计算机技术和网络信息技术应用到图书馆实践中去。此外,"一卡通"模式也不断发展完善,居民享受到了便利的服务,该服务受到了社会的一致好评。北京的社区图书馆建设离不开政府政策、资金等的大力支持,其中的一个试验点构建了信息网,馆与馆之间不再处于封闭状态,而是实现了资源的整合,信息的共建共享。到 2006 年底,全市公共图书馆网络系统全部实现联网,社区级图书馆也有了相关建设标准。尽管北京、上海等城市的社区图书馆建设已经有了较大的进步,但在我国大部分地区社区图书馆数量比较少,馆内资源匮乏,技术较为落后,仍属于传统的管理模式。甚至有的小区在规划设计时没有考虑到社区文化用地及文化设施建设,以致社区图书馆的建设仍是空白。相对于国外,虽然我国从多个角度对社区图书馆进行了探讨,理论研究方面取得了丰富的成果,但这些理论较为松散,还未进行系统整合。目前大部分研究主要是从以下几个角度对其进行展开论述:

(1)关于社区图书馆含义、特点和功能的研究

第一,社区图书馆的含义。目前,不同学者对社区图书馆做出了不同的解释,学术界还未能给出一个较为权威的定义。在这方面,霍国庆和刘兹恒的观点是大家较为认同的。与以往不同的是,霍国庆将社区与图书馆二者紧密地联系在一起,认为社区图

书馆与社区是相互协调不可分割的,是社区的重要构成要素,同时又是公共图书馆的延伸。它是通过文献资源的搜集、整理、加工、传递、学习等为一定地域内的居民开展社会教育、开发闲暇时间、创建社区文化的一个场所。刘兹恒认为社区图书馆是在一定地域范围内,及时了解和掌握社区居民的需求取向,并根据需求提供借阅和信息咨询等其他服务的文化机构,是信息传播的枢纽和开展社会教育的主要阵地。

第二,社区图书馆特点。我国大部分学者主要是从社区图书馆的布局、功能、特征等,对其所具有的特点展开论述。主要观点有:具有建立在社区内,服务形式多,服务内容较为丰富,注重社区文化建设,公众广泛参与等特点。具有区域性、包容性、网络化、数字化的特点。面向广泛读者,学习形式灵活多样,学习内容具有针对性和实用性,服务具有实效性和效用性。规模较小、经费短缺、管理体制不完善。具有地域性、公共性、系统性等特性。

第三,关于社区图书馆的功能。关于社区图书馆的功能,目前比较一致的看法有:促进社区建设和发展、文化传播与服务的功能。提供娱乐休闲场所、传递信息的功能。霍国庆和金高尚认为社区图书馆担负着社区的记忆功能和沟通功能。刘兹恒、薛旻认为社区图书馆担负着终身教育功能、信息中心功能、休闲娱乐功能、精神文明建设功能、规范与整合功能、文化服务功能、社区文化传承功能。冉文革认为社区图书馆应成为社会主义精神文明和政治文明的宣传窗口;应能倡导社区居民建立良好的世界观;应向人们普及科学文化知识;是全民终身教育的平台;有施展休闲娱乐的功效。整理现有的文献资源,笔者发现大部分学者通过文献调研,普遍认为社区图书馆的功能主要是围绕社区文化建设、休闲、继续教育这三个基本功能定位展开。

(2)关于社区图书馆建设模式的研究

好的社区图书馆的建设模式能为社区居民提供优质服务,使他们享有的一些基本权利得到保障。它的建设模式主要有社区自建模式、公共图书馆"总馆—分馆"模式、社区内其他社会组织联合共建模式等。关于社区图书馆的建设模式,秦淑贞认为我国社区图书馆管理体制与社区文化建设间存在矛盾,建设联合型社区图书馆更符合我国国情。霍国庆和金高尚将社区图书馆建设模式划分为三种:一是公共图书馆分馆模式。二是社会组织图书馆改造为社区图书馆模式。三是社区自行兴建图书馆模式。并认为社区兴办的图书馆可通过收费或开发创收项目等方式维持其运转。冉文革也探讨了社区图书馆的几种建设模式。在经费来源及管理上,高熔认为当前社区图书馆应当动员社会各界的力量。如发起公众捐助活动,争取企业赞助,引导房地产商开办社区图书馆等,同时也可以开展有偿服务。

(3)关于社区图书馆服务对象和服务内容的研究

对于服务对象,目前比较一致的观点是社区居民。社区图书馆的服务内容主要集中于图书借阅服务、娱乐休闲服务、社区信息服务、增值培训服务等方面。王勇结合社区图书馆的特点及发展趋势,认为应该在信息资源整合、人才调配、利用信息技术、开展多样化服务等方面深化社区图书馆的服务内容。其服务方式主要包括以下几种:一是提供图书借阅和图书租赁;二是代借代查,上门服务;三是开展各类家庭文化活动,丰富社区生活;四是举办座谈会;五是社区图书馆网络服务,各种新兴的数字化与网络化服务方式也开始成为学术界研究对象。高熔指出由于社区宽带的建立,一些和因特网相关的服务将极大地丰富起来,社区图书馆应当注意资源的数字化和网络化,规范和整合本社区所拥有的知识、信息等资源。甘平认为社区图书馆要与企业合作,在社区中构建智能信息中心,开展社区文化建设,为居民提供各种便利服务。陈菊敏认为创新社区图书馆服务应该以读者为中心深化服务,同时注意读者年龄的分布,分别提供特色化的服务。

（4）关于社区图书馆与学习型城市的研究

我国对社区图书馆与学习型城市之间的关系研究还不够重视，也没有很好地发挥其作为创建学习型城市的助推器的作用。目前相关研究主要停留在作用和功能探讨的理论层面，而对于社区图书馆该如何实施推动学习型城市发展的相关举措的研究还是较为欠缺的。多数学者认为，发展社区图书馆有利于提升市民素质、增强城市竞争力，对这方面的研究与实践具有重大的现实意义。部分学者通过对案例研究发现由于住所离公共图书馆较远，绝大多数居民很难便捷地享受其提供的服务，社区居民只能通过棋牌娱乐等消磨时间。诚然，居民文化水平很难得到提高，学习型城市难以构建。因此，他们提出要政府主导，依法治馆；加大经费的投入；优化管理体制；加强数字化建设；挖掘隐性知识等来发展社区图书馆。

（5）关于发展社区图书馆网络的研究

社区图书馆网络是利用网络技术，将社区的资源数字化，然后将各个地方的社区作为一个网点，最后将这些网点连在一起，形成网络体系。它有利于社区图书馆资源的流通，服务体系更加完善，实现各地信息资源的整合。相关研究指出，影响社区图书馆网络发展的三个基本因素是社区居民、管理体制和资源。因而，要以为社区居民服务为宗旨，建立健全保障体系，完善激励机制，加强人力资源建设，实行经费财政统一支持机制，建立处理好社区图书馆网络内权利、义务与合作的关系。

（6）关于社区图书馆经费的研究

经费短缺是其长期以来面临的重大问题，研究者们普遍认为要尽快建立健全与社区图书馆相关的法律法规，使资金来源有保障。进而加大对社区图书馆人力和物力的投入，从而保证其日常运转，为人们提供良好的服务。与此同时，社区图书馆还应开辟经费筹措渠道，通过适当创收来弥补资金缺口。例如，通过举办展览会、职业技能培训等,从中获得适当的收益。同时鼓励公益组织、个人等承担社区图书馆的后期建设经费开支,通过多方筹措资金以弥补财政资金投入不足,在很大程度上保障了社区图书馆事业的发展。

1.4 小 结

国外社区图书馆研究的开展较早,成果丰富,对社区图书馆的概念、建设模式、新技术的应用、服务内容及方式、馆藏教育、特色化服务等均有系统的研究。并且国外学者喜欢从微观入手,重视个案的实地调研,从中发现问题并提出解决方案。他们的研究方式与研究成果是值得我国学者借鉴的。但他们针对学习型城市与社区图书馆建设的研究相对较少,且二者在相互关系和应用研究方面,并未受到重视和广泛关注。

国内对社区图书馆的研究十多年前就已经开始,但是相关研究论文偏少,没有形成规模且不够系统全面。总的来说社区图书馆的研究存在以下几个特点:一是较少深入研究。国内对社区图书馆的研究主要集中在含义、特点、功能、组建模式、管理体制、图书馆经费、图书馆配套设施、馆员的素质与培养的研究上,而对于社区图书馆读者的满意情况、使用情况、馆藏建设以及后续发展等研究不多,未能构建相对完善的社区图书馆体系,系统的研究并未形成。二是宏观研究多,微观研究少。大部分学者主要是从社区图书馆的地位与功能定位、建设模式和管理体制等宏观方面进行研究,但是对于如何积极诱导房地产商开办社区图书馆、如何提高社区图书馆服务水平以及如何使社区图书馆的服务规范化等微观问题,研究者较少触及。社区图书馆具有传承社区文化的功能,它是社区文化建设中心,对居民的思想导向和政治立场起着至关重要的作用。因此,我国社区图书馆的建设,在基于本国国情的基础之上,要积极借鉴发达国家办馆的经验,应紧跟社会发展步伐提高服务意识,制定相应的政策法规,有统一的规划。要积极促进信息资源的网络化,加强与其他机构的沟通交流,根据社区居民的需求,为其提供丰富的资源和优质的服务,为居民营造良好的文化氛围,打造温馨的社区环境。

第 2 章
我国城乡社区图书馆发展的现状和问题

2.1 引　言

　　我国政府一向高度重视图书馆事业的发展。新中国成立后，由地方政府统一管理和建设，大大小小的图书馆陆续在各地建立起来。改革开放以后，1996 年，党的十四届六中全会召开，大会通过了《关于加强社会主义精神文明建设若干重要问题的决议》。这份决议的通过强调了我国社区精神文明建设的重要性，政府作为主导力量，引导整个社会对精神文明建设日益重视起来。同时政府也是发展社区图书馆事业的主要经济支柱，有这一强大力量作为后盾，我国社区图书馆事业的发展自然会愈来愈好。

　　目前我国政府提出的知识工程、文化信息资源共享工程等项目都在一定程度上显示出对社区图书馆建设的重视。2000 年，国家相关部门提出，各地不能盲目开展图书馆建设，要借鉴一些有实际经验的单位作为示范，把那些已经有一定建设成果的城市示范区的经验真正做到为我所用。要有效避免走过多弯路，不同社区必然要根据自身实际状况，提前计划，保证活动的有序开展，并重视活动的针对性、可操作性，使文化建设真正落到实处。在我国建设示范城市的过程中，各级政府也把文化建设列入示范城市建设的重要指标进行考量。社区图书馆建设已经开始步入一个新的发展阶段，作为文化建设工作的一项重要内容，政府要把它引入到人们的生活中去，实现其在人们的生活中必不可少的重要角色担当，以图书馆的建设丰富人们的生活。

2.2 我国城乡社区图书馆发展的现状

2.2.1 国内外差距

近年,我国社区图书馆的建设受到多方的推动帮助,不仅仅有政府的政策支持,市场的供求关系也在促进着图书馆的发展,还有作为图书馆的服务对象,即社会公众,更是在图书馆的建设中起到了举足轻重的作用。尽管经过多方的参与和共同努力,社区图书馆的建设取得有目共睹的显著成绩,但与发达国家的发展现状比较,就会发现其中仍然存在较大差距。比如我国图书馆建设起步较晚、发展不平衡、技术服务水平有待提高以及图书馆内部图书流动率低等问题始终存在。

(1)图书馆建设起步较晚

20 世纪 50 年代左右,有一些街道和居委会图书阅览室等形式的读书模式就已经在开展了,但到了 90 年代,我国基层图书馆建设仍然没有明显的效果,才刚刚真正被提上议事日程。随着人们物质生活水平的不断提高,很多人便开始丰富自己的精神生活,由此社区文化便开始扮演着越来越重要的角色。我国社区图书馆建设方针提出后,有很多政策也得到了有效落实,比如在我国一些沿海城市就陆续兴建起一批又一批的社区图书馆。但这些基层图书馆建立起来后,却往往因为我国图书馆建设发展还不成熟,没有形成一些较好的参照对象,而使得其建设在规模和业务等方面未能做到迅速完善。

(2)我国社区图书馆覆盖率普遍较低且呈现发展不平衡的态势

各个地区社区图书馆的建设由于所处环境条件不同,通常会受到不同的经济和文化制约。我国沿海地区就始终比内地省市更具经济实力和文化实力,所以在沿海那些经济条件比较好的城市,社区图书馆的发展也越来越好,但是在那些经济不怎么好的地区就显得相对萧条,甚至有些不发达地区根本就没有条件保证社区图书馆的建设工作,更不用说大规模开展了。此外,我国国土面积广大,加上经济基础薄弱,这一硬性条件限制了我国基层图书馆的发展。无论是多大程度的政策倾斜,不同区域之间以及区域内部,都难以保证发展的平衡性。所以目前有这样一种现象,我国内地省市图书馆的建设速度远远跟不上东部沿海省市的发展。在区域内部,老社区图书馆的建设以及更新速度也远远落后于新型社区的图书馆的建设。

（3）我国的社区图书馆在技术和服务等方面欠佳

纵观世界上其他国家的社区图书馆的发展态势,英国具有明显的优势。相比较发现,英国的图书馆不仅数量多、规模大,而且还投入了某些颇具技术含量的设计,比如馆际互通联网的技术已经被普遍运用。同样美国作为世界一流强国,以其经济的支持,保障了其图书馆设施设备的完善、手续流程的畅通和馆际来往的便捷等。而我国的社区图书馆则表现出借阅手续繁杂、相关设施缺乏、服务水平低下和技术运用不充分等问题。

（4）我国社区图书馆的图书流动率较低

图书流动率表现为图书的借阅频率。在我国,许多人都奔波于繁杂而浮躁的社会,他们没有时间阅读或者没有阅读的习惯。这不仅限制了社区图书馆的发展,也阻碍了国民素质的提高。

我们可以看到,与发达国家比起来,我国的社区图书馆建设仍然存在一些差距。站在国家层面来看,我国办馆效益不足;按国家人口比例来说,数量相对较少;地区之间发展不平衡;对已建馆来说,设施设备还相对简陋、管理人员素质不匹配、馆舍提供的服务有待提高。

2.2.2 国内社区图书馆建设成绩

社区图书馆是一个区域内汇集各类图书文献的固定场所,为该地域居民提供图书借阅服务的地方。因此,在某种意义上来说它是具有公益性的。又因为它是社区文献信息集散场所,所以它又体现出教育性以及休闲性等特征。近年来,我国各级地方政府纷纷加大了对社会文化建设的力度。正在朝着构建覆盖全服务网络结构等创新发展方向努力,社区图书馆建设也不断取得新的显著的成就,这对全国的精神文明建设起到了巨大的推动作用。经济发达地区的社区图书馆事业发展得非常迅速。比如北京的图书馆在北京城区内的人口覆盖率达到了90%以上。上海建立的公共图书馆共316余所,藏书总量达400多万册,几乎所有的街道(乡镇)都有图书馆的影子。厦门,其社区图书馆的人口覆盖率达到73.61%。而深圳市,仅一个区——宝安区,就共建有133所图书馆,可见深圳政府对社会文化建设的重视程度。同时,在我国很多中等发达的地区,其社区图书馆事业也在陆续取得显著成果。

近年来,我国不少城市已经建立了许多规模不等的城市社区图书馆。总体看来图书馆的建设情况还是比较乐观的,不过,在任何区域进行图书馆建设时,都需要满足几个基础性条件,如政府要领导、重视工程,规划要全面长期,指标要具体细化等。在正式投入建设时,需要明确几个步骤,就是首先要根据区域特色结合民众意愿进行试点推广,然后再分类进行专业指导,最后实现图书馆建设的稳步推进。同时,为了避免在图书馆建设过程中出现定位偏差,需事先就社区图书馆建设的价值定位、服务定位进行明确区分。此外,值得一提的是,各级政府结合自身地区特色不断创新图书馆建设模式,努力提供一些新型的服务模式。比如

《北京市图书馆条例》的实行为北京市图书馆的发展开创了一个新局面，全市形成了以市、区、街道以及社区共建的四级网络系统，为市民提供了较为系统化的服务。济南的流动图书馆也在改变传统的读书模式，在公共场所为读者提供统一的文化信息资源，这项工程已经深入到全市各企业、社区、校园等。浙江嘉兴市推出的"共享工程"，突破了以前图书馆之间的资源一直不能得综合利用的壁垒，真正实现了资源共享模式。共享工程一方面改变了以往城乡公共图书馆单调化的现状，另一方面也形成了我国城市、农村图书馆协调性发展的新模式。广东的"南粤锦绣工程"也是我国图书馆发展史上一大创新模式，在全省实现了图书馆网络化建设。市图书馆是主图书馆，各区的图书馆是分图书馆，二者同街道、乡镇图书馆结合在一起，形成了公共图书馆网络。这一图书馆网络的形成不仅解决了不同地区图书馆之间差异化管理导致的资源利用不足，同时有效解决了我国欠发达地区以及不发达地区居民看书难的问题。

北京作为我国首都，其社区图书馆建设的脚步从未停歇。2002 年 11 月，《北京市图书馆条例》正式出台，这个条例的出现使得北京市图书馆的建设发生很大的变化。《条例》直接将图书馆的建设纳入法律约束范围。《条例》除了鼓励自然人、法人和其他组织支持图书馆的建设以外，还对图书馆建设的细节进行了规定。比如根据图书馆建设级别的不同，对建设规模、馆藏量，甚至对其服务工作规范也做了不同的规定。近来，北京图书馆推出的"一卡通"为市民生活带来了极大便利，实现了全社区图书馆的网络化管理。该服务的推出有效提高了社区居民读书的频率，改变了以往居民相对被动地接受知识教育的习惯，达到了社区居民愿意主动丰富知识并积极拓宽视野的效果，从根本上促进了文化的建设与发展。创新发展的步伐将永远不会停止，北京市还将继续朝着全市图书共享与互联网互借方向努力。

　　在广州，目前有关部门提出了一种社区图书馆发展的新思路，他们建议，在那些发展成熟的住宅小区内开办一个联合图书馆，将不同的图书馆资源进行共享。深圳市通过联网服务将其市图书馆与一些区图书馆结合在一起，实现馆间的"通借通还"服务，通过这样的图书馆联网操作可完成图书的查询和预借。更进一步，深圳市居民还可以在社区图书馆预约借书，看完了可以归还到深圳图书馆去。这样"通借通还"的便民服务体系，很快在深圳市受到广大民众的好评，是深圳市市民文化建设工程中的一个突破性举措。这些举措改变了传统的公共图书馆模式，通过创建实用性和针对性强的服务体系，实现了社区居民借还书流程的优化发展。事实也证明了这些举措在居民的生活中取得了成功。

　　上海社区图书馆建设同样取得了不俗的成绩，其图书馆在"九五"期间就已经完成四级公共图书馆网络体系建设。上海的图书馆总数达 2.8 万多所，平均每 3.7 万人拥有一所图书馆，也就是说在上海，基本上实现了每条主要街道都有一所图书馆。上海在 1997 年 1 月颁布实施《上海市公共图书馆管理办法》，是我国公共图书馆发展史上第一部管理法规。该管理办法对城市街道等不同区域社区图书馆的管理做了详细的规定与指导，还把馆藏管理、人员管理、体系管理等也纳入了法定范围。1998 年上海图书馆就已经实现了计算机网络化，可以说，其利用网络技术管理的实践在全国来看都是非常先进的。这一技术的引用使上海社区图书馆建设站在了一个高起点上。同时，上海还实现了"一卡通"的通借通还服务，这一服务的启用标志着上海的公共图书馆开始跨进一个新时代。上海市的社区图书馆还在政府的帮助之下开展了很多形式多样的居民读书的活动，比如在不同的社区开展知识宣传会、知识竞赛活动等多种服务，以此增强居民读书的兴趣，同时也为图书馆自身的发展提高了影响力。

　　香港作为我国特别行政区之一，每 11 万人就拥有一所图书馆。并且香港实行的图书馆管理体制也比较独特,它的总馆就是全香港所有图书馆行政及运行中心,有很多管理、配置等职能都汇集在总馆,总馆对其下的所有分馆进行统筹管理,但是也会考虑不同区的差异,进行特殊化管理。这些管理主要体现在总馆需要负责所有分馆的图书采编以及文献配置等方面的工作,以满足居民的文化需求。另外,香港也特别重视图书馆服务的建设。他们始终坚持贴近民众和服务社会的服务宗旨,一直强调以社区民众群体为基本立足点。香港的社区图书馆很重视社区民众的实际需求,基本上不会开展一些宽泛、浮夸、不切实际的活动。有专家认为,香港这样小型多数、贴近市民的布局,以及香港现代化、网络化的技术手段的成熟,才是香港图书馆取得显著效益的重要因素。这样的图书馆布局不仅可以对一些馆藏少的图书馆画册实现有效补充,同时也可以实现资源共享和资源的综合利用,提高效率。

浙江宁波的社区图书馆建设的特色,在其对阅览室建设的创新。宁波社区图书馆的建设资金并非始终依靠政府的投入,相反社区会主动采取多种方式进行经费筹集,其中有很多来自不同领域。因为是建设社区图书馆,所以主要还是以社区作为主体进行资金筹集。通过在社区设点,向社区居民做好宣传工作,倡导他们自发捐助,同时也向社区所在的地区政府寻求一定的支持。很多社区会对自身发展进行长期规划,会考虑从自身核心服务方面进行改善。为保证社区图书馆运转过程的顺利,以及提高问题时的处理能力,社区会去与市图书馆以及其他规模较大、功能较全的图书馆寻求合作,通过学习,从而提升自身在功能技术上的核心力量。社区还会主动去寻求专业技术强的管理人员到馆任职。这些举措极大地提升了其图书馆管理方面的能力,使之不再如传统管理那样紊乱,从而更加专业和规范。现在各社区也实现了网上借阅图书的功能,居民可以直接在宁波文化网上进行详细的查询,以及直接在网上完成图书借阅。这一网上借阅功能的推出为社区图书馆的建设开创了新型的模式。同样,浙江全省也在朝着满足社会所需的方向,为实现多功能、多创新、综合性发展的社区图书馆建设新的目标而努力。

2.2.3　国内社区图书馆区域差距较大

（1）地区发展不平衡

改革开放使得我们社会生活的各个方面发生了翻天覆地的变化,经济和社会得以迅猛发展,城市图书馆的建设事业呈现出欣欣向荣之势,我国图书馆的四级结构网络初步形成。但是正是因为这样四级结构网络的形成,社区图书馆作为基层的图书馆,处在体制机制的底部,很多权限被限制,以致一些工作难以有效开展。虽然随着社会的进步,这种情况在一定程度上有了改善,但是从总体上来看仍然与其他图书馆间有着较大的差距。除了覆盖范围比较广,数量比较多外,社区图书馆的馆舍比较破败,管理水平不符合时代发展要求,可使用的资金相对匮乏,工作人员的专业水平低,所拥有的资源满足不了发展的需要等情况屡见不鲜。由于社区图书馆没有得到应有的发展,从而造成了整个系统的发展失去了稳定性,最终导致一些资金的使用没有发挥出所应具备的作用,造成了很严重的资源浪费。

虽然我国部分发达城市的社区图书馆建设正在如火如荼地进行中。但纵观全国,城市社区图书馆网点建设在整个图书馆建设中仍然较为落后。经济发达地区社区图书馆建设进程加快,充分地满足了社区居民的阅读需求,但在其火速发展的背后,也存在一些限制社区图书馆发展的状况。经济好的地方其办馆条件也好,但是社区图书馆与县级及以上图书馆相比层次差距较大。经济不好的地方就更不用说了,这些地区的图书馆发展更加缓慢,很难或基本不可能赶上经济好的城市。所以即使这些地方的居民有很大的图书需求,那也可能满足不了。比如在上海,它的街道图书馆达到 324 所,平均每 3.7 万人拥有一所图书馆。但是在我国中西部的一些地区,尽管偶尔会有一些社区图书馆被建立起来,但是其规模很小,条件也很差。大部分地区没有社区图书馆。总的说来,我国的社区图书馆建设还存在非常严重的不均衡问题。大部分中西部建设的城市社区图书馆与其城市居民的文化需求相差甚远。在我国除少数发达地区外,大多数地区的社区图书馆还未准备建设,就连计划都没有起草。这样极度的不平衡导致地区差距更加被拉大。由于东西部间存在着这种严重的贫富差距现象,因而导致了不同地区间整体发展出现了严重的不一致。

(2)各地社区图书馆建设差距较大

从某种意义上来说,我国社区图书馆的建设是非常落后的。城市文化的发展落后于城市经济的发展,太多的商业性文化设施占领了人们的生活,但是公益性文化设施建设却非常短缺,即公益性文化设施及设备数量不足,或者设施水平相当落后,整体结构布局不合理,呈现不同程度的失衡状态。城市中社区图书馆的建设工作主要由当地政府来实行,其建设受到了多方面的制约,如政府重视程度、区域经济发展水平、经费的充足条件、地区整体文化水平等。已完成建设的社区图书馆规模大小有很大出入,参差不齐。事实证明,经济实力雄厚的城市其社区图书馆的建设展现出一派欣欣向荣之势,但在经济不发达的中西部地区,社区图书馆的发展却不见成效,相比而言显得缓慢而落后。

经济基础决定上层建筑,社区图书馆建设作为基层文化建设的重要组成部分,其发展显然离不开经济的大力支持。但是由于各地方经济发展水平不尽相同,不同地区的图书馆发展也存在着显著的差异。社区图书馆建设兴起的时候,主要由经济发达的地区引领,从那些发达地区引进来的社区图书馆的建设经验,理所当然地与落后或欠发达地区的社会、现实有很大一截差距。前者的发展越来越迅速,而后者的发展却迟迟不见起色。近些年,城镇社区图书馆的发展势头是相对较好的,但是在一些比较落后的农村或偏远地区其发展并不明显。整体上来看,虽然跟以往比起来还是取得了很大的进步,但是受到一些实际因素的影响,不同的地区间其发展明显存在较大的差异。现在,有一个问题是,很多已经建设的图书馆都是按照行政区来划分的,即使有些还没建成的图书馆也是以这一标准来进行规划分布的。可是,这样不考虑人口密度的建设显然极其不合理,不具有科学性。上海市的社区图书馆已经达到 2.8 万多个,并且位于人口密度极大的城区的图书馆数量超过了总数的一半,多数的上海社区图书馆已经进入了先进的计算机网络化时代。但是,即使在上海这样发展迅速的城市,其社区图书馆建设也逃不过两极分化严重的趋势。发展好的社区,它的图书馆建设面积可以达到 1000 平方米以上。但是发展不好的社区图书馆就几乎成了摆设,未见使用。有人曾经针对北京市社区图书馆的藏书量做了一个比较全面的研究,最终统计出的结果是,由于投入资金相差较大,有的图书馆藏书可达 3 万册,有的藏书则屈指可数。甚至还发现,超过半数的社区图书室年购书经费为 0 元,尽管在这背后存在着很多具体的原因,但是不管怎么样,这都不是我们希望看到的结果。一个图书馆的前期投入以及管理过程中的投入会在很大程度上决定其对居民的吸引力强度。图书馆建设面积越大,人们的选择性越多;资金投入越多,馆舍规模也越大,配套的设施设备也就更加完善;藏书越丰富,能满足更多人的需求,那自然也会有更多人被吸引过来。这些因素都与居民的喜爱程度成正相关关系。反之,建立起来的图书馆就会显得非常冷清,甚至在很大程度上会无人问津。这种两极分化的情况日益严重。

①发达城市地区图书馆现状。一个城市的文化建设都是以经济建设为基础的,发达城市的图书馆建设也毫不例外,同样遵循这样的规律。现如今城市社区图书馆的大量涌现,离不开经济发展的支撑。我国沿海地区的经济发展走在全国前面,城市化程度较中西部地区是非常高的,故积极地推动了社区图书馆的发展与建设,使其走在了时代的前沿。有些学者对走在我国发展前列的部分城市进行了资料调查和实地考察,他们发现很多城市已经建立或准备规划规模大小不一的社区图书馆网络化工程,比如北京、上海、长沙、深圳等,其中有些城市还专门颁布了一系列法规条例或管理办法以保障图书馆网络化的顺利进行,促进社区图书馆能够健康有序快速发展。这些陆续发展起来的比较成熟规范高效的社区图书馆为相对落后的社区图书馆的发展提供着宝贵的经验,也起了一定的带头作用,并为社区图书馆建设的长期发展与战略规划指出了明确方向。

有些发达城市的社区图书馆建设相当完备。比如,目前上海市社区图书馆的总藏书量超过 400 万册,总面积达 4.4 万平方米,共有街道、乡镇图书馆 340 座。所有的街道社区图书馆中有54％已经实行了计算机网络化管理。天津市很早以前就开展了“知识工程进社区”活动,使天津市的社区图书馆得到了突飞猛进的发展。这个工程使很多原来不知道自己社区有图书馆的天津市民了解了自身所在社区的图书馆现状,使很多因为不知道图书馆位置而基本上没去过图书馆的市民,也把去图书馆当成了生活中的一部分,并逐渐地养成了习惯。2005 年 12 月,天津市内的六区及新开发的三区图书馆建设数量就达到了 84 个,图书馆总藏书达 12.7 万册,总面积 4536 平方米。这项工程的成功实施把天津市社区图书馆建设推向一个新的阶段。天津市民也始终相信,其社区图书馆建设只会越来越好。浙江杭州市对于社区图书馆的考核标准受到重视,有关部门陆续制定一些相关配套标准,以推进建设普通型和精品型两类社区图书馆。其中对于精品型图书馆的标准是,配置电脑 10 台,馆舍面积 120 平方米,藏书量定为 3500 册。电子阅览室也会依据有关管理规定逐步开放各项服务。而普通型图书馆的建设标准相对来说是比较低的,除了也需要配备 10 台电脑以外,对其余设施设备配备要求都相对较低。在杭州,仅上城区的 10 个街道 72 个社区中,已经建成的社区图书馆比例就高达 90% 以上。经过实地考察发现,目前在杭州市所有建设的图书馆中,精品图书馆 40 个,普通图书馆 30 个。在湖南长沙,社区图书馆从原来的 10 余个猛增到 2003 年的 200 多个,其中藏书超过 2000 册、建筑面积在 40 平方米以上的有99 个。

上述这些较为发达的城市社区图书馆网络建设基本能满足市民日益增长的对阅读和信息搜寻的需求,为城市的发展提供了大力支持。这些事实都有效说明了我国社区图书馆建设发展的良好趋势。确实,社区图书馆的出现大大提高了城市的文化建设,也大大提高了社区居民的精神文明建设。深圳市图书馆建设过程中经历了很多大大小小的变迁,其"图书馆之城"建设的提出和"深圳读书月"活动的长期推进,着实使深圳市读书之城这一活招牌享誉全国,甚至是闻名世界。像这一系列创新式的发展值得其他城市积极借鉴,当然也要鼓励其他城市自主创新。

②欠发达城市社区图书馆现状。尽管欠发达城市社区图书馆建设在基础设施方面显得并非十分匮乏,但相比较发达城市来说,还是存在一定的差距,在图书馆建设的数量、结构以及对馆内人员、经费的管理等方面还有欠缺。另外欠发达城市正是因为受到经济限制,导致了现代技术引进的匮乏,对于图书馆网络化的应用基本还处于一个开始阶段,有待进一步探索。

第一,社区图书馆的总体数量欠缺。曾有人对我国一个中等城市进行调查,发现这个城市的发展速度很快,而且社区提供非常专业的各种医疗设备并且服务也很到位,甚至还会深入居民家里开展健康状况调查等服务,其医疗体系可谓是发展超前。但存在着一个奇怪的现象,基本上很少见到社区图书馆。即使有零星的个别图书馆的存在,其建设和发展都处于一种落后的状态。很多的调查结果显示,其社区图书馆发展存在如下几个特征:一是同经济发展好的城市相比,一些经济发展比较落后的城市社区图书馆的数量明显不足,质量不高;二是与本地区经济发展的状况相比,经济好的社区,其图书馆建设相对走在前面,稍微经济条件差点的,社区图书馆建设同样滞后;三是与社区人们的需求相比,社区图书馆馆藏的更新已经远远跟不上居民的需求,产生了图书馆发展滞后与人们日益增长的需求之间的矛盾;四是与本社区内的其他配套设施相比,大多数文化设施建设呈现出规模小,建设不完善,甚至缺失的一种低迷现状。

第二,社区图书馆建设存在着结构分布不合理的现象。不发达城市的图书馆建设存在着很多的不平衡,除大城市外,其他城市内部和城乡之间也存在很大的不平衡。而我国中西部地区,只有一小部分相对发达的城市,其社区图书馆发展速度较快。即使那些发展相对较快的城市,其城市内部图书馆的分布也存在规范缺失的现象。各类图书馆在同一个区域内同时存在,没有合理地进行区分,使得区域内图书馆密度过大,以致其作用得不到充分发挥。与此同时,郊区的图书馆则极其稀缺,更不要说图书馆内的设施设备的配套完善了。

第三,社区图书馆内部管理问题比较严重。主要表现在社区图书馆的性质发生扭曲,其"娱乐化"倾向较为严重。有的图书馆甚至出现了一些棋牌类等与图书馆无关的娱乐活动,挤占了图书馆的空间。

第四,图书馆可使用的资金相对不足。受地方经济影响,不少图书馆的发展资金存在短缺,而且获取资金的渠道较少,满足不了图书馆发展的实际需求,导致图书馆的作用得不到最大程度的发挥。

③我国农村社区图书馆现状。农村图书馆是建立在农村社区之内,为农民提供阅读书籍和了解信息的场所。农村的社会结构具有其自身的特殊性,其图书馆的建设也应该有自身的特色。因为农村人口文化水平普遍较低,日常的水平也没有太多技术性的工作。所以,农村社区图书馆要根据当地的特点和农民对阅读的需求,购买能被他们更容易接受的相关资料。农村人口对书籍选择性阅读的特点,让图书的选购和配备出现了问题。所以,在进行图书采集时就要考虑到他们对于文献的选择,以便提前进行筛选,减少他们的选择难度。最好是通过制度设计,选派文化水平略高的人员长期在农村图书馆工作,这样就可以及时反馈农民的阅读需求。农村社会的血缘关系浓厚,其社区化程度比城市社区高很多,但因为农村经济发展比较落后,经济增长速度慢,与城市有很大差距,所以在文化建设与规划上也低于城市,社区图书馆的建设更是处于一个边缘状态。虽然乡镇图书馆的建设已经有很长的时间了,但是由于至今农村的经济持续低迷,以致农村社区图书馆长时间没有新书购入,再加之管理失调等原因,最终导致农村社区图书馆滞后发展。

农村社区图书馆图书资料品种、服务形式单一。农村社区图书馆馆藏图书资料大多品种单一,尤其在贫困地区,图书馆馆藏的大部分资料都有一定的年代感,很陈旧,不管是内容上还是形式上都跟不上时代变化。农村社区图书馆大多数都是一些介绍发展农业的书籍,一些相对著名的文学类、思想教育类的书籍则相对欠缺,甚至有些地方基本没有。馆藏的品种较少通常会限制农民读者的选择余地,导致对农民的吸引力不足,以及读者群相对萎缩和阅读率不断下降,反过来又会影响图书馆的正常服务。在西部地区,许多社区至今仍然没有建立图书馆(室)。农村社区图书馆藏书建设的不规范往往导致图书馆服务形式的单一。这种不规范现象源于对最基本观念的误解，很多乡镇在规划组建图书馆时总是想着能尽量不花钱就不花钱，故馆内的书籍大多为群众捐献或有关单位赠送，东拼西凑而来。很多人没有意识到将一个真正的图书馆的效用发挥出来。长期如此，就会使图书馆变成搁置那些已经不符合时代的图书的仓库。根据研究发现，农村社区图书馆的信息对于农民没有实用价值，造成这种现象的原因在于他们不能理解书中所讲的内容。另外，电子媒体的便捷使其日渐在农村受宠，当农村社区图书馆在网络信息化以及多媒体传播方面处于滞后状态时，具有强烈视听震撼的电子媒体就吸引了相当一部分农村居民。如果一直照这样发展下去，农村地区的居民可能会越来越远离读书这条路，而且越到后期，重新拾起对读书的兴趣也就越困难。那么提高农民文化知识和科技素质的目标也将越来越看不到头，所以，这个问题必须引起重视。

农村社区图书馆不能充分地满足当下人们的现实需要。随着经济和社会的发展，我国农村地区相较于过去也有了显著的进步，农村社区的图书馆建设也有了起色。但是从整个农村发展的历史进程来说，现在农村社区图书馆取得发展的情况是一回事，而提高农民文化修养的目标又是另外一回事，这两者之间的差距已经随着人们思想的发展变得越来越大。人们的思想需求更新太快，而农村图书馆的建设却始终止步不前，甚至还有可能在倒退。当下，社区图书馆在我国一些偏远地区或者经济发展较为落后的地方还是看不到的，更谈不上人们是否有意愿去主动学习了。近年来，农村社区图书馆的发展虽然有了新的突破，这还得益于国家新农村政策的推动，但总的来说与农民日益增长的文化需求相比，仍然还处于相对落后的状态。有学者选取了 107 个北京的农村社区进行样本调查。在这 107 个北京农村中建设了图书馆的村有 82 个，仍然有相当数量的农村根本不存在图书馆

（室）。它们的馆藏书大都来自于全国各界的捐赠，以及一些送书下乡和惠民书屋等公益性的工程等。还有一个根本性的问题就是农村社区图书馆面积很小，这也就决定了阅览座位的数量有限。由于农村社区图书馆馆舍面积主要在 100～200 平方米，因此可提供的阅读座位也就比较少。由此看来，北京农村图书馆的情况尚且如此，其他省份现状也就可想而知，至于那些地处偏远的山区的情况就更不用说了。

农村社区图书馆区域发展也不平衡。当前我国农村地区的许多地方政府对于农村社区图书馆的建设重视不够。部分领导认为"发展是第一要务"，农村应当致力于对经济的发展，把重心着力在如何使农民增收创收上，对于一些满足精神需要的建设则明显投入力度不足，缺乏主动性，导致一些偏远地区和经济发展水平较低的地区在社区图书馆的建设上还是跟不上时代发展的步伐，有的甚至还完全处于零发展的状况。虽然国家在宏观上对于农村社区图书馆建设的推动作用显而易见，然而在微观层面，政府的投入则相当有限。我国地域太大，落后农村的数量很多，政府很难将对地区的资助同时兼顾到方方面面。一些落后地区行政村几乎没有电脑，农民不能上网搜索资料。不管是在社区图书馆的硬件建设上还是软件设施配备上都远远比发达地区差了一大截，均难以满足农村地区的各种需要。一方面，我国经济与社会发展水平受地域差异过大的影响，很难保证不同地区在文化建设上的同步性，不同的地方在社区图书馆的建设上存在着不平衡的状况，主要体现在规模的不平衡、速度差异化和形式上的差别等方面。另一方面，我国农村社区图书馆的建设也表现出不同地区、不同基础条件的发展不平衡性，这主要是受到地区差异的大环境影响和一些外部条件的限制，很多乡镇图书馆与文化站在一起，没有自身独立的馆舍，不仅设施简陋，而且图书馆内的书籍基本是一些旧书，无人问津。可以这样说，在经济发展落后的地区,其图书馆设备落后,图书资料奇缺,而且图书资料的更新速度很慢。

专业人员匮乏不利于社区图书馆建设。社区图书馆的管理其实是一个非常复杂的过程,如果一个核心管理员站在宏观的角度实施管理,他不仅要有专业性强的档案管理技能,还要能进行信息收集,并结合一系列专业知识进行综合分析,得出分析结果以利于实现图书馆的发展。同时还应实现对馆内人员的科学指导与管理。这样复杂的管理过程不是随便一个人就能实现的。因此农村社区图书馆的发展离不开专业人员所要发挥的作用。但是现在,具有专业化档案管理等方面的人才十分缺乏。而具备以上几项工作管理技能的人基本没有。

农民精神文化需求被忽略。近年来,农民物质生活水平提高,基本上都已经解决了温饱问题。所以人们的需求逐渐转向满足精神上的追求。农村的生活节奏一直都很慢,人们除了春种秋收的那几个时间段,其余闲暇时间都比较多。越来越多的人慢慢厌倦了看电视,就连打牌等娱乐活动也觉得枯燥。在农民这个群体中,有很多人也表示,他们正在寻找一种有品质的精神文化生活来改变他们以前的生活状态。农村社区图书馆在这个时候就应该被放在一个显著的位置被人们所关注。但是目前农村社区图书馆的建设情况并不乐观。有些农村地区有社区图书馆的都是与村委会共建在一个屋檐下,并且基本没有图书经费来源,大多图书是由城市社区捐赠而来,这就可能存在不适于农村居民兴趣需求的问题。况且,现在农村里有很多文化水平相对较高的农村青年,他们通常会通过手机等电子设备了解更多外面的信息,以此来拓宽视野。农村社区图书馆里这些颇为落后的书籍对他们根本不会存在吸引力。因此农村社区图书馆也应重视政治普及类、文学艺术类和生活时尚类等图书资料的补充更新,以适应不同年龄段农村居民的实际需要。甚至还可以为农村青年群体提供一些专业技能强，利于找工作闯市场所需的外语类、市场营销类和科技类图书资料。但实际上这类图书都很难得到满足。

2.3 国内社区图书馆发展中的问题

20 世纪五六十年代，我国社区图书馆建设就已经开始了。那时的长沙市就进行过大规模社区图书馆的建设。但是，延续至今的社区图书馆寥寥无几。20 世纪 80 年代中期，我国城市的社区图书馆又重新掀起新的建设浪潮。但即使做好一切准备重新来过的社区图书馆建设，仍然在很长的一段时期内没有显著的发展。直到 80 年代后期，一些地区随着经济的发展，才开始意识到最初的文化建设并不完善。近年来，我国基层文化事业的发展得到很大程度的重视，不少地区也在积极探索规划其发展的战略方针。随着社区建设经费的逐年提高，作为城市基层文化设施的社区图书馆也需要同步的建设。我国社区图书馆办馆条件得到改善，虽然在建设过程中出现了可喜的一面，但也存在较多问题。尽管大多数的东部沿海经济发达地区的办馆发展形势喜人，非常可观，但是由于各地的经济发展水平不同、每个社区起点各异，还有社区文化背景、对图书馆规模的标准等问题都需要根据不同的社区进行结构化分析之后再做定论。所以就使得这些已经发展起来的图书馆在形式结构上显得参差不齐，仍然呈现出明显的发展不平衡的态势，从而导致我国大部分社区图书馆的服务能力非常有限，大大限制了图书馆本身具有的价值功能的发挥。很多图书馆在建设发展的模式上过于传统，没有跟上时代的发展，这与其本应承载的功能相差甚远。比如，绝大部分社区图书馆始终只能充当一个图书借阅室，无法成为社区的信息中心及文化娱乐中心。而相比之下，我国不发达地区的社区图书馆的发展建设则显得更加缓慢。首先，从地域差距上来说，中西部地区地处内陆，整体发展水平相对落后于沿海,自然其社区图书馆的建设也起步较晚。其次,从经济水平上看,中西部地区本身经济支撑力度就不够,不足以从本质上为图书馆的建设提供保障。最后,中西部地区的社区图书馆整体设备陈旧简陋,不能及时地得到更新,甚至,更严重的是有的地区至今还没有社区图书馆。

从全国范围来看,尽管有一些地区的图书馆发展较好,但是我们需要明确的是,在这些发展较好的图书馆中,绝大多数都受到地方政府主导观念的影响,其发展趋势也是顺应政府的意志,并没有从社区居民的实际需求出发,这有悖于图书馆的本质。很多政府会视图书馆的建设为地方文化繁荣的标志,以图书馆的外观亮丽宏伟来展示本地区的繁荣,这种观念已经越来越普遍。政府会投入巨资兴建大型图书馆。虽然这些图书馆发展较快,但是,当观念产生了偏差,就容易导致行为上的偏差。而过于注重物理建筑的外观表现,就会相对忽视更多图书馆的内在价值,即图书馆存在的本质是为市民提供图书借阅服务。此外,我国很多大型的图书馆财政收入比较充裕,但是绝大部分下属的基层馆在这方面却显得十分不足,发展不振的问题普遍存在,导致各地的发展情况不均衡。由于有些社区本身发展尚不完善,使得社区图书馆的建设也处在摸索阶段。在经济不发达的地区,表现出来的就不仅是社区图书馆数量少这一个问题了,还包括图书馆建设的方方面面。比如经费来源渠道有限、内部人员管理欠缺等。站在整体层面来看经济不发达地区的社区图书馆建设,便显得十分缓慢和滞后,远落后于我国大部分沿海城市。与西方国家相比,其差距就显得更大。

目前我国基层图书馆的建设区域覆盖率还不足,影响力也远远不够,甚至很多地方都没有图书馆这一文化设施形式的影子。在另一种层面上来说,现在我们图书馆发展所面临的问题还不仅是城乡覆盖率低的问题。更关键的是,即使有很多已经建设起来的图书馆,其运转却成了大问题,甚至有些经济水平很好的发达城市也会出现运转上的大问题。图书馆建设史上始终存在着重数量、轻质量、轻管理的错误观念。这是我国社区图书馆发展中存在的一大误区,很多社区图书馆都会陷入这样的问题。就连北京、南京、武汉等这些发达城市的图书馆实际运行情况也有很多不尽如人意的地方。就比如始终存在图书馆形同虚设的情况,有些地方的图书馆并没有太多书籍,反而杂物就占据了很大空间;有些图书室与棋牌室混用,把图书馆作为完全意义上的娱乐场所,明显有所不妥;还有些甚至处于半开馆半闭馆状态。那么要采取什么样的措施来有效解决这一问题呢? 还有待我国政府、社区机构以及社会集思广益,深入研究。

2.3.1 社区图书馆基础设施的不足

(1)空间面积小,硬件设施不到位

我国社区图书馆始终存在空间狭小,设施简陋的问题。这样的现象在早期建成的图书馆中尤为凸显。究其原因,其中绝大部分是受资金的限制。另外,长时间没有对馆舍进行维修更新,里面的设施也显得非常陈旧。更重要的是,图书收藏量也因为其馆舍条件而得不到扩展。近年来,政府也没有形成一个长效的资金投入对其进行改造,使得这些已有的图书馆越来越陈旧,现代化设施设备严重缺乏。我国社区图书馆的建设存在这样一种形式:很多社区为了节约资金就直接从居委会的办公室中腾出一间,投放一定数量的图书,改造为所谓的社区图书馆。这样的图书馆活动场地狭小,所含图书资源量少,基本无法提供公共图书馆应有的服务。例如在上海,平均每 3.7 万人拥有一所图书馆,可以说其建设规模是相当前沿了,但是这些馆设中,除了少数社区图书馆外,绝大部分的面积还相当小,基本上都是处在 40-60 平方米。至于馆藏量,我国制定的《公共图书馆建设标准》中也有明确要求,小型图书馆藏书量的最低指标要达到 4.5 万册,但实际上很多现存的社区图书馆的馆藏还相差甚远。

（2）认知不足,宣传力度不够

近年来,随着社会的发展与进步,民众对知识的需要逐渐多样化,各级政府陆续建立起更多的图书馆。虽然有些基础设施较好,但很多现代化技术和设施仍然不能很好地同社会公众的实际需求相契合。目前我国大多数社区图书馆在一些新兴技术上还处于空白,即使是发达城市,在个别区域也仍然存在这样的情况。尤其是在图书资源共享以及网络平台搭建等便捷技术的使用上还未普遍。即使有些图书馆在现代化技术和设施配备上能够符合社会的需求,但是也会存在社区图书馆因其自身的宣传力度不够,使得民众对社区图书馆认知不足的情况,以致大大降低了图书馆的影响力,减少了人们对社区图书馆的关注度以及图书馆本身的利用率。比如很多居民不知道自己所在片区是否有图书馆。如果有,在哪里？藏书有哪些类型？是否引入新技术模式？这些都是有待进一步思考解决的问题。

有学者对成都部分居民进行调查发现,很多居民都不知道开设在自家门口的图书馆,也从未去过小区图书馆。打造"图书馆之城",是深圳市有史以来在图书馆建设方面的一大功绩,这个工程提出并实施已有数年,但是广大市民对其知晓率却很低,很多人都没有听说过。还有一种现象,许多社区居民因为不知道自己所在社区的图书馆,致使他们去较远的公共图书馆。这就不但造成了人力物力资源的浪费,而且造成图书馆分配使用的不平衡。

（3）建设数量少、更新速度慢

随着很多城市地区社区化程度越来越高,社区内部很多基础性建设也在不断完善。就比如,现在的社区比较注重居民在医疗和体育设施设备方面的需要,相应地便在社区不同地方设立了大大小小的服务机构。目前,我国对社区居民的身体健康保障服务确实取得了良好的发展势头。同样,社区精神文明的建设也是相当重要的。现在很多居民素质其实没有人们所想象得那么好,这凸显出居民精神文明建设的重要性。但就实际情况而言,社区精神文明建设落实的情况却不是特别理想。目前我国社区图书馆的覆盖率并不高,而且大部分城市的社区图书馆发展速度相当缓慢,远远跟不上人类进步的节奏。另外,现有的社区图书馆文献更新速度普遍较慢、馆舍面积大小不均,很多图书馆还不能满足社区的文化需求。

据调查了解,有的社区图书馆书架等设备长期处于简陋状态,书籍来源全靠社区居民的捐赠,也有很多图书馆几年不引进新书。甚至有些图书馆自建馆以来就再未引进一本新书,馆藏内容已经完全跟不上社会的变迁。很多书籍过时了,没有多大的阅读价值,这样只会使读者到馆率年年走低,最终导致图书馆无人问津的状态。这就是一个图书馆从兴起到衰落可能经历的过程,所以其他图书馆都应引以为戒。还有一种只是为了配合达标检查而临时东拼西凑一些图书建起的图书馆,突击建成的馆舍待检查完后又会在很短时间内恢复原样,没人清理打扫,直到关门了之。严格意义上来说,这应该是要坚决遏制的现象。因此,相关政府部门就必须起到一个领头人的作用,要将图书馆建设落到实处,要有一个充分的思想认识。并且围绕落实开展工作,保证社区图书馆的发展不至于偏离轨道。其次,政府要做到统筹规划、合理安排。图书馆的建设工作始终是一个循序渐进的过程,不要想着可以在短时间内完成高质量的建设。要避免后期可能出现的政策支撑力度不够、经费来源不足和馆舍管理不到位等问题。最后,现在的社区图书馆并没有在居民心中形成存在感,其地位和作用没有得到明显体现。这通常是图书馆自身与社区居民之间的互动较少的原因造成的。因此,图书馆应积极开展一些宣传知识的活动,以促进社区图书馆与居民之间的互动。需要清楚,每一项工作、活动的开展都离不开资金来源和居民支持,这正是当下社区图书馆迫切需要解决的问题。

(4)图书馆的建设重数量、轻质量

在我国社区图书馆建设过程中,陆续涌现出一批又一批在馆藏以及馆设方面都较为优秀且突出的社区图书馆典范。仔细推敲,我们可以发现,这些建设成果突出的图书馆都有其共同特点。他们的建馆出发点都落在居民身上,他们始终以满足居民的实际文化知识需求为己任,并且经常推出各种形式丰富多样的便民读书活动。他们主动积极地与社区居民进行互动,近距离接触居民,切身去感受他们的实际所需,不仅本身可以收获不少有用信息,还实现了对本身图书馆的宣传目的,提高了居民对他们的认知程度。但是,形式多样化也使得一些社区图书馆刚好陷入形式主义的旋涡,而多流于形式的结果就是只注重于搞表面文章。社区图书馆建设受到一些社会风气的影响,只求数量不求质量的办馆模式始终高居不下。这并不是长远发展之计,反而只能使其发展逐渐陷入绝境。现在我国很多图书馆的建设在响应政府号召的同时,并没有足够的时间做详细的规划准备。而在较短时间内建立起来的图书馆其质量当然也就难以得到保障。

(5)社区图书馆重投入、轻管理

近年来,我国社区图书馆重建设、轻规划、轻发展的现象日益突出。甚至有些社区图书馆建成后形同虚设,直接失去了图书馆开办的初衷、意义,直接蜕变成了居民的活动室。并且,图书馆内部的管理也比较松散,对馆内运营流程、工作人员的管理相对缺失。在深圳,其工作人员中兼职占比达35％以上。这就使得图书馆专业性、针对性的管理措施相对缺乏,加上图书馆工作本身没有竞争性,通常会导致馆内工作人员的懒散,没有积极性来优化图书馆的管理。

2.3.2 社区图书馆提供服务的不足

(1)社区图书馆服务手段落后,服务内容单一

社会在发展,人类在进步。尽管我国居民的阅读行为和需求也发生了很大变化,但是像数字信息服务这类新兴的阅读技术在很大范围内却没有开展起来。许多社区图书馆管理思想相对落后,他们在管理过程中不想也没有积极主动地去了解居民需求,更没有将满足居民的需求作为发展目标自身。这主要体现在大多图书馆所提供的还只是单纯的借、还书服务上,这种单一的服务方式很难吸引读者,以致图书馆的读者日益减少。所以应该意识到图书馆除了可以提供借阅图书等传统服务以外,还可以开展形式多样的读书活动等,以期争取实现社会教育、信息咨询、文化休闲等社会职能的效益最大化。

社区图书馆的服务水平和服务效益很多时候只是简单地守摊子。即使在深圳,其社区图书馆的服务效益也远远没有达到理想状态。图书馆的网络互联建设水平低,没有提出更多的创新点。有一部分社区图书馆在双休日不开馆,而且周一到周五也不是每天都开馆,基本上很多社区图书馆晚上全都很早闭馆。通常图书馆开放时间正是学生上课、职员上班的时间。当职员下班、学生放学以后以及双休日期间,图书馆却不开放。开放时间与人们上班、学习的时间刚好相冲突,而上班族和学生又恰好是图书馆主要的使用群体,图书馆如此不合理的开放时间安排,把很多想利用工作之余到图书馆学习的人拒之门外。甚至还有的社区图书馆一周基本上就开放2天左右,其余时间闭馆,很多资源得不到充分的使用。

(2)社区图书馆管理人员匮乏

社区图书馆一直是处于我国最基层的、最近民的学习场所。

通过向居民开展教育、传播文化来实现我国社区文化建设的使命。要想最大化实现图书馆的社会效益,一群高素质、专业性强的管理人员必不可少。但其实,我国社区图书馆建设对这方面的重视程度却远远不足。

(3)管理人员对社区图书馆的认识不到位

社区图书馆管理人员中有一部分是本来在社区工作的干部和员工,他们对图书馆的认识并不够,对社区居民对社区图书馆的需求定位不明确,认为"社区居民们并不喜欢读书,或者是社区图书馆所提供的服务不足以足够显现,而不能影响到人们的生活"。馆内工作人员对图书馆的效用机制认识不到位,甚至很多人对其自身的工作性质也存在认识差异。如果主管领导和部门的知识技能不够,也会出现决策不科学的现象,可能会在很大程度上使图书馆陷于困境。埋下头来,一股脑地盲目铺摊子,只会造成更多资源的浪费。另外,在图书馆工作的兼职人员总占比很大,他们普遍比较散乱,参与到图书馆管理之中,很大程度影响了管理员对工作的管理强度,使图书管理员不能足够明确地实现自身定位和他人定位。

(4)社区图书馆大多没有专职管理人员

大多社区图书馆管理人员不固定,临时兼职的比较多。而往往这些兼职成员其文化和专业水平普遍偏低,对图书馆运行机制缺乏专业知识,无法很好地为读者进行及时有效的指导。本质上而言,管理作为一个图书馆的核心要素,要充分发挥图书馆的作用,对其主要管理员的要求应该更高。但是在这批核心员工中,专业技能不过关的大有人在,这样不可避免地造成社区图书馆管理出现偏差,不够科学化。此外,有很多社区图书馆由于经费得不到大力的支持,无法聘请足够数量的专业性较强的人员来管理和经营。长此以往,社区图书馆不仅在内部布局方面无序,而且也会在外部服务方面毫无创新。如果一直停留在借还书方面,则必然不能实现图书资源共享,也必将导致社区图书馆工作效率下降,至于图书馆的管理也将失去活力和信心,最终丧失对读者的吸引力。

(5)馆员素质低下

图书馆要实现现代化管理,朝着现代化方向发展,就离不开对内部人员的素质建设。但往往事与愿违,正如前述,实际上现在的图书馆的基层管理出现严重人才缺乏问题。我国法律并没有规定一个图书馆最低的职工数量以及职工技能要求,因此这会使很多关系户有机可乘,就会有很多知识教育水平低,专业技术弱的人员充斥其中。他们通常无法胜任图书馆服务面广的工作。而且,时间久了,图书馆就逐渐变成了安置社会中闲散人员的去处。尤为糟糕的是,因为他们是关系户,往往还会导致管理人员在管理图书馆时不能很好地实现公平原则,可能更容易产生内部矛盾,不利于管理。

2.3.3 社区图书馆管理制度的不足

(1)社区图书馆馆藏资源结构不合理,功能定位过高

在社区图书馆刚出现的时候,作为一定区域内的为居民提供公益性和教育性的服务的场所,社会各界希望通过这样的媒介和形式向民众普及科学文化知识,对民众的内心起到潜移默化的影响,以期有助于提高社区居民素质,从而在本质上改进社区的整体人文环境。但是,随着经济的飞速发展,越来越多的图书馆却背离了建馆初衷,对自身的功能定位有点过高,不切实际。这是因为在图书馆建设的实际操作中,不同层级的政府在建馆时不会投入太多的前期成本,他们认为不同区域有不同的特点,过度投入容易产生不同区域之间的盲目攀比,形成单纯地强调馆舍大小、藏书数量和种类等。因此,尽管有很大一部分社区图书馆办

是办起来了,但是距离设定的目标还相差甚远。加之图书馆对自身的宣传工作做得不到位,社区图书馆的价值定位和服务定位都无法真正实现,在这种情况下办起来的图书馆,其馆藏资源就会显得混乱和结构不合理。

(2)社区图书馆运行机制不健全

①法制不健全是影响图书馆职能发挥的瓶颈。迄今为止,社区图书馆发展事业方面的法律法规还不完善,仅有一些相应条例来指导图书馆的运作。在图书馆实现其社会职能的过程中,法律对图书馆的规范还停留在形式化上,因此可能会出现图书馆在行使职能过程中的偏差。另外,政府对于图书馆的组织管理机制、读者服务机制以及工作人员聘用制度方面都还不够精确细化,不足以涵盖各方各面。尤其对于我国已建成的较大数量的社区图书馆来说,应对措施的制定还远远赶不上问题的发展。

②以行政关系为主的管理体制影响着社区图书馆的发展。这种管理体制就表现在,社区图书馆的发展规划很大程度上凸显出行政人员的主观意志,缺乏必要的约束。而在图书馆开展具体业务的过程中,很多行政关系的复杂干扰给管理决策造成了诸多不便,办事公平性与效率性得不到有效保障。在管理上,社区图书馆开放时间的不合理和管理手段的不科学等因素导致无法制定一个良好的管理章程。这些主要的问题也使得社区图书馆的管理不足现象普遍存在。

③现有制度缺乏一定的可行性。尽管我国已经于2018年1月1日颁布实施了《公共图书馆法》,但还没有加以细化落实。实际上,具体到针对社区图书馆的各种规章制度不可能完全覆盖图书馆工作的方方面面,将这些太过宽泛的规章制度运用到实际的管理操作中去,就必然会遇到很多问题,执行难度是非常大的。在这样的情况下,如果图书馆馆员根据自己的个人理解执行一些比较宽泛的规定,其结果可能会产生较大偏差,无法得到普遍认

可。何况这种做法对图书馆的内部管理来说,也是不规范的。而对于图书馆的外部发展,也是消极的。在《公共图书馆法》颁布之前,我国已有的图书馆相关规章制度分别由不同的部门制定,不可避免地在制定的过程中会倾向有利于本部门的做法。实际上,这些制度的内容也确实带有一定程度的倾向性。总之,现有的规范对图书馆制度的法律法规缺乏强有力的宏观调控功能,也缺乏微观方面的详细指导。尽管指导我国图书馆事业发展方向的《公共图书馆法》已经颁布实施,但有些规定仍然失于宽泛,操作起来尚有很大的困难,或根本无法操作,亟须进一步地细化落实。

(3)现有制度权威性不足

尽管 2018 年 1 月 1 日开始施行由全国人大常委会颁布的《公共图书馆法》,但图书馆制度都是由行政法规规定的,因此存在制度协调一致的问题。另外,对图书馆的服务以及人员管理等方面的规定相对缺失,因而使得图书馆的管理行为缺乏应有的权威性和严肃性。

2.3.4 社区图书馆运营机制方面的不足

(1)社区图书馆多层级建设

我国社区图书馆的建设与发达国家相比有很大差异,基本上都是由各级政府多层级建设和管理,实际上这种多层级管理体制通常会使管理的责任与权力区分不足,主体职责的不明确使得大家相互推诿,从而使我国社区图书馆的发展受到一定的约束。很多社区图书馆隶属于街道办或居委会,大都没有长期稳定的购书经费来源,对社区居民的吸引力远远不够,当然也就没有很多人会到馆借阅。如此说来,社区图书馆存在的价值和意义又何在?至少从目前的现象看,其社会价值没有得到根本的体现。如果我国政府不能转变观念,不改变现在已经暴露出的管理模式的不足,仍然按照传统方式发展下去,那么即使社区图书馆数量再多,也只会是虚有其表,没有办法实现保障居民基本阅读需求的目标。

就某种意义而言,中国建设的图书馆也具有一定的特色,各地政府在现有框架下,根据自身的地域特色对图书馆建设做了大量有益的探索。虽然建设的图书馆数量相当可观,但实际的质量效果却不是特别理想,真正能够发挥有效作用的并不多。2010年深圳龙岗区图书馆平均每个馆经费为 32000 元,这些经费大都被用于员工的工资发放,用来购书和活动的经费基本所剩无几。所以,很多图书馆即使拥有一定数量的经费,能真正用于图书馆质量提升的费用占比也很少。可以预见的是,由于馆内图书得不到及时更新,无法使社区居民对图书馆保持长期的兴趣,读者将会越来越少。这绝非社区图书馆发展的长久之计。然而很多图书馆还没有意识到这一点,这种现象已经成为国内图书馆的普遍状况。

(2)社区图书馆管理体制的弊端

社区图书馆管理体制,顾名思义,就是对图书馆内部一系列体系、制度、方法、形式的总称,其包括了图书馆内部的机构设置、领导隶属关系以及管理权限划分等。我国图书馆管理体制亟须加以重视的弊端主要有以下三个方面:一是行政管理层级多元化,上级政府主管部门过度干预地方图书馆的建设。二是财政休制分组管理,导致在社区图书馆建设上出现"小而全"与"大而全"的问题。三是行业管理体制不足,工作管理分散,很难实现建设和管理上的规范化与标准化。我国大多数的社区图书馆仍然没有改变传统的机构设置与规章制度。在人事管理过程中,由于制度规范不足,常常会出现权力过分集中的现象,很大一部分权力被少部分人垄断。此外,图书馆的体制机制也不尽合理。其中一个主要表现就是干部能上不能下,这通常会导致干部在现有的位置上不思进取,没有危机意识,在进行管理工作时就难以有突破性和创新性的发展,甚至还有可能出现一些干部和工作人员在熟悉相关岗位和流程后,利用制度漏洞去实现个人利益的问题。管理体制上的这些弊端若长期存在,必然就会产生很多不利于图书馆发展的影响,从而难以实现图书馆的可持续性发展。

(3)社区图书馆建设主体不明确

总的来说,我国图书馆建设起步较晚、经济力量不足等是导致图书馆数量少的主要原因。与此同时,还有一个重要原因就在于社区图书馆建设主体的不明确。就现实情况来看,参与我国社区图书馆建设的主体主要有各级政府、非营利组织、企业甚至是社会公众。当这些主体都同时参与图书馆的建设时,如果没有科学规范的统筹管理,就容易出现责任划分的不清晰。各个主体通常会更加倾向于考虑自身的利益,很难把社区图书馆建设的责任落实到位。从社区本身来看,我国社区的存在形式基本上都呈现出多层级复杂化的特点,行政力量发挥效益不足。因此社区图书馆的建设,一直以来都缺乏行政力量的支撑,长期被排除在公共图书馆体系之外。这些体制性问题更加使其发展滞后。世界上发达国家社区图书馆的兴建都是由国家财政按照社区的人口规模进行投资,这使得其图书馆建设在数量上得到一定的保证。此外,很多发达国家的社区图书馆大多数由开发商开发,物业公司管理。而在我国当下经济竞争激烈的社会中,社区图书馆建设投资大却不能产生良好的收益,因此通常开发商和物业管理公司都不愿意建设社区图书馆,也没有能力进行建设和管理。

(4)缺乏总体规划

目前我国社区文化建设不尽如人意,缺乏总体长远的规划,与城市发展的优越条件不相匹配。有些地方政府在对社区建设规划时,根本不会把社区图书馆的建设考虑进去。对他们来说利益最大化才是他们的最终目标,图书馆的存在只会增加成本却不能带来一定的经济收益。在我国,除了一些一线城市和发达省份(北京、广州、上海、浙江等)在社区图书馆的建设上有相对突出的成就之外,仍然有大部分城市的社区图书馆建设几近空白。图书馆建设总体规划的不合理、不平衡使得我国城市社区图书馆的建设管理远远跟不上社会快速发展的脚步,这对于开始步入共享经济时代的我国而言,诚然是一个较大的问题。以鞍山市社区图书馆(室)为例,除了图书馆总体数量较少以外,在已经建立的图书馆内部仍然会存在很多机构不平衡等问题,不能保证社区图书馆服务工作的正常有效开展。

2.4　小　结

总体看,随着经济的快速发展,我国的各项社会事业也得以大幅度发展并取得了不俗的成绩。具体到城乡社区图书馆尤其是城市社区图书馆的建设发展,其成就也值得称赞。尽管我国的图书馆事业整体上起步较晚,发展也参差不齐。由于区域差距和行政管理体制上的原因,尤其在社区图书馆的建设上,发达地区做得要远远好于中西部欠发达地区。但即便如此,在社区图书馆的建设发展中,像资金短缺、场馆狭小、馆藏不足、设施陈旧、技术落后、人员稀缺和管理滞后等问题都是普遍性的。究其原因,除了受限于资金不足之外,尤为重要的是管理体制的错综复杂和法律法规的贯彻落实亟待加强。此外,政府的观念转变和如何引导社会大众走进社区图书馆也是亟须解决的难题。对于农村而言,图书馆事业则更是一项刚刚起步而有待加大力度建设的领域。因为它是乡村振兴必不可少的组成部分。尽管会面临不小的困难,但我国各级政府尤其是基层政府也必须真正重视起来。

第 3 章

我国城乡社区图书馆发展的制度路径和模式选择

3.1 引 言

社区作为社会结构的基本组成单元,其可持续发展离不开社区图书馆建设。社区图书馆是社会群众接受再教育的公共空间,也是丰富社区民众业余生活的重要场所。在大力推进基层文化和精神文明建设的大背景之下,社区图书馆建设是基层精神文明建设的重要抓手。社区图书馆为民众提供精神动力和智力支持,产生巨大的正的外部溢出效应。因此,在城乡一体化进程中,社区图书馆作为一项基本的公共基础设施,应该予以充分的重视。目前,我国各地根据城乡经济、社会发展的主要情况,采取不同的建设方法,引入多方力量参与到社区图书馆建设当中,有效弥补了社区图书馆建设经费不足、图书馆员业务水平低、图书馆基础设施落后等问题。概括地说,我国城乡社区图书馆主要有以下五种发展模式,分别为总分馆模式、联办模式、独办模式、流动模式以及地方政府模式。不同发展形态在建设主体、经费控制、适用情况、服务环境等方面都有各自的优势和不足,在社区图书馆资源共建共享方面,起到不同的作用。

3.2　我国城乡社区图书馆的建设模式

3.2.1　总分馆模式

　　总分馆模式在我国经济发展较好的地方以及西方国家的大多城市都是比较普遍的,一般是总馆在各个社区、乡镇配备分馆。城乡一体化建设对城乡的公共文化资源的整合提出了更高的要求,而总分馆模式的社区图书馆建设就是应对这一背景的良好路径,可以实现文化资源服务的全民性,是一种成功有效的图书馆集群管理模式。该模式以区域中心图书馆为依托,将公共图书馆服务延伸到城乡各个社区,组建成"G－B－D"图书馆网络体系,比较简单易行。在"G－B－D"图书馆网络体系中,"G"表示以省市图书馆为总馆(general library),"B"表示以区、市县级别的图书馆为骨干分馆(branch library),"D"表示以市县级以下的街道、社区级等多样化的基层图书馆为末端分馆(diversified),这三级图书馆构建模式的优势是很明显的,能形成以省市公共图书馆为中心总馆,统筹带动、分馆呼应、灵活共建共享的格局。

　　在总分馆模式中,总馆与分馆之间的角色职责划分明晰。在行政关系上,两者是属于上级和下级的关系。在公共图书馆服务体系中,总馆主要负责馆藏资源的整合,以及图书馆运行的制度、规范的制定等。一般总馆设立在交通便利、人口密集的区域,成为一个具有相当实力的中央图书馆。相对总馆来说,承接部分职责与功能的分馆,其布局相对较为小型、分散,这样便于为周边的群众提供阅读便利。总分馆模式在我国的具体实践中,一般由省市县公共图书馆作为业务中心辐射点,处于主导地位,根据城乡社区的具体要求,全面统筹规划和协调,提供中心总馆中的文献资源、具有一定业务能力的馆员等,支持社区构建一定规模的图书馆、居民阅览室和阅读站等,或者开通馆际互借,实现不同地域图书馆相互联合,真正意义上促使图书馆文献信息无障碍获取和共享,减少因交通、地理位置等时间空间上的客观因素限制,使读者能够在家门口享受阅读的便利,实现了资源的合理配置,拓展了中心图书馆服务的覆盖领域和范围。作为上级派出机构的分馆,行政上要接受总馆的统一指挥,只承担本社区的图书馆运行职责,担任文献流通和管理等相关业务。这种以省市县公共图书馆为核心,覆盖城乡社区网络的总分馆模式能够很好适应"城乡互动、区域一体"的城市集群建设发展,它使基层社区图书馆不再是一个独立的部分,而是与本地方中心图书馆联动互通,承担了中心图书馆的部分职能。该模式在没有变动的金字塔式的行政关系的基础上,充分利用了中心图书馆在图书资源、设备、经验、人员等条件的优势,通过现代信息技术平台,将借阅、采编、服务、管理等环节形成一个系统,实现了中心图书馆与下级派出机构之间有机联系。中心图书馆拥有人财物资源的所有权和分配权,采取大采编大流通形式,集中分配资源,目的是用有限的资源投入,获得最佳的社区场馆建设条件,并保证社区图书馆能够正常、持续、健康运转,这种资源共享机制具有中国特色。

总馆对分馆的管理模式主要有以下四种:①垂直化管理。采用金字塔式的组织结构,总馆对分馆采取一元化垂直管理,彼此之间都具有相对独立性和封闭性,香港的公共图书馆总馆就是采取这样的管理模式。②矩阵化管理。该管理方法具有系统的整体结构,系统内的单个子系统之间采取分工的形式,并相互支撑,在运行过程中出现突发情况或者难以解决的问题时,能够通过沟通和合作得以解决。该管理办法的一个特点就是可以开发、刺激员工的潜在行为动机,能够激发工作人员的工作灵感和发挥其优势作用。③模块化管理。在这种管理方法当中,总系统对子系统的部署与指挥主要体现在三大核心的业务链条当中,分别为行政事项链条、业务流通链条和业务服务链条。各个业务链条的内部又由一定的小部门构成,这三大业务链条彼此之间是各自完整的,又相互之间产生一定的联系,是总馆与分馆之间的联结纽带。④扁平化管理。该运行方法充分运用现代网络平台,利用互联网络进行快速沟通交流,以减少管理当中的不必要环节,能够极大地缩短信息传播的时间。苏州图书馆采取的就是这样的管理模式,将公共图书馆的服务延伸到各个社区,工作效率和工作质量都得到很大的提升。

这种模式的社区图书馆建设,因文献资源利用率大和社会经济效益高,在我国不少地方都可以看到其踪迹。北京、上海、广州、沈阳、香港等大中型城市都进行了公共图书馆总分馆模式构建的探索,并取得了一定的成效。沈阳市图书馆就在市的各个社区设立 20 多个分馆,比如下属的天龙社区图书馆就拥有藏书 3 万余册,为社区居民免费提供图书借阅等各项阅读活动。苏州图书馆在财政支持下,设立下属 29 个社区图书馆,其中在狮山街道的 8 个社区中就建立了 7 个社区分馆。并通过网络连接,共享苏州图书馆资源,打造强大的“文化信息共享工程”。社区居民只需要交纳少量的工本费,便可享受精神食粮。北京首都图书馆秉承“大服务,大开放”的办馆宗旨,大规模地为社区提供人员、业务培训、馆舍、文献、计算机设备等必备的办馆资源,将总馆的丰富文献馆藏资源流动到社区,通过实际行动践行“以人为本,读者至上”的惠民理念。广东省中山图书馆也在祈福新村设立“祈福分馆”,走共识、共建、共享道路。祈福分馆拥有丰富的藏书资源,并实现自动化、网络化运行模式,极大丰富了社区居民的业余生活,培育了浓厚的阅读氛围,形成良好的社会风气。

概括地讲,我国的总分馆模式按照管理主体的不一,可以具体分为以下三种类型。①政府推动型。该类型为了保障总馆和分馆所构成的公共图书服务体系能够正常运行,由政府为主要推动力量,加大财政投入以及鼓励社区群众加入到社区图书馆建设当中,同时也将社会民间力量纳入建设体系当中,以保障公共图书馆发展的资金来源。中心图书馆主要负责人员和经费的调配,中心图书馆与附属分馆都共享一整套的技术资源以及均等的服务水平,以实现中心图书馆与附属分馆之间的高度共享,互通互借。广州佛山禅城区公共图书馆建设就是采用这种管理方法。禅城区政府承担管辖社区图书馆建设的全部建设责任。在全区建造主馆一个,分馆 10 个,打造"15 分钟文化圈"。禅城区公共图书馆承担各社区图书馆发展的任务,拥有图书馆服务系统中所有馆藏资源的支配权和控制权,社区图书馆的人、财、物归区公共图书馆所有,并受其调配与把握。所有馆藏资源统一采购,统一编目,通过互联网达到资源利用最大化的目的。此外,禅城区还把社区图书馆的发展与当地特色资源创新性地联系起来,把附属分馆建设与当地经济发展结合在一起。比如,为宣传当地的陶瓷制品,建立了"陶瓷数据库",还成了国家部级科研课题。建立了全国首家金属行业的公共图书馆——澜石金属图书馆以及专业人员和普通读者双向交流的平台。禅城区社区图书馆建设的方法打破了传统的图书馆建设模式,走出了一条由政府推动、多方合作、集中统筹的新路径,提升了城市的文化品位,满足了群众的文化需求,推动了当地的经济发展,这在中国大陆地区是很少见的。

②行业推动政府介入型。这种社区图书馆建设之初并不是政府主动推动的,而是由一些大型的公共图书馆与有需求的区政府进行合作开展的。合作的条件就是地方政府要负责场所、设备等基础资源,并定期向合作的大型公共图书馆交纳一定的运营经费,而公共图书馆承担文献资源、人员的调配工作,以及提供基本的咨询帮助等。这种合作方式是通过签订协议,规定总馆与各区政府的权利、义务和责任。苏州图书馆分馆建设就属于这一种类型。苏州图书馆与有意向、有需求的区政府、街道进行协议合作,

各分馆通过 VPN 专线与总馆联系在一起,扩大了服务的范围。该区域内的统一借书证既可以在总馆使用,也可以在附属场馆当中使用,实现网络互联,有机结合。各分馆不仅提供传统的图书、报刊及音像资料,还扩展出数字期刊、政务信息、远程咨询等数字化服务,分馆的建设更为统一、规范。这种合作模式按需建立、直接管理的特点,能够降低基层政府的经费压力,提高社会效益。同时也让大型公共图书走入社区,履行其公共服务职能。③行业自发型。行业自发型是由一个主馆牵头,联合区域内多家图书馆,并利用互联网与各社区、乡镇基层服务点联结,实现资源共享,这种做法类似于高校图书馆联盟。杭州的“九馆一证通”工程就是主馆牵头、多馆联合、资源共享的典型。从 2003 年底,杭州市图书馆在没有政府介入的前提下牵头建设该工程,整合区域内的 9 家公共图书馆 210 万册文献资源,历时一年完成了“通用借书证”工程。把 9 个力量比较薄弱的图书馆纳入整体服务体系当中,打造成一个力量强大的中心图书馆。并通过这个整合后的联盟图书馆平台,将更多的街道、社区、乡镇图书馆吸纳到其中,形成了强大的规模效应。杭州的这一种做法改变了以前各分馆力量分散、服务水平低下的局面,促使公共图书馆在各方面的资源能够高度分享。建立起开放互联的图书馆服务体系,“变藏为用”,在大流通中实现文献资源的真正价值。尤其是促进基层图书馆建设方面,大大增加了文献资源的覆盖面,实现城乡之间的通借通还,促进城乡的高度融合。

经济社会的快速发展,为总分馆模式规模化推行提供了基本条件。该模式不仅能够为政府在建设社区图书馆方面尽可能减少人力、物力和财力的投入,并使图书馆网点布局更加合理、惠民,最大程度上扩展公共图书资源的服务范围,而且有助于促进公共图书馆协助社区分馆的稳定运行,使分馆的业务水平进一步提升。但值得注意的是,该管理模式需要强大的中心图书馆作为支撑,而我国市区县的公共图书馆数量本来就不多,规模也有限,还时常面临经费短缺、运营困难等问题,所以能向社区图书馆提供足够的文献、资金、人员等资源的公共图书馆数量并不多,也根本无力在每一个社区都建立社区图书馆,因此,这种模式的图书馆构建所覆盖的区域还是相当有限的。

无论是西方国家成熟的总分馆建设模式,抑或是我国还在学习当中的总分馆建设实践,都充分证明了政府在城乡社区图书馆建设过程中,具有非常重要的主导地位。如果没有政府在法律法规以及相应的制度上做出一定的安排,社区图书馆的建设就会沦为纸上谈兵。目前我国总分馆模式建设过程中,主要存在两大问题。一是立法方面的缺乏。我国在公共图书馆建设方面的相关立法还未完善,社区图书馆法规还未出台,这就在无形中阻碍了总分馆模式的建设与发展。在这种情况下,社区图书馆的规模大小、经费投入、服务水平就无法得到法律的保护。这会导致基层图书馆的发展情况依赖于地方各级政府对图书馆这一公共事业的态度和关注度,易造成社区图书馆发展陷入困境。而西方部分国家在这一方面的理念与具体实施,是值得我们去了解和借鉴的。如美国的各大自治州就都有专门的公共图书馆法,明确规定图书馆建设的主体责任人以及经费来源,这就可以很好指导和引领社区图书馆建设的各项活动。二是存在社区图书馆建设和管理主体不到位的情况。政府和社会力量是我国社区图书馆建设的两大主导力量。政府作为建设主体,可以发挥政府的能动效用,确保图书馆经费投资能够用到实处,保证投资的落地。社会力量参与主要指充分发挥社会力量(企业、高校等事业单位)的积极性,通过集资、整合资源等方式,合作建设社区图书馆,达到社会力量齐抓共治的效果。但由于全国没有统一的法律制度安排,各级政府在社区图书馆建设上的认识不同,重视程度也各异,再加上金字塔形的行政管理体系,制约了底层社区图书馆的建设。

所以在推进社区图书馆的持续运行过程中,仍然存在诸多问题。因此,建设主体和管理主体的不到位,同样阻碍着总分馆模式建设工作的推进。

3.2.2　联办模式

联办模式,又称共建模式、援助联合模式、"1＋X"模式。这种社区图书馆的建设方法主要是指由一个主体作为主导力量,联合各社会团体共同筹集资金,维持社区图书馆正常运行的模式。这个主导力量一般包括社区管理相关部门,入驻社区周边的企业、社区物业公司、房地产商或者中介等社区企事业单位,是具有中国特色的基层文化建设模式。现如今,很多政府机关、企事业单位、科研院所、高等院校内部几乎都藏有丰富的图书资源,但开放性有限,资源共享程度低,资源利用率不高。如果政策支持这些机构与社区联合办馆,不仅可以充分利用闲置或者被束缚的图书馆资源,使资源得到合理配置,而且可以拓展单位图书馆的服务范围,在经济建设、居民生活、精神文明建设等方面都会产生积极的正向效应。而社区图书馆也能够得到更好的建设与发展。此外,社区也可以与企业联办图书馆,以解决资金短缺问题,保障社区图书馆长期运行。这种模式一般运用于发展比较落后的或者乡镇政府没有足够财政投入基层图书馆建设的地区。政府因为自身实力薄弱,经费支出紧张,那么在基层图书馆建设方面,就会表现出支持力度弱、财政投入少的特点。在这种情况下,每个社区自办图书馆是不现实的。若采取多方力量参与联合办馆,集中财力物力,共享文献信息资源,就能够很好开展社区图书馆建设。总的来说,社区联合办馆,是一种投入少、产出多,社会效益佳的社区图书馆建设模式。因此,为了能够吸引更多的力量联合起来,共同筹建社区图书馆,就应该在完善激励机制、互利共赢机制、经费投入机制等各方面下大力气。

（1）与其他系统的图书馆联办

单位资源社会化是一种资源共享的有效模式，已经在我国有了研究和实践上的探索。社区与企事业单位内部图书馆联合办馆，共享文献资源模式，在国内外都有许多成功的经验。尤其是与学校图书馆创办共建的过程中，能够实现双方互惠互利的局面。因为无论是中学还是高等学府，其内部的图书馆都具有极为丰富的馆藏资源，还配备有较高文化知识和较强业务能力的图书馆管理人才队伍，拥有数字化的文献资源，开放时间一般比较长，能够满足不同时间段的读者需求，这种得天独厚的文献资源优势，可以很好满足更多群体的阅读需求。中国针对高等学校图书馆社会化的运行，也提出了一些有关的规定、章程等，其宗旨在于积极引导高校能够履行校内图书馆所承担的社会责任，在满足校内师生阅读需求的同时，也能够为广大社会群众提供相关的借阅服务。比如，北京就出台了《北京市图书馆条例》，其中对科研机构、高等院校等企事业单位内部图书馆的社会化做出了相关说明。优先满足本单位文献需求的权利，本着自愿原则，对社会予以开放。同时，政府也会给予适当的经济补偿，以便这些机构能够更好开展单位资源社会化服务。在城乡一体化建设过程中，学校图书馆参与社区图书馆建设与管理，不仅能解决社区建馆的经费紧张问题，还能够充分利用学校闲置的图书资源，就近向群众提供单位资源服务，让社区居民享受到信息时代的便利以及文化发展的成果。

由于该模式形式多样，不受金字塔形行政关系的约束，受到很多地方的重视和欢迎。比如，福建省台江区的瀛东街道周边的小学内部图书馆就对周边社区群众予以开放。既盘活了学校图书馆的资源，大大提高文献的利用率，也惠及更多的社区民众。校内教师和学生主要是在白天上课期间会使用图书馆，而社区群众则大多在晚上阅读,这样就可以错峰使用图书馆,使文献资源得到最大程度的利用。英国的曼彻斯特社区依托于曼彻斯特大学图书馆,建立了曼彻斯特社区学院。该学院充分利用了现有的大学图书馆资源,更大范围内向周边群众提供服务,读者可以使用到网络、音频资料等各种文献信息,成为当地最大的社区学院。深圳的益田、梅林、莲花北三大社区在深圳市图书馆支持下,利用各自的优势,为社区群众提供图书资源借阅、查询等均等化服务,并取得良好效果。深圳市福田社区也是借助了民政局、文化部门等力量,建立了福田社区图书馆。沈阳市大东区发起"文化共享工程",联合沈阳大学与各学校的丰富图书资源,共同为社会群众提供阅读服务。此外,相邻社区之间也可以加强合作,集中各种有利资源,共同规划,取之所长,补己之短,互为补充,共同发展社区图书馆,最大化协调利用文献资源,实现双赢局面。

（2）与社会力量联办

社区相关管理部门可以鼓励具有实力的企业参与筹建基层图书馆,这也是一种切实可行的社区图书馆发展路径。企业参与到社区文化建设当中,与社区共同发展社区基础设施,走互惠互利的道路,可以营造良好的社区氛围。同时,随着我国文化事业的推进,越来越多的有识之士（华人、华侨、成功企业家等）也纷纷加入到图书馆建设当中,与社区创办各类图书馆,丰富文化设施。此外,我国也有许多社区是按职业来划分,居住的居民大多是一个或者某几个单位的职工,比如北京大学燕园社区、首钢古城社区等。若社区相关管理部门能够协调周边的企事业单位,鼓励它们出资筹划,一起合作,场地以及人员由社区提供,企业负责经费投入,为本单位的员工及其家庭提供阅读服务,就能够达到互利双赢的目标。这一方面体现了企业对员工关怀,凝聚社区力量;另一方面,也减轻了国家负担,共同建设社区图书馆。北京甘家口社区为了解决图书资源匮乏的问题,与中国语言文化出版社合作办馆,社区向出版社反馈社区居民的需求和特点,出版社根据情况为社区图书馆提供藏书资源,而社区民众只需要办理一张30元的借书证,就可以在一年内借阅该馆任何类型的图书。天津富民路社区就是与企业共同筹建图书馆的典型案例。社区主要承担图书馆运行管理以及定期投入特定的图书经费,合作企业定期会提供一定数量的图书,天津市图书馆也会针对该馆运行的情况,进行相应的技术指导和业务培训。沈阳莱茵河畔社区与新华书店联合成立"莱茵书屋"社区图书馆,不仅为社区民众提供免费的图书借阅服务,还定期开展儿童教育、网络查阅培训等活动。长春晨光花园的"社区康乐中心",是相关部门与周边的房地产开发商一起筹建的基础设施。该中心为周边居民提供增长才识、社交娱乐场所的同时,也增加了房地产企业的名气。物业公司加入到社区图书馆建设当中,也是一种新的趋势。物业公司对社区的很多资源都拥有一定的支配权和控制权。完全可以在规划过程中留出一部分土地用于图书馆建设,也可以通过物业费补充一定的图书经费。比如,广州金业别墅花园社区图书馆就是按照这一方式产生的。同时,广州市图书馆也利用大型馆的优势,免费为该馆提供藏书、管理人员的培训以及技术指导等。

社区物业管理部门参与到社区图书馆的建设和管理当中,是现代城市住宅小区的一大亮点。社区图书馆是一项基本的文化基础设施,可以完善社区的多样化功能,丰富居民业余生活,凸显社区的特色,增强社区的核心竞争力,社区的美誉度和知名度也会随之提高,吸引更多的城市居民入住社区。物业公司在社区图书馆建设中,主要负责图书馆的管理以及与联办单位的合作。物业公司在场地提供、人员培训等方面具有先天的优势,所以能够很好管理社区内的基础设施。另一方面,物业公司也会寻求其他力量的帮助,以解决图书经费、馆员培训、技术支撑等方面的问题,通过双方或者多方主体加强合作,实现有机结合,促进社区图书馆的全面、长期、稳定运营。

联办模式在一定程度上为社区图书馆的经费来源、业务管理、馆藏条件、人员培训、技术指导等方面提供了保障。通过互帮互助、通力合作,提升自身服务水平的同时,也满足了社区居民的文化需求,推进了精神文明建设,成为小区建设的新亮点。因此,应该积极鼓励和支持这种模式的探索。但也因为建设主体的多元化,在协调、运作过程中,就不可避免会出现摩擦与矛盾。比如,社区与高校图书馆联办,是一个非常不错的实践探索,但高校图书馆也会因为馆藏经费建设不足、服务人员紧缺、馆员社会服务意识淡薄等问题的存在而制约着联办模式的进程和水平。例如,高等学校的图书馆馆员人数是根据图书馆藏数量以及日常运行管理需求向社会公开招聘的。如果高校图书馆对外开放,意味着校内特定数量的馆员要为更多的人群服务,那么在质量与效果上就会受到影响。况且,虽然也有相关规程、条例要求高校图书馆资源社会化,但并没有权威和具体的政策指导,这也暂缓了单位资源社会化的进程。此外,无论是社区管理部门、物业公司或者房地产开发商等建设主体,其行为都会受到政策指引、经费数量、经营业绩等因素的影响,使得联办模式不如总分馆模式那样牢靠。再加上援助缺乏常态性,业务管理的混乱,人员调动频繁,经费来源无法保障等因素,就极大限制了社区图书馆的发展空间。总之,该模式建设的各项机制、法律制度都还未完善,大规模推广仍处于不断探索当中。

3.2.3 独办模式

独办模式包括社区自建模式和民办模式两种。社区自建模式又分为房地产商配套修建与原有建筑改造两种情况,这几种方式都是很好的社区图书馆建造路径。

（1）社区自建模式

①房地产商配套修建。城建部门对小区开发的建设标准要求，不应只包括商店、学校、花园等配套设施，图书馆也应该成为其重要的一项配套建设，这也是新型社区文化建设的一种发展方向。所以，许多房地产开发商在承接社区建设项目时，会把图书馆作为一项基本设施，纳入社区规划建设当中，由其出资进行筹建，图书馆的日常管理归物业公司负责。目前我国正在大力推进城镇化建设，城镇住宅社区化进程加快，意味着将会有更多的农民在城市社区落户生活。社区群众不仅渴望拥有一个属于自己的住宅，更是对社区的基础设施建设、人文环境氛围提出了更高的要求。一个拥有高质量生活环境、靠近高等学府或者与图书馆等文化设施毗邻的城市楼盘，往往能够受到居民的青睐。因此，不少实力雄厚、资金充裕的房地产开发商为了凸显自己楼盘的优势和亮点，利用丰富的商业运作经验，在小区建设过程中费尽心思开拓文化市场，配套含金量高的文化基础设施，自行运营社区图书馆或者社区文化服务中心。这种商业运行模式和管理模式，能够提升小区的品位，激活小区的活力，制造亮点以吸引购房者前来置业购房。

这种模式运行过程中，需要社区相关部门、房地产商、物业公司共同参与，将社区图书馆建设纳入基层文化体系建设当中，并予以一定的经费支持，房地产商提供大量资金与运营模式，物业公司负责场地提供以及基础设施维护管理。例如，沈阳市最好的社区图书馆——霁虹街道新湖图书馆，就是沈阳新湖房地产开发商在建设铁西新湖小区时，与铁西新湖小区社区办事处合作建立的社区图书馆，总投资150万元，建筑面积达到230平方米，总藏书20000册，位于小区业主会所的南边。新湖社区图书馆被划为四大功能区，分别为阅览室、网络阅览室、活动室、书库。图书涵盖文学、历史、传记、法律、儿童读物、工具书等10多类，还订阅百余种报纸杂志,电脑、投影仪等设备一应俱全,为新湖社区的居民们提供了一个陶冶情操的活动场所。深圳永安花园房地产开发商为给社区居民提供文化信息服务以及一个舒适、休闲、浓厚的读书氛围和精神家园,就建立了永安文化中心,成为深圳市房地产开发商办社区文化服务的标杆,深受社区群众的支持,增加了房地产商的名气,提高了楼盘销售量。总之,根据"谁投资,谁管理,谁收益"的原则,房地产商着眼于社区人文环境的建设,将社区图书馆升级为精品文化工程,是促进产品升级的重要手段,也是实现社会效益与经济效益相一致的途径。因此,社区相关部门可以加大政策支持力度,出台一些优惠政策,调动房地产商筹建图书馆或者文化中心的积极性,为社区群众提供更多的精神食粮,营造良好的基层文化氛围。但以房地产开发商为主导的基层图书馆建设也存在不少问题,比如,运行受市场利润影响,管理人员的工作稳定性不够,频繁调动,所提供的服务质量也无法保证等。再加上很多开发商在运营社区图书馆过程中,往往采取会员收费服务模式,这就限制了一部分社区群众享受社区图书馆带来的便利。种种的不确定因素,限制了这种办馆模式的良性发展。

②原有建筑改造。在一些老的城区中,许多图书馆阅览室已经十分破旧或者一些老旧的建筑常年处于闲置中,如果能对这些旧的建筑进行一定的改造,既可充分利用闲置资源的同时,还能提供更多的文化产品。这些老城区在兴建之初没有专门划出部分空间给图书馆等文化配套设施,原有的图书室也大多老旧、狭窄、馆藏条件差、资金匮乏、阅读资源少、服务设施落后、缺乏吸引力。现如今若要重新选址建设图书馆,在资金、技术上都存在相当大的困难,因此可以利用街道或者乡镇旧的图书馆或者旧建筑进行翻修改造,不但可以实现社区中建筑的资源整合,发挥新的功能作用,还具有投资少、上马快、见效快的优点。上海江湾镇街道图书馆、哈尔滨市灯塔社区图书馆和维也纳史威登格哈瑟社

区图书馆等都属于这一类型。江湾镇街道图书馆经过翻新和改造,内设有报刊阅览区和电子阅览区等,从噪声扰民、屡遭投诉的食品加工厂,摇身变为当地设施最好的社区图书馆。周边居民在家门口就能体验特定的文献借阅服务,既方便又快捷,深受周边群众的欢迎。哈尔滨灯塔社区图书馆之前是一家歌舞厅,它是哈尔滨市图书馆在农村地区创办的第一家分馆,总面积 120 多平方米,含有图书、期刊 4000 余册,前来借阅的村民络绎不绝。国外的维也纳史威登格哈瑟社区图书馆、美国的马克·吐温市区图书馆、德国的柏林路易森巴特社区图书馆都是对原有的建筑进行改造。改造后的整个建筑显得更加突出,有特色,为周边群众提供了一个良好的图书阅读环境。在改造过程中,加入了新的现代化元素和鲜艳的色彩,打造成集阅读、展览会、纪念等活动于一身的多功能图书馆。在继承传统建筑文化的同时,也使建筑内涵得到延伸和扩充。总之,改造旧有的街道图书室以及旧有建筑,能够解决街道办事处经费紧张等问题,可以将更多的经费用于图书购买与提供服务上,但可能会涉及原来图书室或者旧建筑的管理与归属问题,这就需要与上级领导沟通协调,或者与旧有建筑所有者合作寻求解决。

(2)民间力量独办

民办模式是社区内或者社区外的自然人(志愿者、华侨、港澳台同胞、名人、民营企业家等)或者民间组织、准民间组织通过捐助、投资的途径筹建图书馆的方式,是社区图书馆建设方法的有益补充。在西方,个人、慈善家、基金会、居民互助办社区图书馆的方式已经是司空见惯。这种模式的社区图书馆建设,一般属于半公益型,收取一定费用,灵活经营。这样既可以创造经济效益,又可以获得社会效益。在我国,社会团体、华人华侨等民间主体办馆的现象还是比较少见。一般华人华侨或者成功人士在其生活的社区或者街道筹办小型的图书馆或者书店俱乐部,主要业务包括书籍借阅、材料复印以及信息查询,深受周边群众的欢迎。此外,也有社区群众本着自我服务的理念,创立非营利性、娱乐性、教育性的社区图书馆。这类民办非企业单位建设的社区图书馆常常是以读书交流会、图书俱乐部、租借书店等形态运行,但在实际操作过程中,因受到图书馆发展程度、资金规模等条件的限制,并没有大规模地出现在社区当中。

民办非企业单位等主体创办社区图书馆,是推动城乡基础文化建设的一股自下而上的自发力量。民间力量主要采取以下两种方法创建基层图书机构:一种是个人创立并管理的基层图书馆。私人办公益图书馆在晚清时候是比较兴盛的,在 1949 年以后就比较少见,到了 21 世纪,这种模式又形成燎原之势,并且有的个人兴办图书馆已经持续二十几年,藏书近万册。比如,"耕读书屋"就是经由贵州乡镇干部周光俊所一手创办,至今已经多年。此外,"家庭图书室"是乡村教师杜德建创办,藏书也很丰富。由个人力量独自办馆的一个优点就是比较灵活、运行简单、办馆方式也多种多样,缺点就在于藏书数量以及质量可能会不尽如人意,因为缺乏广泛的资金来源,即使初期生根建立,后续的运行也困难丛生。另一种方式就是非营利性组织创办的基层图书馆,一般具有公益性质。比如,立人乡村图书馆采取自己创办自己管理模式,成为民间组织办馆的典型案例。立人乡村图书馆是由学者、专家、企业家等人士组成的非营利性组织。目前已在湖北、山西、重庆等省市创办 9 个分馆,借书证办理量达到 4000 多人。每个立人乡村图书馆的建立,都会成立一个由本地主要捐赠者、乡村教师、乡民代表组成的理事会。立人乡村图书馆成立的初衷是为了对乡村教育的革新和发展做出一番探索。所以它不仅仅是一个村民阅读场所,而是将农村与城市联结在一起的纽带,以期涵养乡村的文化水源,达到教育立人的目的。这类文化基础设施的创立,开辟了一条新的城乡社区办馆途径,很好缓解了传统公共图书馆数量少、资金不足、服务滞后等问题。但由基金会和民间组织兴办的基层图书馆在运行中也存在诸多障碍,比如,援助周期短、援助方式随意性强、后续发展困难等问题。

我国传统公共图书馆大多是政府出资筹建的,或者由高校以及企事业单位团体自己筹建。但由于政府的财政支出有限,加上有些地方对图书馆的建设重视不足,以致公办图书馆的数量很少,而且服务意识比较薄弱,营业时间也相对较短,无法满足市民的阅读需求。此外,高等院校与企事业单位的图书馆一般只对本系统内部的员工服务,不向社会开放。因此,民办模式的社区图书馆能够很好解决市民读书难的问题,在离社区近的地方就能够享受到图书借阅的便利,为我国公共图书馆建设事业提供了新的思路和途径。例如,鄂州市就兴建起以民办模式为主的农村文化中心,破解了乡镇图书馆建设的困境。同时在筹办过程中,市级相关部门也给予一定的支持和帮助,向文化中心提供不同类别的书籍。不同文化中心图书特色不同,藏书各有特点。民办模式是我国图书馆事业发展的一种新的尝试,虽然在我国起步比较晚,但其发挥的作用是不容忽视的。民办模式在发展过程中,需要有法律制度保障,需要建成管理运行的长效机制。反观我国现有的国情,民办模式在我国的发展还是受到一定的限制的。一方面,缺乏相关法律制度保障。民间力量如何发展、社会机构如何协调,都没有相应的法律引导。缺乏法理依据的行为,就难以形成合力,就难以壮大发展。另一方面,运行的长效机制还未形成。民办图书馆在运行过程中缺乏稳定性,随意性和从动性比较大,这会导致其功能失效。因为缺乏稳定的、长期性的经营项目,图书馆的正常服务活动就难以开展,经费来源紧张,人员流动性大,自然就会缺乏人气,难以为继。所以,要想保证民间力量在社区图书馆建设中发挥更大的功效,就需要给予一定的政策和环境呵护,才能使之壮大成为一股新型力量,为我国图书馆事业改革闯出一片天地。

3.2.4　流动模式

　　流动模式主要是通过图书流动的方法,为广大群众配送文献资源,"汽车图书馆"和"图书银行"是该方法的两大主要呈现形式。该模式目前主要为人口密度大的社区提供辅助性图书借阅服务或者为没有固定社区图书馆的欠发达地区或者新发展地区提供图书推广活动。这种流动性的社区图书馆模式,非常具有"经济性",投资少、建设周期短、实用性强、共享程度高,能够将分散的资源集中起来,解决资金短缺问题,通过较少的投入,多馆联合,满足群众对知识的渴求,获得最大限度的效益。

　　(1)汽车图书馆

　　"汽车图书馆"一般是将图书放在中型客车上,以客车为流动载体,将图书资源推展至偏远区域或者人流量密集的社区,内部还设有电脑、监视器、无线网络等先进的服务设备。通过无线网络可以自动与中心公共图书馆连接,能够提供通借通还、图书查阅、信息下载等一系列一体化的辅助性服务。因此,这种模式又称为"流动的图书馆"、"流动书库"。作为社区文化建设的纽带,汽车图书馆在社区文化培育过程中具有得天独厚的优势。该模式的农村图书流转就是典型。一般是由市、县财政予以支持,区、县根据农村群众需求进行采购,其余图书馆还可以通过接受社会捐赠来扩充藏书。区、县图书馆有流转图书的所有权,并承担图书流转工作,确定流转周期和频率等,确保图书资源的最大限度利用化和公益化。汽车图书馆具有两大优势:一是周期短、见效快。传统图书馆服务模式过于烦琐,难以跟上新时代人们的需求。而汽车图书馆在创立过程中,节省大量资金,简化不少程序,省去中间许多不必要的环节,只需要一辆车,一个驾驶员,一两个管理人员，一定数量的书，就能够契合公众快速获取信息的诉求。二是灵活性大。汽车图书馆是将书"流"到读者身边，尤其是偏僻、没有固定图书馆的地区。它超越地理位置的阻碍，可以最大限度流动到社区，满足读者需求，提供多种多样的文化阅读服务，有效解决了欠发达区域的城乡基层文化基础设施建设薄弱的问题。

这种模式以香港、沈阳、合肥、上海等为代表。香港的社区街道经常会有外观像公共汽车的流动图书馆穿梭，根据不同社区的需求，及时调整文献资源，定点定时为社区居民提供图书服务，机动灵活，满足人们多样化的阅读需求，很好实现其公共服务功能。沈阳市大东区图书馆已与全区 20 多个社区合作，每年都会通过开展"书香大东"系列活动，将图书流动到各个社区。此外，还通过开展讲座、播放电影等音像资料等活动，发挥馆藏价值，丰富社区群众的业余生活。合肥市少儿图书馆为了照顾落后地方或者远离市中心地方的学生能够阅读到书籍，就在这些区域设立固定服务站点，每两周时间就有汽车将图书送到社区。这种形式受到社区小读者和家长们的热烈欢迎。上海虹口图书馆根据实际需求情况，开展"文化快餐车"活动。具体做法是由虹口图书馆牵头，鼓励社区居民购买图书资源，经费由各家自己筹集，图书资源类型由大家共同协调，社区办事处负责图书的管理，图书资源归社区共有、共享，还定期与其他社区的类似图书馆进行整体交流，这就产生了乘积效应。比如，一个社区如果拥有 1000 册图书，那么全市的 300 个社区，就拥有了 30 万册图书，这相当于一个具有丰富馆藏资源的公共图书馆。上海"文化快餐车"已经发展成为虹口区文化菜篮子工程，为社区居民提供了丰富的图书借阅服务。成都市也在其 2288 个行政村实行图书流转工作，定期在各个村开展流转活动，流动的图书一般是适宜农村居民阅读的，包括农村政策法规、农村实用科技和技能、农村青少年读物、文学精品和人物传记等,通过流动图书,让更多的农民读上书用上书,缩小城乡文化差异,推动城乡一体化进程。

(2)图书银行

图书银行是社区群众自发、自建,将私有图书资源共享的社区图书馆建设模式。主要做法是社区群众将家中藏有的图书资源"存入"社区图书馆,并办理可以借阅图书的借阅证,类似于"存折",凭借"图书银行"存折可以借阅到其他社区群众"存入"图书银行的图书资源。这种借阅模式不需要政府投入,而是社区群众将私有资源共享,进行图书交换的方式,适合发展中城市社区与社区之间图书馆建设模式。北京丰台区的社区就实行这样的借阅模式。社区相关部门组织社区群众将私有图书资源存放到社区"图书银行",周边群众拿出一定数量的藏书以及交纳金额很少的费用就能在一年内通过"图书银行"借阅到其中任何一种的藏书,规定时间到期后会自动归还存入"图书银行"的书籍。此外,丰台区"图书银行"中的图书资源也连上互联网,实现网络化管理,在网上就可以查到"图书银行"中相关图书的信息。河北衡水桃城区中华街道也在其 13 个社区当中设立"图书银行"。为了鼓励社区群众积极参与到存书的活动当中,维持社区图书馆的正常运行。"图书银行"根据存书数量灵活设置借阅时长,即存书的数量越多,借阅期限也就越长。这种社区群众自发的共建共享图书资源的做法,既能实现居民家中闲置图书资源的有效使用,又能够很好地解决社区办馆经费不足的问题,同时也调动了社区群众参与社区文化建设的积极性。缺点就在于这种借阅模式受人的主观性因素比较大,组织管理相对涣散,存入社区银行的图书质量和数量难以保证,可能无法长期性运营。

3.2.5　地方政府模式

该图书馆建设模式是我国传统办馆思路,符合我国基本的国情。主要是以地方政府为主导,通过行政手段介入基层图书馆管理和发展当中,充分发挥其在基层文化建设方面的作用。地方政府在城市规划当中具有相当大的资源控制和支配的权力,可以根据城镇市政规划、人口分布情况,通过部署财政拨款,筹建基层图书馆,以确保基层图书馆均衡性发展和合理建设。具体做法是,县、区、乡镇、街道办事处相关行政部门根据行政管理权限,对社区图书馆进行财政投资。根据区域规划,合理设置图书馆的位置和服务内容。我国大部分基层图书馆都是按照这一模式建造的,意味着政府决策和财政投入对我国社区图书馆管理和发展会产生非常重要的影响,这也决定了社区图书馆具有公益性特征。城乡社区图书馆与城市中的道路、教育机构、水电供应等基础设施具有同样的地位,都是城市生活的必需品。因此,很多地方政府也很重视基层图书馆的发展,会在城市规划当中,根据社区具体特点做出相应的部署,并对图书馆建设和管理过程进行督办,有针对性地进行整改,帮助解决图书馆功能失效等问题。不可否认,地方政府在社区图书馆建设过程中,发挥着巨大的作用。政府在图书馆人员配备、馆藏资源投入等方面的部署,为图书馆稳定发展提供了根本性的保障。地方政府介入基层图书馆的管理和发展当中,可以加快建立相对完善的社区图书馆组织管理体系。强有力的行政保障可以帮助图书馆很好地开展图书借阅和信息咨询等便民服务,以满足居民的文化需求,提高周边群众的生活幸福指数。而且,政府的基本职能以及行为的逻辑起点就是提供公共产品和服务。所以,由地方政府主导社区图书馆建设,能够突出公益性、社会性、教育性。但也不可避免会出现一些问题。具体表现在:

一是,乡村图书馆陷入"无人负责"的尴尬境地。根据"一级政府管一级图书馆"的行政原则,市政府、县(区)政府以及最低一级的乡镇(街道办事处)应分别负责市图书馆,县(区)图书馆、乡镇(街道)图书馆。那么处于村民自治的乡村,因为没有相应级别的地方政府负责,而导致乡村图书馆运行艰难,常常也会因为资金短缺、人气不旺等问题"关门大吉"。二是,尽管 2018 年 1 月 1日颁布实施《公共图书馆法》,但还需要一个较长的协调、统筹和落实过程。而相关法律法规的长期缺位,导致了社区图书馆在建设和发展过程中,出现规划不合理、经费投入不到位等问题。社区图书馆缺乏发展环境,陷入被动艰难运行当中。三是,存在越位、缺位的行为。地方政府以行政命令手段,给下级灌输社区文化和精神文明建设的意义,但没有给予进一步的指导与帮助,只是把社区图书馆建设的任务层层下达,那么社区居民委员会就无形中成为"准行政组织"。被行政化的倾向明显,这就会造成社区治理主体不明、职责不清、功能缺位等问题,失去居民自治的意义和作用。此外,地方政府将社区图书馆建设纳入自己的职责范围之内,就会阻碍以非营利性机构为代表的民间力量参与到社区图书馆建设当中。

表 3.1　社区图书馆不同建设模式的优势和不足

模式类型	建设主体	优势	不足
总分馆模式	政府拨款,总馆负责	统筹规划,合理布局;实现文献资源共享;标准化、规范化运行	需要强大的中心图书馆作为支撑,而这样的图书馆数量不多,覆盖能力有限
联办模式	社区管理委员会、企事业单位、房地产开发商、物业公司等	投入少,产出多,效益多样,资源利用最大化	因多元化建设主体的存在,难以协调,矛盾多发,难以持续投入经费

续　表

模式类型	建设主体	优势	不足
独办模式	社区自身或者民间力量	灵活、多样	人员难以保障、经费投入不稳定
流动模式	公共图书馆或者社区管理委员会	周期短、见效快、灵活高效	组织管理相对涣散,图书质量和数量难以保证
地方政府模式	地方政府	地方政府有利地位,统一规划、统一部署	依靠于地方政府重视以及立法保障

3.3　城乡社区图书馆的运行管理机制

运行管理机制不仅仅指的是社区图书馆运行的过程,更是指在运行过程中所采取的调控手段或者方法,是社区图书馆在机构设置、管理权限划分、运行理念等方面的制度、体系、方法的总和。无论社区图书馆采取哪一种发展模式,都需要建立一定的管理机制予以支撑,才能促进社区图书馆往规范化、科学化、人本化方向发展。社区图书馆在建立、运行以及管理过程中应该遵循的机制有:以人为本的管理机制、市场化运作的管理机制、网络化的管理机制、协作协调的管理机制、依法办馆的管理机制。

3.3.1　以人为本的管理机制

社区图书馆创建的初衷是满足社会群众的文化需求,进一步推进精神文件建设。它运行的核心在于为社会公众提供公共服务。因此,社区图书馆一切工作的出发点和落脚点都应当坚持以社区居民为中心。因为社区居民在年龄性别、教育背景、工作内容等方面存在不同,所以要特别注重社区群众的文化差别、需求差别和应用差别,并从多个层面、多个角度、多个方位满足社区居民的文化需求。不断转变服务模式、拓展服务渠道、深化服务内容,以个性化、高度开放的方式培养读者的阅读需求。切实深入社区了解社区群众的内在需求,激发他们参与到社区图书馆建设当中,共同推动社区健康稳定发展。社区图书馆作为一个传播知识的窗口,其建设要秉持开放原则,最大范围内服务于社区居民。此外,馆员的业务水平以及服务能力对图书馆的运行效益以及功能的发挥都起着关键性的作用。现如今,我国大多基层图书馆管理人员的薪酬水平还是比较低下,工作稳定性不高,而且大多馆员并不属于事业编制内,都是临时聘请的非在编人员,业务能力差,积极性不高,专业知识不足,无法提供更加有效的信息服务。从现有的理论来看,人的行为是受动机支配的,而良好的动机可以通过激励性措施被激发出来。因此要充分重视社区图书馆人才队伍建设。首先,要建立公平竞争制度。要在选拔人才的各个环节都遵循公开、公正的原则,才能吸引更多的人才加入到图书馆建设当中,打造一支具有高素质的业务管理人员队伍。其次,要改善工作环境。要认可图书馆管理人员的劳动价值,提供一个好的工作环境和生活条件,提升他们的工作满意度。同时要形成你追我赶的激励环境,激发人的正向动机和行为,给图书馆发展带来活力。最后,要加强培训。科学的培训能够有效增强馆员的业务能力和管理水平,所以社区图书馆要有计划性、针对性地根据不同管理人员进行分层次、分批次的多样化培训,普及图书情报知识,传授图书网络自动化技能,力求培养出一批结构合理、梯度鲜明的图书馆管理人员。

3.3.2　市场化运作的管理机制

市场化运作机制,意味着社区图书馆可以遵循效益原则,进行经营性管理,实行有偿服务。采用市场化机制的意义在于:一方面可以增加基层图书馆经营的经济效益,可以更好促进基层图书馆的平稳运营。另一方面,在经济效应的驱动下,可以不断拓展服务方式,为社区群众提供更高质量的图书阅读服务。因此,竞争观念必须引入到社区图书馆建设当中。社会经济市场化的运作决定了图书馆"重藏轻用"的封闭式管理方法已经难以为继,开放、共享、高效的图书馆管理方式才能适应新时代。打破封闭局面,以市场为导向,尽可能以较少的投入获得满意的产出,实现社会效益与经济效益相统一。以市场需求为动力,拓展服务项目,使用先进信息手段,高质量地为社区群众提供高效、便捷的图书信息服务。比如可以通过开架借阅、新书推荐、读者座谈会等服务形式,吸引读者前来社区图书馆,充分发挥社区图书馆的社会功能。此外,也可通过有偿服务,扩大经费来源,以奠定更为坚实的服务基础。市场化运作机制,不仅能够最大限度地使用文献资源,还能够为图书馆正常运行提供经费支持。但从实际情况观察可知,金字塔形的行政结构在一定程度上束缚着社区图书馆市场化运作。行政命令干预往往会导致图书馆业务偏离市场要求,无法达到规范化和标准化水平,制约其市场化进程。

3.3.3　网络化的管理机制

互联网信息技术的快速发展,给社区图书馆的管理和发展带来新的挑战和机遇。信息化时代将围绕着机、网、库、人这四大要素展开竞争。因此,必须在高水准、高起点上管理基层图书馆,提高图书馆的数字化水平,用网络化管理手段,提高服务质量,实现四大要素的有机结合,达到信息资源利用最大化的目标,才能适应竞争的市场需求。尤其是对于一些处于初级阶段、规模小、服务水平低的欠发达地区的社区图书馆,更应该树立网络化运行理念,善于运用网络技术手段,建立社区图书馆数字化平台,拥有自己独立的网站,打造一个庞大的信息检索数据库,同时与各地数字图书馆相结合,充分利用现有的资源和网络体系,最大限度节省读者信息检索与查阅的时间。目前我国基层图书馆在服务内容建设上还是比较滞后,大多提供的是单一的书刊借阅服务,在网络化建设和信息咨询方面的建设还相当不足,还应该下大力气进行转变。

3.3.4　协作协调的管理机制

社区图书馆既要围绕自身的价值和管理目标进行独立性、自主性完善,也要坚持与外部社区图书馆之间协作、协调。单单依靠一个图书馆运行不能满足读者多样化的需求,需要借助外部力量促进社区图书馆更好地运行与发展,需建立馆际协作机制,互通有无,互补余缺。这就需要每个社区图书馆在发展馆藏特色的同时,要坚持打造一个开放的系统,打破条块约束,与其他社区图书馆不断进行信息交流,共同投入,共同建设,按照权利、义务均衡的原则,建立统一协调机构,形成契约关系与网络共享机制,在更大范围内实现馆藏文献的利用,走共建共享之路。此外,社区图书馆还应该加强与社区群众之间的信息交流,不可高高在上,脱离社区民众。将社区群众满意度作为评估图书馆工作的指标,并以此为基础提高服务效率和服务质量。

3.3.5　依法办馆的管理机制

社区图书馆是牵涉范围很广的一项公共基础设施,需要在资金、人员、技术等各方面的因素之间进行协调,还要调节与其他事业之间的关系,这就需要建立一定的具有权威性和严肃性的行为准则以及约束性条件,而图书馆法就是社区图书馆建立的法律依据和导向。只用奉行依法办馆的原则,才能保障社区图书馆建设行稳致远。但从现有的图书馆法律制度来看,许多规定只是在原则上进行概括性说明,过于空泛、笼统,没有在经费、设备、建设主体责任等微观要素上有具体规定,可操作性差,对整体性发展缺乏有效指导。

3.4 社区图书馆发展新路径:多中心治理

传统的行政体制是以条、块、片形式划分管辖区域。比如将一个整体性城区划分为数个街道办事处,街道办事处下辖数十个社区。这种高度密集的划分模式意味着要将本身就紧缺的图书资源分散到各个社区,那么每个社区所分到的图书资源就非常少,这种资源的分散对基层图书馆发展产生很大的影响。再加上基层图书馆之间不能跨馆借阅,就没办法实现资源共享,以致分散的文献资源无法实现有效的整合,广大群众的文化需求在一定程度上就无法得到有效满足。多中心治理理论或许就为基层图书馆发展提供了一种新的视角,能够有效发挥基层图书馆的功能以及提高其管理效率。

3.4.1 多中心治理理论

迈克尔·波兰尼在《自由的逻辑》一文中,最早提到"多中心"一词。波兰尼对社会中的两种秩序——单中心秩序和多中心秩序做出了解释。所谓单中心秩序又称指挥秩序、设计的秩序,这种秩序凭借终极权威进行协调与运作,并通过一体化的上下级命令链条实施控制。在一元化的单中心秩序中,下级对上级服从的链条如果发生扭曲或者断裂,便会引发协调和指挥的失调。相对于单中心秩序而言的多中心秩序,由许多相对独立,又能相互联系的行为单位组成。这些独立的行为单位既能在一般规则体系中自由追求自己的利益,又能在规则框架中相互规制,实现社会关系的整合。波兰尼认为"自发的"就是多中心秩序的基本属性,也就是说在多中心秩序中,人们是有意识地、自发地产生有序意义的自我组织。后来,奥斯特罗姆在波兰尼的多中心秩序的内涵上加以延伸,提出了多中心治理理论,在市场与国家以外,发现了另外的一只"看不见的手",揭示了社会公共事务发展的自发内在秩序。该理论被广泛运用于社区治理领域当中。我国金字塔式的行政模式使得社区治理自治性不足,行政色彩过于浓厚。通过多中心理论,培育社会组织的自主性,构建多元中心秩序,将会是社区治理模式的一种理想路径。

3.4.2　多中心治理理论与社区治理

城市社区是公共事务高度密集的空间场所,也是为社区群众提供公共产品和服务的行政管辖区域。因此,奥斯特罗姆和蒂伯特等人就认为,可以将城市社区的治理看作是一种多中心秩序的政治体制。传统的城市治理之道认为独立的行为单位只为自己的利益着想,根本不会去为公共利益而奔波,而这一点与多中心治理的理念是相背离的。在多中心治理理论的框架下,城市治理过程中,总有一双"看不见的手",调节着各种各样的公共事务,使得该复杂系统能够按照一定的规律运转。多中心治理理论认为,政府与其他力量合作、竞争是维持正常城市运转的保障,只有多方主体参与社会秩序的维持,才能够实现高质量的治理水平。

权力分散和管辖重叠常被传统理论描述为"混乱"状态,而存在"混乱"状态中的事务没办法用行动理论来解释。而在多中心治理理论看来,权力分散和管辖重叠恰恰是一个有序运转系统的根本。把该理论与社区建设结合在一起,意味着看似杂乱无章的社区治理,其实内在也有一种有序的秩序,虽存在权力分散和管辖重叠,却可以通过某些决策激励出更高的绩效水平。因此,多中心治理理论认为,公共事务的治理也可以引入半市场化机制,也就是说提供公共服务的主体可以更加多元化以充分发挥其他社会团体以及机构在公共事务治理中的积极作用。

在社区图书馆建设方面,引入多元建设主体,会产生以下几个积极的效应。一是,解决资金匮乏问题。资金缺乏是制约社区图书馆发展的关键因素。当前人们对美好生活的向往也表现在对阅读的渴求和对文化消费的逐渐增加上,而因为财政投入不足,建设主体单一等原因造成的社区图书馆数量减少、发展缓慢则阻碍了人们对向往的追求。而如果引入市场化机制,就能够有效克服这两者之间的矛盾,实现社区图书馆的快速发展。二是,具有高效便捷的优势。传统社区图书馆建设是由政府出资筹办,在管理上较为保守、封闭,普遍存在市场敏感度不够、服务水平低下、管理涣散等问题。而多元化的投入主体能够建立起灵活高效的运营机制。因为市场化主体在经营图书馆过程中,职责、权利明确,市场灵敏度高,能够精准根据服务需求调整服务内容。三是,服务内容更为丰富。社区图书馆建设引入市场化机制,能够感应读者需求并快速传递实用信息。比如,通过实地考察、大数据分析等方式的调查研究,提供更为个性化的阅读服务。此外,也有助于拓展服务形式,比如聘用专业技术人才通过网络对最新的文献信息进行收集、整理、分析,以文摘、索引等形式,面向广大群众进行发布。

3.4.3 多中心治理理论视野下的社区图书馆模式选择

多中心理论强调复杂系统运行的自我组织属性。也就是说,在多中心秩序运行中,社会关系组织会在个人动机驱动下自发地、有序地、恰当地进行自我产生,以获取更高水平的综合效益。社区图书馆作为一种公益性服务单位,靠单个人或者单个组织的力量很难持续性运行。我国社区图书馆的创建和管理大多由官方一手包办,虽然在理论政策层面,很好地坚持了民本位的政治导向,但在实际操作过程中经常会出现跑偏现象。只有创造出制度合理的公共服务机构,自发性才会得以实现。因此,在社区图书馆建设过程中,应该引入市场化运作模式,在这种模式下,政府、社区、居民、非政府团体等各方力量会被有效整合,各种生产要素得以强化,从而促进公共产品和服务的良好生成。

在多元主体建设模式下,政府投入是前提。各级政府应积极重视社区图书馆的建设,加大专项经费投入和相关政策引导,可通过宏观规划、技术指导等手段帮助社区图书馆完善基础设施。此外,社区协调是关键。社区作为一个自治性系统,在整合社区单位资源以及联系政府行政系统方面起着非常重要的作用。社区运行中的一大问题就是如何改变资源单位化的落后观念。如何激发资源共享、共用,把私有资源变为社区公共资源,是社区治理面临的一大挑战。因此,社区相关部门在治理过程中,要通过筹划科学的协调体系来整合多元主体的资源要素,积极倡导社区居民加入到基层文化发展中来,以形成全员共建、全员共享的治理体系。最后,引入市场化运行模式是保障。市场化运行模式兼顾公益性和营利性,可以扩大系统运行经费的来源渠道,以便更好提供高质量的服务水平,进一步维持图书馆正常运行以及发展。可以在提供传统的图书借阅、信息查询等免费服务的基础上,生成更多的有偿性的、个性化的收费服务项目。比如录用技术水平高的专业人员,组成信息收集服务团队,通过各种渠道收集实用性信息,与社区居民生活相贴近,比如售房、教育、招聘等资讯,并编印成册以便广大居民购买、阅读。

在社区建设过程中,遵循"第三域"原则是非常重要的。该原则强调的是资源所有权和使用权之间进行置换、共建共享,其意义不是为了得到资源的所有权,而是资源的使用权,也就是说不看重所有,但能够所用。非营利性和社会性是"第三域"原则的具体表现。非营利性意味着社区建设项目(不包括经济性产业)是以公共利益为主,是具有公益性质的。社会性意味着社区建设项目主体不单单只有政府,还有非政府团体、社会组织加入。社会团体才是项目实施的重要角色,而政府更多的是提供财政支持,起辅助性作用。坚持多元主体参与管理和发展,坚持政社事务的分开,是现代社区建设的内在要求,也是政府管理效能提高的理想路径。就社区图书馆管理而言,遵循"第三域"原则,社区与民间组织、房地产开发商、企事业单位等加强合作,整合闲散的馆藏资源,增强综合实力,是一种理想的图书馆管理和发展路径。

城乡社区图书馆发展不仅仅是涉及民生的问题,更是涉及社区建设持续性的问题。在我国特有的国情之下,政府在社区图书馆管理和发展中起着关键性的作用。因此,要充分发挥政府在图书馆制度改革与运行创新等方面的主体作用。在多中心治理理论以及"第三域"原则视角下,社区图书馆建设可以采取的基本思路有:

①服务理念创新。现代图书馆制度起源于西方,是民间自发创办与政府重视汇合的产物。而我国图书馆不是民间自发,而是政府主动进行创建和管理形成的。在运行过程中,传统官本位意识以及政府的制度设计就会对图书馆发展产生较大的影响。因此,为了维护和保障社会团体办馆的基本权利,以及保障图书馆可以持续运行,有关行政部门首先应该认识到自身的基本职能,定位好自己的角色。地方政府不一定要自己创办和管理基层图书馆各项事务,在提供必要的公共产品的同时,应创造更多的机会让其他非体制内团体单位和个人加入到基层文化建设当中;赋

予图书馆更多的自主权,使其能够更好开展生产、运营、服务活动,实现文献资源共建共享。引入多元主体建设,并不意味着地方政府在建设社区图书馆中的地位弱化。无论是总分馆模式,还是联办模式,都离不开政府的主导和监管。社区图书馆作为一项公共服务机构,具有特殊性,没有政府的财政投入与政策支持,社区图书馆的运行会相当困难。所以,地方政府应该在社区图书馆建设规划中发挥其优势作用。一方面,地方政府要在城市总体规划当中,重视社区图书馆的安排。例如,上海市政府非常重视基层文化构建,社区图书馆被当作重点对象予以部署,并打造出四级图书馆网络服务体系,很大程度上促进了基层文化建设。另一方面,要把社区图书馆纳入社区规划当中。在一些发达国家和地区,"新城市主义"是社区建设所必须遵循的重要理念,即强调在社区建设过程中,要加入现代化元素,社区建设应该与文化建设要求相吻合,应该用独特的手段去营造一个有文化气息的公共空间。所以,地方政府应运用强有力的行政和法律手段保障社区图书馆在资源、人员、设施等方面落实到位,保证社区图书馆的建设与正常运行。

②实现管理社会化。众多实践证明,公共领域并不是市场原则的禁区,社会力量参与公共领域的建设具有完全的可行性。市场化的服务供给,可以实现资源的合理配置。传统基层图书馆软硬件设施都是靠自身内部负责包办,经常会面临经费不足、设施落后、数字网络化进程慢以及馆员业务水平低下等问题,无法提供令人满意的文化服务。如果社区管理相关部门能够与其他单位团体进行合作,整合人、财、物各方面的要素资源,实现有限资源最大化利用,这就有利于促进社区图书馆的现代化发展。传统公共服务的提供主体、提供手段和提供内容都比较单一,而社区图书馆管理社会化,能够使公共服务的主体、形式更加多元化。而且引入多元建设主体,可以在公共服务供给上形成竞争机制,

给群众提供更多样化的服务。因此,要积极推动社区图书馆由行政体制向社会组织转化,减少政府的行政干预,厘清政府的权力边界。同时,要对社会化组织进行监督和评估,切实保证受委托人能够履行职责。

③创新社区图书馆运行模式。在社会主义市场经济大背景下,为了与市场经济体制相符合,城乡社区图书馆建设完全可以通过政府、市场、社会三方的合作,确保社区图书馆的平稳运行。这是一种全新的管理机制,也是能够适应现实社会的运行模式。政府的作用在于提供公益性拨款,整合社会闲散的资源。市场和社会的作用在于增强社区图书馆的造血功能,通过市场机制,获取一定的服务费用,进一步扩大社区图书馆的资金来源。所以,一方面,要在社区图书馆管理环节加入竞争机制,在打破传统行政束缚的同时,做到社会效益与经济效益的统一,在市场竞争中不断提高自己的实力;另一方面,要改革内部管理机制。以激发活力为重点,加快人事制度改革,畅通晋升渠道,强化激励机制,促进图书馆人才队伍建设以及服务水平与能力的提升。新的管理机制其作用在于构建一个均衡发展、布局合理、科学有序、服务高效、开放合作的图书馆服务体系。

④建立数字化网络共享体系。互联网技术快速发展的时代,社区图书馆走上数字化、网络化之路是必然的选择。参与图书馆建设的各方主体应秉承着平等、互利、共赢的原则,通过加强信息沟通、合作交流、互相协调等方式途径,找到各方利益的最大公约数,联合开展各种服务活动,共同建设一个便民惠民的强大的数字化公共图书馆。当前,我国大部分社区图书馆规模较小,财力有限,单凭自身的力量难以满足多样化的读者需求。进入信息化社会,要善于通过互联网平台实现社区图书馆馆藏文献的高度共享,这是促进社区图书馆服务一体化建设的必要手段。因此,要充分利用现代互联网技术,通过打造覆盖面更广的网络资源服务

体系，以实现最大程度的资源利用与共享。社区图书馆资源共享的前提是建设好馆藏目录数据库、联合目录数据库、特色文献数据库以及数据库产品等。其中馆藏目录数据库的作用在于给用户提供便捷的检索渠道，这也是图书馆达成全面数字化、信息化目标的重要手段，完善的馆藏目录数据库可以使馆藏资源得到最大化利用。联合目录数据库的建设目的是协调各合作馆之间的文献采购，建立起联合书目，实现馆际互借无障碍化。特色文献数据库就是要打造新颖、有特色的文献服务数据库。具体的做法是：根据当地具有特色或者优势的产业，专门为其建立一个有当地特色的数据库。特色文献数据库往往是具有专业性质的，能够满足特定群体的特殊需求。数据库产品一般是图书馆对外所购买的具有一定使用权限的各类数据库。比如，全文数据库、光盘数据库等。通过外购数据库服务的方式，能够降低成本，避免图书馆自身花费大量的资源用于并不擅长的领域，是实现馆藏资源配置最大化的重要手段。

⑤积极贯彻落实 2018 年 1 月 1 日颁布实施的《公共图书馆法》。《公共图书馆法》是国家对图书馆法律规范的最高标准，具有强制性和约束力。因此，要加大力贯彻落实《公共图书馆法》，重视社区图书馆的建立。要依法对社区图书馆的规划、布局的原则和标准进行规范，对社区图书馆的功能职责、规模、馆员人才队伍、馆际互借、文献收藏、读者服务等方面进行相应的补充。《公共图书馆法》明确规定地方政府在基层图书馆建设中的主体责任，保障社区图书馆能够走可持续发展道路。许多西方国家和发达地区都十分重视相关的法律法规建设。比如，美国就为图书馆事业发展制定了一部《图书馆法》，明确要求社区图书馆是一项最为基础的公共设施，其与社区中福利院、市民馆、学校、健身场所等福利设施具有同等地位。新加坡虽然没有设立专门的法律文献，但它在社区住宅法当中，也强制要求社区相关部门要管理和

发展社区图书馆。

3.5 小 结

2018 年 1 月 1 日颁布实施的《公共图书馆法》将总分馆制作为图书馆事业进一步良性发展的主要模式加以推广,这无疑有助于加快省、市和县级公共图书馆向城乡社区图书馆延伸拓展的速度,也符合我国社会经济发展的实情。对于我国这样一个幅员辽阔和区域经济发展差距很大的国家来说,社区图书馆的发展仅仅靠某一种制度或模式很难达到相对满意的效果。因此,必须挖掘和整合全社会的力量,将每一种制度和发展模式辩证地利用起来,取其所长,在以政府财政投入为主导的前提下,充分发挥制度和市场的灵活性,争取实现各种资源的最大合力。

第 4 章
国外社区图书馆发展的制度路径和模式选择

4.1　引　言

　　社区图书馆是发展图书馆事业的重要内容,是开展社区文化建设的重要方面。随着我国经济的发展、政治制度的完善,人民生活水平的进一步提高,大众对社区图书馆的服务内容和服务水平也提出了更高的要求。目前我国的图书馆建设虽然已经取得了一定成果,但我国图书馆建设起步晚,社区图书馆的建设也才刚刚起步,还存在着诸多待完善之处。如何让社区图书馆的发展也走上可持续的道路是当前急需解决的重要问题。

　　为此,研究起步较早的国外社区图书馆建设的制度路径和模式选择将有助于我国在社区图书馆建设中少走弯路,也有助于探索我国社区图书馆建设的最佳路径。国外社区图书馆在发展的过程中主要采取的制度路径就是制定和完善图书馆相关法律,而主要选择的发展模式有成熟有序的管理模式、个性且全面的服务模式、创新性的技术模式以及开放式的合作共建模式。国外社区图书馆在完善图书馆相关法律的前提下,采取了这四种模式来共同推进社区图书馆的建设。本章试图在分析国外社区图书馆发展的制度路径和模式选择的基础上,比较我国与国外发达国家社区图书馆之间存在的差异性,得出推进我国社区图书馆建设的启示。

4.2 社区图书馆发展的制度路径:图书馆法的制定与完善

4.2.1 图书馆法的定义

图书馆法是图书馆正常开展各项活动的基本前提,为图书馆的建设与管理提供法律依据,保障了图书馆事业的正常稳定与有序发展。关于图书馆法的定义有狭义和广义之分。狭义的图书馆法仅仅包含了图书馆专门法,是国家立法机关根据一定的法律程序专门制定的关于图书馆事业与活动的专门法律,专门用于调节图书馆与其他主体(国家、其他组织、图书馆用户)之间各种关系的法律规范,如我国于 2018 年 1 月 1 日开始施行的《公共图书馆法》。狭义的图书馆法同样具有其他法律所拥有的强制性、稳定性、规范性等特征。广义的图书馆法是指与图书馆相关的法律制度、法律规范的总和。不仅包括了图书馆专门法,还包括与图书馆相关的其他法律规范,如与制定图书馆法相关的行政法规、行政规章以及行业规范等。图书馆法的制定保障了图书馆的正常稳定发展,是图书馆发展的法律制度保障。

4.2.2 我国图书馆立法的发展

我国图书馆立法的发展存在着两个特点:其一是起步晚;其二是发展速度缓慢。早在 19 世纪中叶,西方发达国家图书馆的立法便初具雏形,比我国早了半个多世纪。我国出现较早的并且较为完整的图书馆法规是清政府于 1910 年颁布的《京师图书馆及各省图书馆通行章程》。这是首次以政府名义颁布的有关图书馆建设与管理的法律规范。之后,民国政府又陆陆续续颁布了一些有关于图书馆发展的法律制度、行政条例等。例如 1927 年《图书馆条例》、1941 年的《普及全国图书教育办法》等。从清政府结束到中华人民共和国成立的这段时期，由于社会动荡、经济缓慢发展，文化的发展也受到影响，图书馆立法的发展也表现得十分缓慢，并未取得实质突破性进展。在中华人民共和国成立之后，国家开始意识到公共文化建设的重要性，不仅中央出台了一些全国性的行政规章，如 1957 年的《全国图书协调方案》，绝大多数省市也纷纷制定了本省市公共图书馆的工作条例，如《北京市公共图书馆条例》、《湖北省公共图书馆条例》等，但一直缺乏全国性的、正式的、专门的图书馆法。缺乏专门的图书馆法给我国图书馆事业的发展带来了诸多阻碍，很多良好的发展态势因缺乏法律保障而无法持续。图书馆法的迟迟不立与我国图书馆发展的现状有很大关系。我国各地经济发展不平衡，各地的资源投入情况千差万别，且各地区对图书馆建设的认识也不统一。在此复杂背景下要制定图书馆法难度比较大，所花费的时间也比较长。

直至 2009 年，全国人大代表周洪宇提出要制定一部符合中国国情的、具有中国特色的、能为社会主义文化建设发挥关键力量的图书馆法。在该建议提出后，2011 年文化部颁布了全国普遍适用的图书馆行政规章《公共图书馆服务规范》。该行政规章在我国《公共图书馆法》颁布之前，发挥了重要作用。随着我国现代化事业的发展，国家对文化事业发展的高度重视，在考虑我国国情的基础上，2017 年 11 月 4 日中华人民共和国第十二届全国人民代表大会常务委员会第三十次会议通过了《公共图书馆法》，并于 2018 年 1 月 1 日起正式实施。《公共图书馆法》的出台，为促进图书馆事业的稳步发展、保障公民的基本权益、提高公民的基本文化素质都有着十分重大且深远的意义。

虽然目前我国的图书馆基础法《公共图书馆法》已经出台，但整体立法的发展速度相对于西方发达国家而言还是缓慢的，而且我国现行的图书馆法律制度还存在着一些问题。比如在立法目的上不是将保障人民的文化权益作为立法的根本目的,而是以促进图书馆事业发展,加强社会主义文化建设为立法的根本目的。立法内容侧重于图书馆的权力方面,而义务方面的内容比较模糊,信息供给模式比较单一。因此,针对我国图书馆立法的发展现状及其存在问题,有必要分析国外发达国家图书馆立法的历程与现状,吸收借鉴其成熟的理论和经验,为我国图书馆立法建设提供经验参考。

4.2.3　国外图书馆立法的发展

经济的繁荣与发展是文化发展的基础。19 世纪下半叶,西方经济得到迅速发展,资本主义制度逐步在各国相继确定。在此背景下,各国开始注重公共文化的建设与发展,其中促进图书馆的发展就是加强文化建设的手段之一。图书馆的发展离不开图书馆法的"保驾护航"作用。国外图书馆立法也跟其他法一样,其法律体系也包括大陆法系与英美法系。其中日本和我国采用的是大陆法系,即以制定的法典为主要法律依据。美国、英国、澳大利亚等国家则采取的是英美法系,即以判例法为主要法律依据。不管各个国家采用何种法系,其制定的图书馆法都是为了图书馆事业的发展,以保障国民的文化权益,及促进本国文化的繁荣。

（1）美国

美国是典型的联邦制国家,联邦与各州都有立法权限。联邦与州可以制定两种形式的图书馆法。联邦图书馆法与州图书馆法的作用各有侧重。联邦图书馆法侧重于在经济方面为图书馆的发展提供法律保障。而各州的法律主要是指适用于本州的与图书馆紧密相关的法律,包括州图书馆专门法和相关条例。

在美国,许多州图书馆法的制定早于联邦图书馆法。早在1848 年,马萨诸塞州议会就通过了《在波士顿建立公共图书馆的法案》。该法案是世界上第一部地方性公共图书馆法。美国大部分州都有适用于本州的州图书馆法,针对不同类型的图书馆,州图书馆法的内容差异性也比较大。此外,州图书馆法中最具代表性的是 2009 年的《加利福尼亚州图书馆法》,其中主要包括适用于全州以及州以下地方图书馆的法规、影响图书馆的一般性法规和加州法庭决定以及律师团观点等,内容极其丰富且更新及时。

美国主要的联邦图书馆法有 1931 年的《国会图书馆法》、1956 年的《国家医学图书馆法》和《公共图书馆服务和建设法》、1987 年的《国家农业图书馆法》、2003 年的《博物馆和图书馆服务法》以及目前正在实施的且影响广泛的《图书馆服务和技术法令》,简称 LSTA。LSTA 是联邦政府专门为了图书馆的发展而制定的,定位于通过技术手段、经济手段来紧密各图书馆之间的合作,从而实现图书馆资源共享,最终提升图书馆的服务水平。

(2)英国

英国的图书馆立法起步早,主要包括全国性图书馆法和地方性图书馆法。全国性图书馆法有 1850 年颁布的《公共图书馆法》,是世界上第一部全国性公共图书馆法。随着国家经济与社会的发展,《公共图书馆法》的内容也经过了数次修订,并在 1964 年更名为《公共图书馆和博物馆法》。紧接着,在 1972 年又颁布了《不列颠图书馆法》。《不列颠图书馆法》自从 1972 年颁布以来到现在已经经过多次的修改,内容越来越全面丰富。其主要内容有董事会、不列颠图书馆、对董事会进一步的规定、人员录用等。此外,比较具有代表性的全国性图书馆法还有 1898 年的《图书馆侵犯法》、1992 年的《公共图书馆调查规则》、2007 年《公共图书馆服务标准》等。地方性图书馆法主要有 1887 年的《苏格兰公共图书馆巩固法》、1986 年的《北爱尔兰教育与图书馆法》以及 2008 年的《北爱尔兰图书馆法》等。

(3)澳大利亚

类似于美国,澳大利亚的图书馆法也是先起步于地方,代表性的有《新南威尔士州图书馆法》。该法在过去的几十年间根据社会发展需求修订了十几次。现在正在施行的版本内容已经十分丰富了。其内容主要涉及四个模块:其一是预备模块,主要讲述法的名称、适用范围、概念界定等;其二是有关州图书馆理事会和州图书馆的一些规定,例如州图书馆的权利与义务、理事会的构成等;其三是有关地方图书馆的一些规定,例如地方图书馆的权利与义务等;其四是一些杂项内容,例如图书馆委员会的相关规定等。除了《新南威尔士州图书馆法》这个典型的地方性法律外,澳大利亚也出台了全国性的有关图书馆的行政规章等。

总而言之,国外对社区图书馆的法制建设高度重视,不论是国家层面还是地方层面都有较为完善的图书馆法律。国家层面的图书馆法主要作一些原则性的规定,而地方层面的图书馆法主要涉及实施与操作部分,内容较为具体,能够满足实际需求。相比而言,我国的图书馆法律在内容方面的设定不够具体,可操作性不强。国外社区图书馆的法制建设是推动图书馆发展的关键制度路径,为社区图书馆的发展提供了法律保障。为此我国的社区图书馆发展也必须要加强图书馆的法制建设,才能使得图书馆的发展获得持久的保障。

4.3 国外社区图书馆发展的模式、特点、趋势

在国外,社区图书馆的出现是解决图书馆管理中出现的图书资源浪费现象的最佳方式。社区图书馆是区别于城市公共图书馆而言的,指在社区范围内设立的图书馆,是组成整个城市图书馆体系的基本单元。社区图书馆在城市图书馆管理中发挥了不可估量的作用。目前众多发达国家和发展中国家都将社区图书馆作为实现图书资源最大化配置的重要手段。我国也是如此,社区图书馆在各个城市逐步建立。但是,我国社区图书馆建设的起

步时间比较晚,还存在着一些不完善的地方,需要参考和借鉴其他国家社区图书馆发展的模式、发展的特点,把握发展的趋势,以期为我国社区图书馆建设提供经验支持。

4.3.1　国外社区图书馆的发展模式

国外社区图书馆发展的模式主要包括了以下四种:管理模式、服务模式、技术模式、合作共建模式。

(1)成熟有序的管理模式

在管理模式上,国外社区图书馆主要采用了"总分馆制"的管理模式。总分馆制的管理模式能够通过资源的合理配置,最大限度地利用资源,实现资源的共享化。社区图书馆采取的总分馆制是指在城市中心设立公共图书馆(亦称为总馆),然后在各社区中设立分馆。市公共图书馆成立图书馆管理委员会,对社区分馆实行统一的网格化管理,包括资金、人员、图书资源等。从实质上讲,市公共图书馆与社区分馆之间是一种领导协调关系,社区分馆必须服从市公共图书馆的计划与安排,同时市公共图书馆对社区图书馆负全责。社区分馆不是单纯按照现有的行政规划区域来设立的,而是按照需要服务的人口来确定其数量与位置的。也就是说在行政区域规划下的社区可能存在多个社区图书馆,也可能完全没有设立社区图书馆。

美国是采用总分馆制来管理市公共图书馆与社区图书馆之间关系的代表性国家。在总分馆制下,读者可以在市公共图书馆之间和社区图书馆之间自由切换,并无地域限制。这依赖于市公共图书馆与社区分馆之间实现的信息共享,包括了读者信息、借阅信息等。读者的借书证可以在该城市的公共图书馆使用,也可以在该城市下的任何社区图书馆使用,在还书时更是可以不限地点,就近还书,为读者提供了极大的便利性。在美国洛杉矶这个城市中,就设立了一个中心馆,即市公共图书馆。在市公共图书馆下,又分设了 72 个社区分馆。

英国也是采用了总分馆制管理模式的国家之一。英国伦敦市在其下辖的 32 个行政区中分别设立了一个区中心图书馆,然后在每个区中心图书馆下又建设了数量不等的社区图书馆。伦敦市图书馆与区中心图书馆、社区图书馆之间同样也是实行网格化管理。类似于美国的无障碍借还书系统,英国市民在借还书上也有就近原则的优势,这得益于网络的发达与信息共享的建设。

当然,不只美国等发达国家采用了总分馆制的社区图书馆系统,作为发展中国家的印度也是如此。印度德里的总分馆制链条比较长,有市中心图书馆、区中心图书馆、社区分馆、社区下的小分馆等,大大小小图书馆总计为 65 个。

总而言之,总分馆制是市公共图书馆与社区图书馆之间一种比较稳定且成熟的管理模式,在市图书馆事业的建设与管理中发挥了关键作用。总分馆制的实施必须依赖于先进的网络系统,以及总馆与分馆之间的信息共享机制。缺乏了先进的网络系统以及信息共享机制,那么总分馆制的实施就可能出现巨大的漏洞,反而会对市图书馆的管理产生负的外部效益,严重阻碍城市图书馆事业的发展。

(2)个性且全面的服务模式

外国的社区图书馆的发展采用了个性且全面的服务模式。不仅充分考虑了不同类型读者、不同社区的个性化需求,还将图书馆提供的服务拓展到就业信息、生活便利等方面,形成国外社区图书馆所特有的个性且全面的服务模式。其中,做得比较好的有美国、英国、日本、加拿大等国家。

在个性化服务方面,美国的社区图书馆可根据不同社区的需求放置读者喜爱且方便的书籍、音像制品等。例如在纽约的中国城内的社区图书馆,它就根据中国城内中国人多的特点,在图书馆内放置了大量的中文书籍、中英文翻译等材料。而在单个社区图书馆内部,又根据不同年龄层次读者的特点设定了图书馆的内部分区,并根据他们的身体状况、阅读目的、阅读兴趣、阅读方式、阅读语言等,有针对性地对各分区进行外部条件设置。例如,根据儿童身高相对于成年人比较矮小的身体特征,特意放置了低矮的儿童书架,方便儿童阅读。另外,还根据儿童的阅读兴趣增设其喜爱的图书、玩具,如内容丰富、形式多样的动画书,丰富多彩的益智玩具等;根据老年人的视力状况,特意购买了大量的字体偏大的书刊;根据成年人的阅读方式、阅读兴趣等,在阅览区内设置了许多电子化图书阅读设备、音频播放设备,并配套桌椅、电源插座等。另外,针对残障人士行动不便的特点,社区图书馆还专门设立了图书寄送到家服务。这些个性化的服务都无一不体现了以读者需求为导向的立馆宗旨。

在全面化服务方面,社区图书馆大大拓展了服务范围。服务范围不单单局限于图书借阅等传统服务,而是加入了社区服务的一些功能,更加便利社区居民的生活与工作。美国社区图书馆为所在社区居民提供了诸多帮助,体现在指导纳税、发布就业信息、辅导学生作业等方面。英国社区图书馆直接被定位为开展社区服务的关键场所。社区图书馆里为居民提供各式各样的信息服务,不仅包括了政府发布的一些政策文件及其解读,还包括了电话咨询、旅游资讯、天气预报、住房信息等有关民生的信息。不仅如此,英国的社区图书馆还开设了健身辅导,其中有代表性的就是瑜伽辅导。可以看出,英国的社区图书馆在很大程度上是一个社区信息的集散中心,在给社区居民带来极大便利的同时,也通过此途径拓展了图书馆资源,是一个共赢的举措。

(3)创新性的技术模式

国外社区图书馆取得的巨大成功不仅仅归功于成熟有序的"总分馆制"管理模式,个性且全面的服务模式,还依赖于先进的技术设备和手段的支撑作用。尤其是在发达国家，创新化的技术模式更是在一定程度上引领着社区图书馆的发展方向。这种创新化的技术模式包括了技术设备的持续更新与技术手段的与时俱进。

在技术设备上，发达国家的社区图书馆一般都采用了一站式的自助借还书系统，减少了人工成本的同时也节约了读者时间。各国的自助借还书系统在地域使用范围上存在着差别。新加坡的图书借还系统辐射范围最广，自助还书设备不单单是图书馆才有的，在大卖场、车站、地铁口也都有摆放，提供 24 小时自助还书服务。图书馆用户可以直接在国内的任何一个摆放有图书馆自助还书设备的地方还书，让用户真正体验了可以随时随地还书带来的轻松感。在美国和英国，读者可以在国内的任何一家图书馆办理借书卡，只需要提供一些简单的材料等，如电话账单、家庭地址等，突破了本地人只能在本地借书的局限，体现了人人平等的价值观。但是美国和英国社区图书馆还书的地域范围则局限于某城市或某州内，不像加拿大一样可以实现全国联网还书。除了在自助借还书领域实现了技术设备的革新，越来越多的国外社区图书馆还在馆内引入了台式电脑、3D 打印机等设备，使得图书馆的发展跟上时代步伐，优化了读者的使用体验。

技术手段上的创新，主要体现在支持图书馆信息的交流与共享建设上。其中，最典型的做法就是开展文献传递服务和开展数字化服务。开展文献传递服务可以将全国的图书收藏信息进行整理和归纳，针对重要的图书还可以使之电子化，开展电子资源在线传递服务，为用户节约时间成本以及交通成本。开展数字化服务主要指为用户提供数字化的文化资源，例如获取本社区，以及其他社区甚至全国的信息资源。

创新性的技术模式是社会时代变迁的结果，同时也在一定程度上影响着社会时代变迁。国外社区图书馆用它先进的技术设备和技术手段为本社区居民提供着最便利的图书馆服务,也因此争取到了社区居民的支持,广受居民好评。

(4)开放式的合作共建模式

开放式的合作共建模式是指社区图书馆在建设过程中积极争取和利用外部的社会力量。其开放式表现在对于外部力量的参与一般来说没有条件限制。国外社区图书馆建设的一个显著特征就是外部社会资源的参与较大。社区图书馆是与居民用户直接联系的单位,在发展的过程中其优势条件之一就是可以更容易吸引社会资源参与。居民用户直接感受到的图书馆服务的好坏在很大程度上决定了居民用户对图书馆的资源贡献率。只有让社区居民用户感受到了社区图书馆的价值与高水平服务,社区居民才有可能贡献出自身资源参与图书馆建设。美国社区图书馆在这方面做得比较到位,也因此争取到了社会力量的支持与参与。这种支持与参与主要有三种途径:其一是资金支持。美国的钢铁大王卡内基曾连续 47 年总计出资 3 亿多美元支持图书馆的建设。这是资金支持方面的一件典型案例。另外美国的社区图书馆还成立了图书馆基金会,鼓励居民在行有余力的同时资助图书馆建设。其二是实物支持。图书馆在建立良好口碑的同时,发起社区用户为图书馆捐赠书物的行动,丰富了图书馆的馆藏,实现了资源的有效利用和共享。其三是志愿参与。社区图书馆十分欢迎志愿者来协助图书馆开展活动,其中更是支持青少年来馆参与义务劳动,这也是家长们喜闻乐见的。

4.3.2　国外社区图书馆的发展特点

国外社区图书馆发展迅速、成效显著的背后是其发展的独特之处。总体而言,国外社区图书馆在发展的过程中主要兼具以下四个方面的特点。

其一,以完善的法律制度为发展前提。国外社区图书馆的发展依赖于其完备的法律制度。国外社区图书馆在建设过程中,政府给予了重大的支持。这种支持不仅来自于经济财力的基础性支持,更是在法律建设方面给予保证。外国在社区图书馆的发展过程中,充分认识到法律制度的重要性,对于加强图书馆立法方面的意识较为强烈。因此外国在有关图书馆立法方面起步较早,并且能够根据时代发展适时完善相关法律。美国、英国、日本、新加坡等国家,都纷纷制定了图书馆发展的可持续计划与蓝图,确保图书馆事业的推进,有法可依。美国社区图书馆的管理和建设都有可依据的法律规范与标准。新加坡更是专门出台了《社区住宅规划法》,要求每个社区都配备一个图书馆。这些国家对于图书馆建设所推行的法律制度与措施,都在一定程度上保障了图书馆充足的经费投入。日本的图书馆法中规定社区图书馆的建设经费来源于政府,政府必须及时且按规定拨付图书馆所需开支。概括地说,图书馆的法制建设是社区图书馆取得快速发展的重要前提。

其二,以用户为中心为发展导向。图书馆法的立法宗旨最终就是要保障居民的文化阅读权益,这就体现了社区图书馆在发展过程中以用户为中心的发展导向。另外,在图书馆的建设中,个性化与全面化兼备的图书馆服务也是以用户为中心的佐证。在个性化服务方面,充分考虑了本社区的居民构成、各年龄阶层图书馆用户的阅读需求以及弱势群体的特殊需求,真正实践了"以人为中心"的理念。在全面化服务方面,随着时代的发展而变迁的图书馆服务被考虑到图书馆建设中来。社区图书馆不仅仅能为居民提供图书借阅,更是成为整个社区的信息集散中心。居民用户可以在社区图书馆获取有关生活、就业、政策等基本信息。所以,不管是图书馆立法还是图书馆提供的优质服务都体现出以用户为中心的发展导向,这是国外社区图书馆建设的重要特征。

其三,以成熟的"总分馆制"为发展保障。国外社区图书馆数量众多,分布广泛且分散。美国的所有社区都设立了社区图书馆,到目前为止,美国的社区图书馆总数已经上万了。在日本,平均每 4 万人拥有一个图书馆,人均藏书 2－4 册。数量众多且分布广泛的社区图书馆在管理方面难度系数很高。而成熟有序的"总分馆制"是实现图书馆高效管理与快速发展的重要途径。"总分馆制"管理模式下,市公共图书馆(总馆)与社区图书馆(分馆)之间权责清晰、定位明确使得整个管理工作开展得井然有序。市公共图书馆除了要进行基本的图书馆服务外,还要统筹、协调、管理全部社区的图书馆资源。而社区图书馆则严格执行市公共图书馆的管理计划,主要起延伸图书馆服务至社区的重要作用。可以简单地认为,社区图书馆是市公共图书馆的众多分支。国外的图书馆采取的这种"总分馆制"管理系统有利于将图书馆服务延伸至基层民众,同时又能很好地统筹图书馆资源,实现资源的合理分配,更好地实现图书馆的建设初衷。

其四,以与时俱进的技术创新为发展助推剂。技术创新是图书馆永葆生机的重要途径。若在技术层面上一成不变,缺乏创新意识,那么图书馆的发展就会滞后,最终被更好的产品所替代。国外社区图书馆深刻意识到先进的技术对于图书馆发展的重要性,积极应用先进的设备和技术来推动图书馆的建设。技术设备和技术手段等软硬件条件随着时代的发展而不断更新,让社区居民用户可以使用最先进的技术和设备获取到所需的信息,提升了居民用户的图书馆使用感受,增加了满意度,从而反哺支持图书馆事业的建设发展。如此图书馆与社区居民用户之间建立了良好的合作关系,形成了二者相互推进螺旋状上升的发展态势。

总而言之,国外社区图书馆在发展的过程中所显现的独特之处,正是其优势之处,是经过长久的持续的实践探索得出的图书馆建设之道。不论是以完善的法律制度作为发展前提、以用户为中心的发展导向、以成熟的"总分馆制"为发展保障,还是以与时俱进的技术创新为发展助推剂,都是图书馆建设应呈现的良性特征,也是图书馆发展的不二法则。这四个特征之间彼此联系,相互促进。缺乏了其中任何一个良性特征,图书馆的发展就会停滞,落后于现代经济和社会的发展,进而使其丧失对于带动经济和社会发展的反作用。

4.3.3 国外社区图书馆的发展趋势

国外社区图书馆的发展已经取得了丰富的成果,通过总结其发展的模式、发展的特征,以及现阶段发展的外部环境,可以预测其今后的发展方向。在网络技术手段进一步发展、信息资源进一步共享、居民用户主人翁意识进一步崛起的背景下,国外社区图书馆的发展呈现出一种群体化的趋势。这种群体化趋势包括了图书馆的群体化、图书馆用户的群体化,以及服务内容的群体化和资源组织的群体化等四个方面的内容。

(1)图书馆的群体化

在国外社区图书馆的群体化趋势中既包括了各国图书馆之间的群体化趋势,还包括了国家内部图书馆之间、图书馆与其他各机构之间的群体化趋势。

其一,各国图书馆之间的群体化趋势是指各国之间加强图书馆领域的合作,促进各国之间图书馆资源的共享共建。在 21 世纪初,英国、美国、日本等发达国家基于各国图书馆建设的需要制定并签署了一份图书馆协议。该项目协议名称为"世界图书馆网络建设",旨在通过各国发达的互联网技术,打破国际壁垒,将所有协议国家的图书馆用网络联结在一起。签署协议的国家可以共同使用全球化的数字信息资源并参考其他国家的图书馆建设经验与模式。这预示着图书馆建设将走向国际化的轨道,将有统一的行业标准与操作模式。该协议的签署为人们描绘了一幅很美好的蓝图。

其二,国家内部图书馆之间的群体化趋势是指在各国内部的图书馆之间要加强合作。这种合作意识已经在法律层面得到保障。日本在20世纪90年代初就出台了《日本公共图书的设置和运作规范》。该规范中就强调,为了满足社区居民用户多元化的学习需求,加强图书馆的公共文化传播功能,各个层级的图书馆必须加强合作。较高层级的图书馆还应在必要时为较低层级的图书馆提供技术帮助与人员补充等协助措施。该规范从法律层面保障了日本国内社区图书馆建设的群体化,是实现图书馆资源共享的重要推动力。

其三,图书馆与其他各机构之间的群体化趋势是指图书馆与其他各机构,诸如学校、政府、博物馆、书店等之间的合作日益紧密。日本颁布的《日本公共图书的设置和运作规范》中就提及社区图书馆必须主动与其他组织联合,一起开展社区文化建设,共同服务于社区居民用户。因为在社会生活中,社区居民用户不仅仅只是需要图书馆提供的服务,还需要其他机构提供服务。只有将社区图书馆的资源与其他组织的资源进行联结,共同开展文化传播服务,才能满足人民群众日益增长的、广泛的文化需求。加拿大制定的三年发展战略中,就明确指出社区图书馆要与其他社会力量协作。这样可以最大可能地利用合作群体各自的优势为社区居民用户服务。同样,澳大利亚也在制定的三年发展方向中计划将引入其他机构的力量作为图书馆发展的趋势之一,共同建设整个国家的公共信息服务平台。芬兰的三年图书馆发展规划中也强调了其他组织对于图书馆发展的重要的作用,号召图书馆与其他组织进行通力合作。在这份发展规划发布后,芬兰的图书档案馆与博物馆之间开展了合作,将数字化一些重要的且特殊的文化遗产资料,以实现对文化遗产资料的共同保护。

（2）图书馆用户的群体化

社区图书馆是对广大社区居民用户开放的，其受众人数大，因此用户需求的差异性明显。尤其是在全球化的背景下，用户需求的差异性就会更加明显。社区图书馆在区分读者的差异性的同时，也在对这些差异性的读者进行类分，即群体化。图书馆用户的群体化是指根据不同的标准而划分不同类型的群体。例如，不同年龄层次的读者有着不一样的需求，社区图书馆将这些读者划分类型后，再根据不同类型的读者需求提供个性化的服务，使得每个群体的受服务权益都能得以保障。国际图联（IFLA）考虑到了特殊群体在进行图书馆服务时的特殊性，专门为这些特殊群体制定了服务指南。这些特殊群体包括了六大类别：在狱犯人、幼儿、行动不便的残疾人、病人、公共机关、青少年。这是国际图联对于特殊群体文化权益的保护，同时也彰显了图书馆人人平等的立馆根本。同样，国外的图书馆还根据学科专业的不同来对用户进行群体化。不仅体现在专业的图书馆划分，例如法律图书馆、医学图书馆，还包括了在高校内部的图书馆进行学科专业分区。在高校内部图书馆的学科专业分区里专门配备了本领域的专家、学生馆员以及网上解答等服务。前文提及的为幼儿、成年人和老年人专门配置不同的图书馆阅读分区，以及阅读分区设备、桌椅等，就是图书馆将用户群体化的表现之一。图书馆用户的群体化是图书馆发展的必然趋势，不仅能满足不同用户的需求，还能减少图书馆的建设成本，最终提高图书馆使用用户的满意度。

（3）服务内容的群体化

社区图书馆发展的趋势之一就是服务内容的群体化。社区图书馆服务内容的群体化是指社区图书馆之间提供的内容趋向于共同化。其中的主要表现就是馆际互借和联合数字参考咨询服务。

　　馆际互借得以发展的前提在于互联网技术的兴起与逐步发展。缺乏互联网及时的支撑,馆际互借这种服务内容的实现就比较困难。在 20 世纪结束之际,美国的社区图书馆就显现出了馆际互借的雏形。部分图书馆之间形成了群体协作网,并有专门的人员统筹各馆的图书收藏信息,当某个图书馆出现资源不足的情况,该图书馆可以从其他的图书馆借调资源过来。有的图书馆之间共建并开放了文献数据库,这样用户就可以很方便地查询到相关的图书信息,以便做出相应的借书计划。随着网络信息技术的飞速发展,电子化的馆际互借系统得以完善,尤其是其实时的自主统计功能,能够在馆藏资源变化时及时显现出变化结果,实现零差错。至今美国社区图书馆的馆际互借功能已经十分完善,能够很好地满足社区居民用户的信息资源服务需求。尤其是对于社区图书馆而言,社区图书馆的规模较小,资源投入也比较少,引入图书馆馆际互借的操作模式能够极大丰富图书馆的资源,弥补小型图书馆资源不足的缺陷,实现全国信息资源的共享。

　　联合数字参考咨询服务是国外 20 世纪 90 年代后期形成的一种新的服务形式。数字参考咨询服务简单而言就是通过网络技术,在线解答图书馆用户的问题。但是随着用户人数的逐渐增加,用户咨询的问题也越来越多,越来越复杂,考虑到单一图书馆的人力资源力量、馆藏资源的有限性,有时仅仅依靠单一图书馆是无法满足在线咨询的问题的。这时,许多图书馆就联合起来,还设立了专家组等来协同回答咨询问题。数字参考咨询服务突破了传统咨询服务的场所以及时间的限定,能够实时解答用户的咨询问题,是一种人工服务与信息的共享模式。最早的数字参考咨询服务起源于英国,其合作咨询系统已经辐射到 60 多个图书馆。2000 年美国的图书馆组建了全球范围内的数字参考咨询服务,可实时为世界上的任何一个图书馆用户提供咨询结果。可以说,数字参考咨询服务在美国得到飞速的发展与普及。紧接着,在 2002 年美国图书馆又与全球很多的图书情报信息机构合作，开发了到目前为止功能最强大的 DRS 系统。迄今为止，该 DRS 系统已经吸纳了 1000 多家单位的力量，并且呈现出 DRS 的群体化趋势。可以看出，国外社区图书馆参与的联合数字参考咨询服务的群体化趋势越来越明显。其提供的咨询服务也将朝着广阔的空间发展。这种广阔发展不仅体现在参与数字参考咨询服务的图书馆或其他机构越来越多，也体现在用户的咨询需求越来越旺盛。在此背景下，联合数字参考咨询服务也将走向精细化与广域化。

（4）资源组织的群体化

资源组织的群体化是相对于传统的、分散的资源组织方式而言的，它强调资源组织的标准化与联合化。资源组织的群体化要求各个社区图书馆之间先实现联合，然后通过先进的网络技术和计算机技术实现资源的组织，如包括图书馆存储目录、合作保存等形式。图书馆信息资源的组织，主要表现为开放获取这种形式。开放获取，简称 OA，是一种信息资源的储存与获取方式，是指图书馆的信息资源开放给广大图书馆用户，用户可以自行获取所需信息。开放获取有开放出版和开放存储两种形式。开放出版指的是出版后立即就能在图书馆网络上得以获取。开放存储是指出版后经过一个时期才能对用户开放。

目前的 OA 仓储建设已经逐步群体化。在 OA 仓储建设初期，没有统一的储存规范，导致很多信息资源难以被用户挖掘，极大地浪费了信息资源，又降低了图书馆用户的满意度。在认识到资源统一组织的重要性后，国外的社区图书馆便增加了 OA1－IMH 协议来解决仓储建设的不规范问题。OA1－IMH 协议指出要为图书馆仓储建设制定统一的仓储标准，解决不同数据库的储存与获取两方面的操作难题。另外 OA 仓储建设除了采取标准化措施，还采取了联合化的建设模式。荷兰的图书馆就联合其

他外部社会力量一起开发了 eScholarship 仓储技术,减少了技术
实施成本的重复投入,而且还能够整合图书馆的信息资源。

由上可以看出国外社区图书馆发展的群体化趋势其实是资
源共享的必然结果。资源共享的大背景决定了图书馆的群体化、
用户的群体化、服务内容的群体化以及资源组织的群体化。换句
话说,群体化其实是实现资源共享的关键手段。

4.4 　 我国与国外社区图书馆的差异

图书馆建设不仅需要紧随国家经济和社会发展的步伐,还要
迎合用户读者的需要。所以不同时代背景下、不同地域背景下的
图书馆建设显然都存在着差异性。依据国外社区图书馆发展的
模式、特点以及趋势,可以总结出国外社区图书馆的发展与我国
社区图书馆的显著差异。在阐述差异的基础上,分析产生差异的
原因,从而可以为我国社区图书馆的发展提供些经验参考。通过
总结,可以将我国与国外社区图书馆的差异归纳为以下几个
方面。

其一是图书馆的立馆目的。国外社区图书馆的立馆目的是
保障人民的阅读权益。例如美国在其图书馆法中就指出图书馆
的建设应该使得人民都有权利通过图书馆取得所需的信息资源。
这种图书馆的使用权益没有门槛设置,不管所在何地、不管经济
收入如何,只要是社区居民都有权利享受图书馆提供的信息服
务。英国的相关法律也指出社区图书馆应向所有居民开放并提
供必要的图书馆设施。可以看出,国外社区图书馆的立馆目的是
以人民享有的文化阅读权益为落脚点的。而在我国《公共图书馆
法》中,对图书馆建设目的的表述,则把推动图书馆建设事业的发
展置于人民对图书馆的需求之前,只是简单地为了图书馆的发展
而发展图书馆。而且还未把公众对于图书馆的需求认定为人民

群众应当享有的文化阅读权益。由此可见,国外图书馆的立馆目的更直接与准确。

其二是图书馆的隶属关系。由于国家之间经济体制和政治体制的不同,导致了各国的文化体制也存在差异性。我国的图书馆隶属于文化系统,而国外的社区图书馆隶属于教育系统。而且我国的图书馆兼具社区服务功能,而国外的社区图书馆虽然是在社区内建立的,但是注重的是图书馆本身的使用功能。

其三是图书馆的管理模式。国外的社区图书馆之所以采取"总分馆制",这与它们图书馆的地理位置分布关系密切。外国一般都对图书馆的建设范围有所规定,例如日本就规定图书馆应建设在居民步行 20 分钟内就可以到达的地方。美国是每个州根据每个市的人口总额来确定图书馆的数量与位置的。如此数量众多的小型的社区图书馆分布比较广泛,同时也比较分散。因此采取"总分馆制"的管理模式,有利于实现分散图书馆的集中管理。"总分馆制"下的市公共图书馆集中管理所有社区图书馆的图书资源、图书馆工作人员、技术设备等。市公共图书馆主要注重图书的馆藏服务和对社区图书馆的管理,而社区图书馆就专门服务居民用户。为此,市公共图书馆必须建设与各社区图书馆之间的网络信息系统,从而才能够指导和安排各社区的资源配置。在建立起来的网络信息系统下,图书馆用户可以共享所有社区图书馆的图书资源和信息服务,例如馆际互借和文献传递等服务。并且所有的社区图书馆都使用相同的借还书系统,用户只需使用同一张卡就可以在不同的社区图书馆内享受所需的服务。相比我国,社区图书馆的建设还只是刚刚在几个沿海城市起步,并未像国外社区图书馆的建设那么成熟。而且,我国的图书馆之间很少有垂直管理关系,各图书馆之间几乎各为一家,缺乏信息的沟通。不管是大型的图书馆还是小型的图书馆,必须既具备图书馆的馆藏功能,又具备图书馆的用户使用功能。对于小型的图书馆而言,如果要兼具这两项功能，就必须投入大量的人力、物力和财力。然而对于不需要馆藏服务的社区民众而言，就是一种资源的极大浪费。

其四是图书馆的服务对象。国外社区图书馆的服务对象涉及全体人民，包括了婴幼儿、成年人、老年人。有的国家的图书馆建设还考虑到了行动不便者，为这些行动不便者提供书籍寄送到家服务，甚至考虑到了服刑人员的图书馆服务需求，在监狱内也设立了相应的图书馆。而且图书馆的服务对象并不仅仅局限于本国居民，外国居民只需提供简单的证明（如电话账单等）也可以享受该国的图书馆服务。各社区的图书馆都可以免费进入，没有设置进入门槛。而我国图书馆的服务对象大多局限于成年人，婴幼儿和老年人可享受的图书馆服务极少。虽然国家也提及要保障弱势群体和特殊群体的图书馆需求，但是缺乏强制力的法制保障与具体的规定，因此可操作性不强。此外，图书馆的服务大多在地域上也有限定，例如很多高校的图书馆就规定非本校学生不能入内，有些城市的公共图书馆也规定非本市市民不得入内，严重违背了人人平等的价值观念。由此可见，国外社区图书馆的服务对象与我国图书馆的服务对象存在较大的差异性。国外社区图书馆的服务对象是全体人民，而我国图书馆的服务对象只是部分公民。

其五是图书馆的服务内容。国外社区图书馆的服务内容比较广泛。这种广泛主要体现在服务信息范围、馆藏文献范围与开展的图书馆活动。首先在图书馆服务信息范围上，打破了传统的单一的书籍信息提供服务，而是将一些社会生活信息也列入图书馆服务信息的范畴。例如天气预报、政府政策、求职信息、房屋出租信息等。而我国的图书馆就目前的发展来看，更多的图书馆还是只提供简单的图书书目信息服务。其次在馆藏文献范围上，国外社区图书馆的馆藏文献数量、馆藏文献种类都远远超过我国社区图书馆的水平。国外社区的馆藏文献数量多、类型丰富。这与他们以全体人民为服务对象紧密相关。全体人民的服务需求呈现出多元化的特征,为满足这种多元化的用户需求,就必须有针对性地配备相应的图书馆资源。而我国的图书馆更多早为成年人服务,因此馆藏文献的数量和种类相对于国外的图书馆而言都是比较少的。最后在开展的图书馆活动方面,国外社区图书馆开展的活动数量繁多、活动内容广泛、活动形式丰富。例如开展有婴幼儿早教、老年人健身、家庭关系处理、如何缴税等。而我国的图书馆活动形式一般以阅读为活动主,例如开展的读书月活动、月度阅读之星等。由此可见,国外社区图书馆提供的服务范围广泛且种类丰富、形式多样,值得我国借鉴与思考。

其六是图书馆的人员配备。美国图书馆工作人员的构成有三种形式:高工资形式、低工资形式与零工资形式。高工资形式招聘的工作人员主要是政府工作人员,招聘的职位数较少,且招聘的岗位一般要求较高的专业水平。高工资形式的招聘一般是通过网络招聘,且面向社会各地,凡是拥有美国人身份或是有长期居住证明的人员都可以参与应聘。低工资形式招聘的工作人员主要是临时工,或称为小时工,薪资对比政府工作人员比较低,且员工流动性大。其应聘门槛低,工作内容较为简单,涉及整理图书、复印资料等具体性操作。社区居民经常会鼓励自己的孩子去参与社区图书馆的小时工工作,这样既可以锻炼他们的动手劳动能力,又能获得低额的报酬。零工资形式也称为志愿模式,简而言之就是志愿参与,不计报酬。图书馆开展的活动一般需要很多名志愿者的参与,这时社区居民或者社区学校内就会组织学生来参与。参与图书馆活动在美国被列为学生的社会实践课程之一。相比而言,我国的图书馆人员配备数量比较多,且缺乏社区志愿者配置。只有在部分高校的图书馆会联合学生会组织开展志愿服务,而在非高校性质的图书馆内,社区志愿者参与图书馆工作是极其少见的。

总体而言,国外的社区图书馆发展起步早,发展速度快,在立馆目的、隶属关系、管理模式、服务内容、服务对象、人员配备等方面都与我国存在着较大的差异。这种差异有些是政治体制和经济体制上的不同而导致的,有些则是图书馆制度发展方向侧重不同的结果。因此,将我国图书馆与国外社区图书馆发展的差异进行比较分析,有利于我国图书馆找准自身定位,找出自身不足之处,明晰我国图书馆发展的方向。

4.5　对我国图书馆发展的启示

前文分析了国外社区图书馆立法的发展与我国立法的发展现状、国外社区图书馆发展的模式,为分析我国与国外社区图书馆之间的差异提供了材料支撑。接着,在比较分析了我国与国外社区图书馆之间存在的显著差异的基础上,吸收国外社区图书馆发展的精华,可以给我国图书馆的发展带来一些启示。我国图书馆的发展也可以从图书馆立法制度、发展模式两个层面加以改进。

4.5.1　图书馆立法层面

国外社区图书馆发展起步早,也很早就开始注重图书馆的立法建设。因此,国外的图书馆立法目前已经比较全面和完善。因此我国在进行图书馆立法建设中,可以参考和借鉴国外社区图书馆立法建设的一些经验。

(1)注重全民阅读权益的保障

图书馆的服务对象应该是社会全体公众,因此图书馆的立法应该要保障社会全体公众的阅读文化权益。首先是要保障全体人民,尤其是对于社会弱势群体、社会特殊群体的阅读文化权益保护。上文中提及的国际图联(IFLA)在其图书馆宣言中明确规定,公共图书馆的使用范围应该涉及每一个自然人,不应该根据外在的差异条件设置图书馆使用的准入门槛,例如语言、宗教、种族等。IFLA还为社会上的无行为能力人和行动受限者设立了专门的服务指南,这即对弱势群体以及特殊群体权益的保护。美国的图书馆中规定了在对图书馆进行拨款时,必须要有专项的资金用于残疾人、老年人等弱势群体的基础设施建设与服务保障。在《加州图书馆法》中,对于残疾人、老年人等弱势群体的服务更是具体。直接规定了针对盲人等行动不便的弱势群体,图书馆的工作人员应当给予的帮助,例如协助复印文献资料、提供音频资源等。此外,加州的图书馆法中还明确规定了图书馆委员会的构成必须包含三个非图书馆行业内的代表人物:行动不便者、英文差的人以及贫穷人士。这三个代表人物其实代表了三类群体。《加州图书馆法》的这些明文规定实际上是对弱势群体文化阅读权益的法律保障。英国的图书馆相关法律也具体规定了图书馆的硬件设施应该满足残疾人等弱势群体的需求。其次要使得全体人民获得该有的信息服务,而非仅局限于科学文化知识的提供。因此图书馆法的设立应该保障图书馆服务内容朝着信息服务发展,让全体人民享受到图书馆提供的全面化服务。

(2)注重立法内容的完善

国外社区图书馆的立法内容十分全面,不仅对于图书馆提供的服务做出立法规定,还对图书馆的资金资助、图书馆员从业资格等方面做出了相关规定。在图书馆提供的服务方面,美国的《国会图书馆法》规定了国会图书馆的功能,除了一般服务功能外,还涉及国家法律索引和摘要、为国会研究服务、修改和注释美国宪法、撰写参议院的口述历史等特殊职能。在对图书馆的资金资助方面,加州的图书馆法中指出应该为开展信息资源服务的图书馆或者其他图书馆组织提供资金补偿。在图书馆员从业资格方面，美国《新泽西州图书馆法》规定，由公共财政支持的、服务对象超过1万人的公共图书馆，其馆员必须具有职业馆员资格证且获得受州教育委员会认可的图书情报学的硕士学位，在公立学校工作的媒体专家（包括图书馆工作人员）必须同时具备以下条件：具有受认可学院的硕士学位、有新泽西州教师认证或助理教育媒体专家认证、有一年的成功教学或担当辅助教育媒体专家的工作经验且必须学过相应的课程。在美国和英国的图书馆法中都规定了对破坏图书馆财产安全的处罚措施。由此可见，国外社区图书馆法保障的内容比较全面。但是图书馆立法内容不仅要全面，更要具备较强的具体性，也就是说图书馆法要保证其可操作性。缺乏可操作性的图书馆法只能停留在制定层面，而无法实施。澳大利亚的图书馆法中直接规定了读者的资格条件、读者的权利、读者可获得的服务等。这种规定很具体，在实践中操作起来就有固定的标准，确保了全体用户读者之间的公平性。而我国的图书馆立法在规定的具体性方面还不足。例如各市的图书馆都表示要为残疾人等弱势群体提供服务，但是对于提供什么服务、没有提供服务所承担的后果却没有具体指出。因此缺乏可操作性的图书馆立法，同样也缺乏强制性，标准的不统一会影响平等性与公平性。因此我国在图书馆立法内容方面，应该借鉴国外图书馆法具体且可操作性强的特点，从这方面来改善我国的图书馆立法，确保图书馆立法目的的实现。

（3）注重以法律手段保障图书馆间的合作

图书馆间的合作，就是各图书馆间开展的合作伙伴关系。其主要合作形式有馆际互借和联合数字咨询服务两种。图书馆立法应该对图书馆间的合作关系给予保障。美国加利福尼亚州的图书馆法律就规定州应该承担社区图书馆之间实现馆际互借的经费支出，而且还规定了州图书馆必须参与馆际互借，管理州内有关图书馆馆际互借的合同与提供技术支撑等。英国的图书馆法中规定,各图书馆间的合作要设立相关委员会,并同时规定了委员会的构成条件等。澳大利亚的图书馆法中对各合作的图书馆的资格做出规定,加入图书馆联盟的图书馆不能以获取物质利益为合作的出发点。若想成为图书馆联盟的一员,必须有明确的服务目标、确定的服务时间和组织有序的信息资源,并且要为地区图书馆联盟的服务和计划做出贡献。可以看出,国外社区图书馆的发展注重在法律层面保障图书馆之间的合作关系。而我国的资源共享工程正是因为缺乏法律层面的保障,所以导致鲜有图书馆的支持。有的资源共享工程搞到半程由于缺乏资金、人力等的持续投入而成为摆设。因此对于图书馆的合作,应该像国外图书馆立法一样在法律层面给予保障。我国的图书馆资源共享工程应该在法律层面直接规定其运行机制、主管部门、经费输出等。

(4)注重用户参与决策和效果评估

国外社区在图书馆的发展中注重用户的决策参与权。图书馆用户参与决策能够使得决策更加科学化与民主化、推进决策争取更多的支持,从而有利于决策的实施。《新泽西州图书馆法》中规定了郡县图书馆委员会的组成必须包含三分之二人数比例的非业内人士。加州的图书馆法中也规定了图书管理委员在决策之前,必须召开公众听证会,且听证会的主题必须提前公布让公众知悉。只有通过听证会的决策才能够实施。

国外社区在图书馆的发展中除了注重用户的决策参与权,还十分注重评估机制的建立。评估机制的建立有利于及时查出决策运行所存在的问题,从而尽早提出相应的解决方案。国外图书馆的评估机制侧重对于资金使用效果的评估,避免资金的不合理使用,以使资金的使用发挥更大的效益。例如美国的《博物馆和图书馆服务法》规定了图书馆必须对各项所资助项目建立评估机制,在项目的申请直到项目完成的整个过程中,都必须有相对应阶段的评估报告。博物馆和图书馆协会有权力奖励一些在图书馆建设中做出突出贡献的图书馆,但这些奖励的实施也必须提供有关受奖励图书馆贡献率的报告。

（5）注重保护读者隐私

国外的图书馆法明确规定了要保护图书馆用户的隐私权。隐私权是图书馆用户的人身权,应该在任何领域都给予保护。在美国的州图书馆法中规定了任何图书馆都不得将本馆用户个人信息和借阅信息泄露给任何人,包括了政府部门及其工作人员等,但有特殊规定的除外。美国的图书馆法中还具体规定了对于泄露读者隐私的相关惩罚措施。我国的图书馆法虽然也规定了要保护读者隐私,但是仅局限于个人信息方面,对于图书馆用户的借阅信息和检索记录并没有做出相关规定。图书馆用户的借阅信息和检索记录,也应当属于其隐私的一部分,也应当在法律层面给予保护。

综上所述,国外社区图书馆的飞速发展是以完善的法律制度作为支撑的。国外的图书馆建设注重全民阅读权益的保护、注重立法内容的完善、注重以法律形式保障图书馆之间的合作与联盟、注重用户参与决策和效果评估、注重对于用户隐私权的保护等五大方面。由此可见,国外社区图书馆的法制建设已经比较成熟和完善,我国的社区图书馆在发展的过程中可以参考国外社区图书馆法制建设的理论和实践经验,助力图书馆事业的发展与公众阅读文化权益的保障。

4.5.2　图书馆发展模式层面

国外社区图书馆的发展模式主要采取了成熟有序的管理模式、个性且全面的服务模式、创新性的技术模式、开放式的合作共建模式。在这四种发展模式的共同作用下,国外社区图书馆发展迅速，也取得了有效成果。因此，在符合我国国情、社会经济发展的条件下，也可以从管理模式、服务模式、技术模式和合作共建模式等四个方面加以借鉴。

（1）管理模式方面

国外社区图书馆在管理上的显著特征就是采用了"总分馆制"的管理模式。在总分馆制的管理模式下，可以对分布广泛但分散的众多社区图书馆进行高效管理。市公共图书馆对各社区图书馆起领导和协调作用，这在根本上保障了图书馆资源的统一管理与分配，有利于实现资源共享，从而实现对图书馆资源的最大化利用。以前我国的各图书馆之间几乎都是相互独立的系统，彼此之间缺乏信息交流与文献传递。现在虽然部分高校之间意识到了图书馆之间合作的必要性，也在开展一些图书馆联盟活动。但是这些图书馆联盟的地域辐射范围小，往往只局限于某个社区。因此，受国外社区图书馆管理模式的启发，我国图书馆的管理模式可以从以下两个方面加以改进。

其一，社区图书馆的建立与管理。我国目前的社区图书馆只在部分发达的沿海城市得以建立，并未普及到全国。社区图书馆是方便居民接受文化服务的场所，因此应该大力予以推进。现阶段我国已有的社区图书馆并不具备独立性，而是依靠社区组织进行管理，简言之就是图书馆对社区负责。社区图书馆的馆员一般由所在社区的负责人或者干部进行兼任，由此带来的结果必然是社区图书馆功能的异化。因此在社区图书馆的管理上可以借鉴国外社区图书馆"总分馆制"的管理模式。社区图书馆虽然建立于社区，但其应该是一个独立的组织。图书馆之间应该是一种层级互助模式。省公共图书馆管辖市公共图书馆，市公共图书馆管辖县公共图书馆，县公共图书馆管辖镇公共图书馆，镇公共图书馆管辖乡村图书馆。只有这种层级关系才能实现各图书馆资源的统筹与分配，实现资源的流通与共享。另外在图书馆组织机构的设定上,图书馆馆长应该是具备图书馆知识的专业性人才,而不应该是社区领导或者干部,这样才能保障图书馆发展的针对性与有效性。此外,图书馆馆长的职责也应该从具体的图书馆工作中抽离出来,由副馆长或者行政总秘书来管理具体的图书馆工作,而图书馆馆长主要负责与外围图书馆的接洽与合作。

其二,社区图书馆人员的管理。人员的管理主要包括了招聘与培训。一方面,在图书馆工作人员的招聘层面。随着计算机技术和互联网技术在图书馆发展中的应用程度不断加深,图书馆的馆员都应具备基本的计算机水平。此外,还得根据图书馆的专业性质(例如医学类、法律类等)、图书馆内图书的专业性类别专门招聘专业性人才。图书馆岗位的设定要以图书馆提供的服务为依据,做到因事设岗,因需设岗。另一方面,在图书馆工作人员的培训方面。要时常通过培训提升图书馆馆员的综合素质以适应新时期图书馆发展的需要。图书馆工作人员的培训应该具备专业性与针对性,不能搞“大锅饭”式的培训方式,否则容易造成图书馆人力资源与时间的极大浪费。

(2)服务模式方面

国外社区图书馆在提供图书馆服务时注重对于用户需求的满足。这种需求满足主要体现在服务的内容和服务的人群两个方面。在服务的内容上,国外社区图书馆打破了单纯提供文献信息服务的常规服务内容,将服务范围拓展到信息服务领域。为社区居民用户提供电话查询、缴税咨询、就业信息、作业辅导等全面的信息服务。社区图书馆成为社区信息的集散中心。在服务的人群上,国外社区图书馆秉持着“人人平等”的服务观念,充分考虑社区内行动不便人群以及小孩、老人等特殊人群。在社区图书馆内部设立不同的阅读专区,并配备合理化的硬件设施,由此体现了国外社区图书馆在服务内容方面的全面性与针对性。同样,我国的图书馆实践中,图书馆的服务模式也可以做出相应的改进。

全面化的服务模式。目前我国的图书馆主要是为成年人服务的,因此忽视了婴幼儿、青少年以及老年人对于图书馆的使用需求。社区图书馆应该向所有居民开放,取消年龄等门槛的设定。在图书馆的文献收藏上,应该丰富与平衡各个年龄阶段、各个专业方面之间的文献资源。所收藏的信息资源,包括文献信息资源在满足基本需求的基础上,还要注重丰富信息资料的表现形式。例如,幼儿喜爱声色俱茂的信息接收方式,图书馆提供的信息资源形式就可以是电子式的、光盘式的。此外,除了向社区居民提供基本的文献服务外,还可以借鉴国外社区图书馆发展的经验,将社区图书馆的服务范围拓展到社区信息服务领域。例如电话咨询、就业信息发布、作业指导、老年人养生等方面的信息提供服务。

个性化的服务模式。一方面要根据社区人员的组成等提供有针对性的服务。例如社区内如果外国人员较多,社区图书馆的设置就必须要采用中英文标识。在馆藏文献范围上,可以多收录些不同语种的书籍以吸引国外读者。另一方面要根据社区人员的特殊需求提供个性化的服务。图书馆特殊用户包括了婴幼儿、青少年、老人、残疾人、病人等。因此在图书馆的服务提供上,必须考虑这几类人员的特殊需求。对于婴幼儿用户可以将其阅读区域布置得色彩鲜艳,充满童趣。对于青少年则避免把一些武侠小说、言情小说放置到阅读区域。青少年正处于学习科学文化知识阶段,阅读区域的书籍摆放应该以学科辅导书等为主。对于行动不便的残疾人、病人应提供书籍寄送到家服务,在馆内卫生间等硬件设施上应考虑到残疾人的使用,方便残疾人在图书馆自由出入等。

(3)技术模式方面

现代图书馆区别于传统图书馆的关键之处在于引进先进的

互联网技术、计算机技术和使用先进的技术设备。处于网络时代的图书馆也必须紧随时代发展的步伐,将先进技术和设备用于图书馆的建设与发展。在国外社区图书馆的发展中,先进技术和设备是推动图书馆发展的重要力量,甚至在很大程度上引领着图书馆的发展方向。国外社区图书馆将技术革命深深地嵌入到图书馆的发展中,不断根据时代发展要求,更新技术设备和技术手段,更好地服务于图书馆用户。我国虽然也意识到了创新性技术对于图书馆发展的重要作用,也引入了技术力量参与图书馆建设,但是在总体上还是做得不够。因此可以从国外社区的发展经验中得到一些启发,发挥先进技术在我国图书馆建设中的关键性作用。

其一,技术设备方面。国外的社区图书馆采用的一站式自助借还书系统也可以在我国普遍实行。但由于图书馆间的相互独立性和封闭性,导致了借还书系统只能在本馆内部实施,严重阻碍了借还书系统的普遍运用。而我国图书馆之间的层级制关系则是扩大一站式自助借还书系统运用范围的基本前提。因此,在还未建立图书馆之间层级制关系的区域内实施一站式自助借还书系统只会极大地增加图书馆的成本,造成资源的极大浪费。此外,在图书馆内部应该设置电子检索工具(如笔记本电脑)和自助打印机等技术设备,方便图书馆使用用户检索、下载信息和打印信息等。

其二,技术手段方面。小型的社区图书馆的资源在很多时候无法满足社区居民多样化的需求,通过技术手段实现的馆际互借、文献传递服务可以解决小型社区图书馆资源不足的弊端。馆际互借和文献传递服务都是我国开展的信息资源共享工程的形式。此外,技术手段还可以运用于图书馆信息资源的检索与整理,是使图书馆资源得以充分利用的重要手段。纸质版图书易遗失与耗损,通过技术手段可以将纸质版图书转化为电子版,方便居民用户的获取和使用。因此我国的社区图书馆建设应大力引进和开发必要的技术为实现信息资源的共享创造条件。

（4）合作共建模式方面

国外社区图书馆在建设的过程中采取的是一种开放式的合作共建模式。这种开放式的合作共建模式可以帮助社区图书馆争取更多的社会资源用于图书馆建设。例如美国钢铁大王卡内基对图书馆建设的资金支持，使美国增加了 1000 多座图书馆。合作共建模式除了接收资金、实物等物力支持，还接收人力支持。美国社区图书馆就经常开展志愿者服务，得到了社区居民的支持与参与。因此，合作共建模式能够在一定程度上降低图书馆的建设成本，争取社会各界力量的支持。我国的社区图书馆发展也可以参考国外社区图书馆发展的这个经验，在图书馆的发展中积极引入社会力量共建图书馆。一方面要成立图书馆基金会。图书馆基金会可以成为社会各界向图书馆捐赠资金的重要途径，争取到更多的社会力量参与图书馆建设。另一方面要积极开展志愿者服务计划。社区图书馆可以和社区学校之间进行合作，吸引更多的志愿者加入图书馆服务。社区学校可以将图书馆志愿服务列为学校学生参与社会实践的课程之一，发动学生力量建设图书馆、爱护图书馆。

4.6 小 结

随着我国经济社会的飞速发展、政治体制的不断完善，人民公共文化意识和主人翁意识的增加，人民对于获取科学文化知识和社区信息服务的需求也在不断增加。目前我国图书馆的发展难以满足人民日益增长的信息服务需求，因此需对图书馆的发展进行改革创新。社区图书馆的出现就是解决图书馆发展瓶颈的最佳方式。然而我国社区图书馆的发展起步晚，采用的制度路径和模式还不完善。因此,有必要分析国外社区图书馆在发展的过程中所运用的制度路径和模式,吸取国外社区图书馆发展中完善的理论和实践经验,才能更快地找到适合我国国情的社区图书馆发展的路径与模式。

国外社区图书馆在发展的过程中将图书馆的法制建设作为发展的制度路径。因此,各国高度重视图书馆的立法工作,为图书馆的发展提供了全面的法律保障。国外社区图书馆的立法目的明确,就是保障全体人民的阅读文化权益。在其社区图书馆立法中,存在着一些显著特征。其一是注重对于弱势群体的特殊性保护。有关弱势群体保护的法律内容考虑得十分周到,规定了很多强制性保护弱势群体的措施。其二是注重立法内容的完善。法律对社区图书馆的规定内容,涵盖的范围比较全面,涉及图书馆提供的服务、图书馆馆员的资格认证、图书馆安全等方面。除了内容比较全面外,内容的规定也十分具体,可操作性强。其三是注重以法律制度保障图书馆间的合作。从社区图书馆的参与合作的资格到参与目的、资金来源都予以规定。其四是注重用户参与决策与效果评估。为用户参与决策开展相关听证会以及对各项基金使用项目进行评估的行为,进一步提高了决策的科学性以及基金使用的高效性。其五是注重公民隐私权的保护,对于用户读者信息的保护不应该只停留在个人信息层面,而且要包含个人借阅记录、检索记录等。

国外社区图书馆的发展以管理模式、服务模式、技术模式、合作共建模式作为其发展的模式选择。在管理模式方面,国外社区图书馆运用的"总分馆制"模式已经趋于成熟与完善。总分馆制模式是有效管理数量众多、分布广泛的社区图书馆的最佳模式,有利于从管理层面保障图书馆之间的合作与资源共享。在服务模式方面,国外社区图书馆提供的服务全面化,重视弱势群体的阅读文化权益的保护。在保障全面化服务的基础上,社区图书馆还根据不同群体的特征有针对性地提供个性化服务。在技术模式方面,社区图书馆积极引入先进的技术设备和技术手段用于开展图书馆服务工作。在合作共建模式方面,社区图书馆对外部社会力量的参与持开放和积极主动的态度。

国外社区图书馆发展的理论和实践经验是我国社区图书馆建设的宝贵资源,但并不意味着我们可以照搬照抄国外的发展模式。在研究国外社区图书馆发展趋势的基础上,明晰我国图书馆与外国图书馆之间存在的诸多差异性,有取舍地借鉴国外的发展经验才是我国社区图书馆发展的正确之道。国外社区图书馆的发展主要呈现出群体化的趋势,包括了图书馆的群体化、用户的群体化、服务内容的群体化、资源组织的群体化,通过分析这些群体化,可以看出群体化的背后实际是图书馆资源共享的趋势。在群体化的趋势下,国外社区图书馆发展的制度路径和模式选择可以为我国社区图书馆的发展带来一些启示。

我国社区图书馆的发展,也可以从法制层面和发展模式层面加以推进。在图书馆立法方面,可以借鉴国外社区图书馆法中的特色之处。从注重全体人民阅读文化权益的保护、注重服务内容的完善、注重对图书馆合作的法律保障、注重用户参与决策和效果评估、注重用户隐私权的保护等方面加以改进。在图书馆的发展模式上,可以借鉴成熟有序的管理制度、个性且全面的服务模式、创新性的技术模式以及开放式的合作共建模式等方面共同加以完善。这四种模式都是图书馆的发展所必不可少的,离开了任何一种模式的支撑作用,图书馆的发展都会停滞不前,甚至走向衰落。在参考国外社区图书馆建设经验的同时,必须以我国的经济、政治以及文化的发展实情为基点,才能构建和发展有中国特色的图书馆事业。

第 5 章
他山之石：国外社区图书馆发展案例分析

5.1　引　言

　　社区图书馆是基层图书馆的重要组成部分,社区图书馆以贴近民众生活的社区为辐射范围,通过为民众提供基础的图书馆服务吸纳大众融入其中。社区图书馆不只是传播知识的文化空间,更是公民共享资源的场所。共享理念的盛行为图书馆资源的共享提出了新的发展要求,图书馆的利用率、图书的流通率等都成为各国发展图书馆事业必须思考的问题。互联网的出现,使人们对图书馆的存在价值产生了怀疑。但是 Elsevier 资助的对图书馆投资回报的研究表明,图书馆可以创造更大的生产力,而这个生产力可以提高生产效率,进而推动经济的发展。互联网带来挑战的同时,给图书馆的发展带来了新的机遇,越来越多的图书馆开始走向数字化、电子化甚至智能化。我国图书馆事业发展迅速,但是也存在诸如利用率低、辐射范围小、服务内容有限等问题,对国外图书馆发展状况进行研究,特别是对美国、英国、澳大利亚、新加坡、俄罗斯等国相对成熟的图书馆模式进行研究,了解国外优秀的图书馆管理经验,克服自身发展过程中的短板,才能更好地发展中国特色社会主义图书馆事业。

5.2 国外社区图书馆发展案例

5.2.1 美国社区图书馆

(1)美国社区图书馆发展概况

本杰明·富兰克林是一名印刷工人,更是美国公共图书馆的理论奠基人。他建立的费城图书馆协会以协会会员为主体开展图书馆服务工作,并在此基础上建立了美国第一个图书馆。费城图书馆协会的资金来源于协会会员,虽然它提供的图书馆服务不是免费的,但是它的成立打破了读书只能是上层社会拥有的奢侈品形象,推动了美国公共教育的发展。1848年美国波士顿公共图书馆的建成打破了会员收费制的图书馆管理模式,图书馆开始面向公众免费开放,出现了真正意义上的公共图书馆,从此美国公共图书馆开始朝着免费、开放的方向发展。之后又由美国政府出资建立了东波士顿图书分馆,发现了图书馆的服务半径与图书馆利用率之间的相关关系,为后来美国公共图书馆的建立并发展完善提供了理论基础。1876年随着杜威图书分类法的诞生以及专业的图书馆杂志的创办,美国图书馆发展进入鼎盛时期,这个时期的图书馆无论是建筑规模、服务质量还是图书馆数量,都比先前有了大幅度提升。到20世纪80年代,民间资本开始进入图书馆市场,特别是卡内基对美国图书馆书籍、建设资金的支持,使美国图书馆建设进入迅速发展时期,图书馆在总量上的增长,提高了图书馆在空间范围上的覆盖程度,图书馆开始在社区出现,为社区居民提供图书馆服务。现在,美国已经建设了近12万个图书馆,遍及美国的各个社区。在美国,人口在10万以下的小城被称为社区,在每个社区,都有非常完善的图书馆和文化服务设施,图书馆的覆盖率和使用率也很高,社区图书馆成为人们日常生活的重要组成部分。1876 年成立的美国图书馆协会负责图书馆的馆藏、人员、标准规范、馆际交流等管理工作,是推动美国图书馆发展的组织机构,是联结社区图书馆,促进社区图书馆发展的重要机构。

美国的图书馆实行总分馆制,总馆主要发挥宏观指导作用,对各分馆的工作进行统一管理,处于决定地位。总馆下设的各个分馆相当于总馆的派出机构,具有附属性质,主要发挥执行作用,执行总馆开发的各项特色服务。各分馆的建立都是总馆综合当地的人口状况、需求、距离以及经济等因素决定的。美国公共图书馆每年都会对本地区人口的年龄、收入等基本情况进行调查,分析地区居民的偏好,以便能够提供更加对口的服务。图书馆的董事会负责图书馆的管理与监督工作,以此来保证图书馆的健康运行。按照分馆的规模和运营方式的不同,将分馆分为负责联络总馆与各分馆的地区分馆、与社区关系密切的社区分馆、提供流通服务的次分馆、非正式图书馆的寄存站、补充社区图书馆的阅览中心以及以移动汽车为载体的移动图书馆。其中的社区分馆是最标准的图书馆分馆,几乎拥有总馆包含的全部功能,是美国最常见的分馆形式。总分馆制的发展模式促进了美国图书馆的迅速发展,总馆可以通过增加社区图书馆的数量,扩大图书馆的辐射半径,有效提升图书馆的影响力。分馆相当于总馆的派出机构,通过图书馆之间资源的共享,利用总馆的资源优势和管理优势,延伸总馆的辐射范围,提高图书馆的影响力,为社区居民服务。

(2)美国社区图书馆发展案例

①爱达社区图书馆。爱达县约有 4 万人口,拥有 3 个社区图书馆,都是以本地居民投票方式建立的,并在 1989 年—2000 年期间分别完成对外开放。3 个社区图书馆得以顺利运营至今,政府的财政支持发挥了重要的支撑作用。1989 年建设完成并投入使

用的爱达社区图书馆是爱达县图书馆的主馆,它坐落在两条主要公路的交叉路口,便利的交通条件,大大提高了爱达社区图书馆的利用效率,图书馆藏也从开馆初期的1万多册增长到2007年的14万册。

爱达社区图书馆实现了民众对功能诉求与心理诉求的统一,馆内设计特别人性化。馆内图书全部为读者开放,阅读座席设置充足,书架与阅读座席排列合理,人们往往可以就近而坐,大大方便了读者阅读。馆内设置了新书上架区,特别的六边形展架让进馆的民众能够从各个角度看到新书架上陈列的图书。馆藏图书的选择充分考虑了本地居民的阅读偏好,文教类图书占馆藏图书的绝大比重,在保证满足民众需求的基础上,提高了图书馆的利用效率。

爱达社区图书馆在追求人性化的同时,也特别注重规范化。馆藏在架图书的排序严格按照杜威法排序,这不仅使图书馆工作人员的管理、咨询工作变得高效,也大大缩减了人们搜索、查询的时间,提高了图书馆整体的管理水平。图书馆管理人员具备图书馆管理的基本素质,能够熟练掌握馆藏图书的分类排序标准,自觉遵守图书馆的管理条例并能够提供专业化的咨询。图书馆的高管理水平,离不开规章制度的保障,特别是关于图书的借阅制度的规定,通过对读者的借阅行为进行规范,保证图书的完整性和流通率。

爱达社区图书馆馆藏不限于纸质图书,满足民众的多样化需求是图书馆追求的目标。随着信息技术特别是互联网的发展,人们对声像、影像等电子资源的需求越来越高,爱达社区图书馆在保证满足公众对纸质图书、资料需求的基础上,不断增加影像、声像等视听资料,改变了以往单一的馆藏内容和服务方式。视听资料使信息的传播更加生动、直接,能够吸引更多的民众,丰富了民众的阅览方式,满足了人们对不同知识的需求。

图书馆服务以民众为中心开展,便民利民。为了方便居民进馆阅读,居民不需要出示证件就可以进馆阅读,并且凭借身份证明类文件即可借阅图书。图书管理员热情周到,以满足读者的需求为目标,为民众提供服务。同时,除开设借阅服务外,还开展诸如培训、讲座、教育辅导、阅读讨论等丰富的文化活动,接收学生义工、为民众提供纳税税表等实践活动,开放特定会议室来满足民众的特定需求。爱达社区图书馆还特地在负一楼为儿童设立了服务部,以儿童喜爱的风格进行装修,其中包含艺术区、启智区、阅读区以及家庭区等。孩子们可以根据自己的兴趣选择绘画、剪纸、讲故事、家庭亲子互动等项目,不仅可以增长知识还可以通过亲子互动培养亲子之间的感情,让孩子健康快乐地成长。在爱达社区图书馆,服务的年龄层次涉及孩童也涉及中年、老年,提供的服务种类有基础服务也有延伸服务,以人为本的服务理念让进馆者络绎不绝。

服务手段现代化。美国先进的技术水平直接影响到图书馆的现代化和自动化程度。爱达社区图书馆很早就用机读目录取代了传统的卡片目录,并且积极利用互联网的优势,与其他图书馆联合在一起提供服务,实现信息与资源共享。图书馆为民众提供查询、检索、免费上网的电脑,并设有自动借阅机,减少了人力支出的同时提高了民众的借阅效率和图书馆的现代化管理水平。

注重图书的利用效率而不是外在价值。图书馆装修得是否豪华、馆藏是否珍贵、馆藏量是否够大都不是美国图书馆追求的目标,图书馆提供的信息资源的利用程度以及服务质量是美国图书馆重点关注的指标。也就是说,相对于静态的书而言,爱达社区图书馆更加注重流动的书的价值。在这样的宗旨之下,图书馆的借阅量与刚建立之初相比,10 年之间翻了一番,并且现在仍以较高的速度激增。这一宗旨也恰恰印证了它以人为本的服务理念,使图书馆的价值真正彰显出来。

②Elkins Park 图书馆。该图书馆是美国 Cheltenham 最典型的一个社区图书馆。Elkins Park 图书馆在起初建立的时候是在一个捐赠的民居里,里面的藏书也多以捐赠的形式获得,到现在,图书馆不仅有儿童、青少年、中老年活动区,还设置了残障人士专区。Cheltenham 的居民大多都是中上层的富裕家庭,居民生活水平较高,但是 Elkins Park 图书馆规模不大,建筑设计很普通,也没有富丽堂皇的装修,却完全可以满足当地居民的需求,把图书馆的功能全部发挥出来。

跟美国大多数图书馆一样,Elkins Park 图书馆不只对社区居民开放,也对外来人员开放,为了保证管理的规范性,有证明身份的文件就可以办理借阅证,同时享有图书馆提供的其他服务。Elkins Park 图书馆的最大特色就是特地为家庭与孩子准备的各项活动,很好地延伸了学校的功能。各类主题活动是根据主体的特性与偏好设计的,讲故事、魔术表演、话剧表演等等。图书馆的儿童区不仅成为孩子们健康成长的乐园,也成为很多家长分享育儿经验、互相学习、沟通交流的地方。

跟其他图书馆不同,Elkins Park 图书馆的书架并不是统一的高度、统一的颜色和尺寸,青少年读物的书架设计充分考虑到了青少年的身体需求和生理需求,在颜色、材质、高度、风格上都体现出了明显的青少年倾向。除了书架的独特设计之外,图书馆还为青少年准备了特定的网上阅读区,网上阅读需要的电脑及其配件的主题风格也都依照青少年的偏好和规格设定,在吸引青少年阅读的同时保证了阅读的可行性。

如果说 Elkins Park 图书馆特定的环境布置能够吸引居民前来读书,那么图书馆里的工作人员就是居民持续性读书的保障。功能齐全的 Elkins Park 图书馆的专职工作人员只有 13 个,维持整个图书馆的管理工作显得捉襟见肘,图书馆志愿者的作用就凸显出来。志愿者与图书馆的专职工作人员一样,能够为读者提供热情周到的服务，与其他社区图书馆不同的是，Elkins Park 图书馆志愿者中，老年志愿者占绝大比重。他们不只做着整理、检查图书等基本工作，还帮助图书馆出售部分过期书籍，以此获得资金补充图书馆的日常经费，减轻图书馆的资金压力。考虑到进馆人员特别是家长与儿童的需求，老年志愿者还利用图书出售获得的部分资金开设了一家集读书与休闲于一体的咖啡店，咖啡店的运营不仅满足了读者的需求，还为图书馆提供了源源不断的资金支持。

Elkins Park 图书馆是非营利组织，它的资金除了政府的财政拨付外，当地居民的捐赠、出售旧书、咖啡馆经营收入占了图书馆资金收入的大部分，Elkins Park 图书馆把募集的资金用于图书馆的硬件建设和图书更新。图书馆获得的资金重新用于图书馆的自身建设，完善图书馆的功能，取之于民，用之于民。

Elkins Park 图书馆的管理模式在美国的各个社区几乎都能看到，并且各有各的特色，形成了许多可供我们学习借鉴的图书馆理论与实践。但是，形形色色的社区图书馆都有一个共同点，在发挥图书馆主体功能的基础上，因地制宜地挖掘图书馆的潜在功能，以便让图书馆更好地服务于当地居民，创造更大的价值。

③雪莉社区图书馆。雪莉社区拥有的人口数不到 3 万，它依靠图书馆的优势提供专业化的服务并被多家媒体、杂志、报纸报道，成为美国社区图书馆的典范。雪莉社区图书馆除了提供日常借阅、网络查询、打印复印功能以外，还提供一些便民利民的服务。主要包含以下几个方面：

免费的纳税咨询。居民可以通过咨询图书馆相关人员，了解纳税申报过程中需要注意的问题、申报表的填写以及后期报送问题，这一服务减少了居民纳税申报过程中不必要的成本付出，提高了纳税申报的效率。同时，图书馆的这一服务有利于分担政府部门的工作压力，提高行政效率。

免费的职业指导。求职人员可以通过参加图书馆的讲座,或者向图书馆的专业人士咨询,免费获得简历制作与优化、职业规划、面试技巧、职业匹配等方面的指导,而不用选择收费昂贵的培训班,大大提高了居民对图书馆的满意度。

免费寄送到家服务。这项服务充分体现了雪莉社区图书馆对弱势群体的人性关怀。某些弱势群体因为身体原因不方便亲自借阅图书,图书馆就将他们订阅好的图书以寄送的方式,投递到他们家里,方便他们阅读。

学生辅导。图书馆提供的辅导课程分为有偿和无偿两类,其中涉及学生学前到大学的诸如科学、数学等科目的作业帮助是无偿的。家教服务是为了提升学生的成绩,在学生自愿的前提下,图书馆与学区合作开展的有偿服务。

救济服务。与免费寄送到家服务类似,两者都体现了雪莉社区图书馆的救济精神。它的救济服务范围和内容更广,可以帮助贫困者申请社会补助和保险,也可以针对家庭关系进行救济。

现在,雪莉社区图书馆已经发展成为该社区的信息文化中心,在它的图书馆官网上,几乎融合了社区内的所有信息,包括天气、新闻、当地生活等。随着智能移动终端的普及,雪莉社区图书馆适应形势推出了自己的 App,当地居民只要进入图书馆官网就能查阅到与生活相关的基本信息,真正成为当地社区的信息集合站。

(3)美国社区图书馆特点

①社区图书馆数量多、分布合理且馆藏丰富。当地的经济发展水平不是美国社区图书馆设立的主要依据,一个地区的人口数量和图书馆的地域覆盖率是美国社区图书馆的首要考量因素。关于图书馆的各项管理规定还被写入法律,得到了国会与人民的肯定。基于此,在美国平均两万人左右就会设立一个图书馆,平均五千米就有一个图书馆。为了吸引更多的人前来阅读,图书馆

往往设立在交通便利的位置。图书馆与图书馆之间也很近，人们可以根据自己的需要选择就近的图书馆享受服务。在社区分馆办理的借书证适用于总馆下设的所有社区图书馆和总馆，通用的借书证方便居民借阅。

在美国，有诸多志愿者致力于图书馆事业，他们不只在图书馆提供服务，还会给图书馆捐赠图书，志愿者捐赠的图书是图书馆书库的重要补充书源。馆藏总量不是一个静态的数据，在确保藏书数量与质量的前提下，图书馆会严格按照剔旧率，依据现有的条件对馆藏图书进行剔旧与更新。通过剔旧，不仅可以为"需要的书"腾出空间，还可以通过变卖旧书获取资金，用于图书馆的建设。通过更新，及时满足人们对新知识的需求，保证馆藏资源的先进性与时代性。

②政策与理论的支持。政府拨付的资金是图书馆建设的物质保障，而政府对图书馆建设的政策支持特别是相关法律、法规的制定是美国图书馆繁荣发展的重要保障。由于美国特殊的政治体制，美国的图书馆法对图书馆管理发挥整体统筹作用，旨在提高图书馆的整体发展水平，缩小城乡发展差距，但并不涉及微观管理层面。州政府享有对州内图书馆管理的自主权，可以因地制宜地制定图书馆的发展方案。美国图书馆相关法律、标准是国家层面、州层面以及组织机构层面的结合，不同层面的制度规定确保了美国图书馆管理的合理性与科学性。

美国图书馆的发展与其自由平等的文化观念密切相关，在自由平等的价值追求之下，政府致力于让民众平等地享有读书、受教育的权利，借助图书馆的作用促进公共教育的发展。在美国政府看来，图书馆不仅是一个提供阅读的场所，更是一种重要的教育资源，而较高的图书馆覆盖率，特别是针对偏远地区设立的图书馆，不仅可以发展公共教育，还能优化教育资源的配置。

③以读者为中心，重视服务职能。美国社区图书馆的内部设

计十分人性化,在满足读者多种需求的同时提高图书馆的舒适性。阅览座席既有硬座也有软座,既有阅读区也有讨论区,方便读者针对不同需求进行选择。针对不同的年龄将书架、座椅、书桌、装修的主题风格等设置成了不同的类型,增加读者阅读的舒适性。图书馆设施十分完善,会议室、阅览室、音像室等里面的电脑和所需设备配备齐全。图书馆的专职工作人员和临时志愿者人员都具备图书馆管理的专业知识,岗前培训是图书馆志愿者上岗之前必须参加的培训课程。图书馆工作人员较高的素质让读者享受到了更优质的服务。图书馆特别重视特殊群体的需求,图书到家服务是针对弱势群体和身体不便的人提供的专业服务,在图书馆内部,还专门配备了供聋哑人员使用的设备,体现出了图书馆的人文关怀。

社区图书馆丰富的服务内容具有明显的文化特征。针对不同群体提供不同的特色内容,包括儿童区的艺术沙龙、故事沙龙、俱乐部,成人区的阅读沙龙、艺术展览等等,还有针对特殊节日比如圣诞节、万圣节、感恩节设计的活动,活动内容贴近民众的生活,丰富了民众的业余生活。图书馆的服务也不限于提供借阅服务和多彩的文化活动上,对居民进行纳税指导、帮助贫困者申请补助以及发布当地新闻、气象信息,真正让居民融入图书馆中,提高了民众对图书馆的认同度,让图书馆成为文化与信息的传播中心。

④开源节流,创新资金筹集渠道。美国的图书馆经费由政府统一拨付给总馆,再由总馆根据发展计划将资金在各个分馆之间进行分配。除此之外,美国社区图书馆还通过成立基金会的形式募集资金、图书和其他图书馆用品。很多社区图书馆工作人员的薪酬几乎不占政府财政拨付资金,而是通过自筹的形式发放。另外,美国社区图书馆有完善的志愿者招募计划,拥有相关专业知识、经过一定的培训后,在图书馆提供服务,这项志愿者服务活动

甚至被列为学生校外实践课，成为学生的必修学分。

为了提供更完善的服务，图书馆有自己独特的商业模式。通过创办图书馆商店，售卖文化产品以及手工艺制品，传播文化并获得资金；通过建立自营咖啡馆，让读者享受读书的乐趣并获得持续的资金来源；通过及时更新馆藏书库，售卖过期的书刊杂志获得部分资金等等。这些服务在完善图书馆功能的基础上，丰富了读者的阅读体验，并为图书馆的再建设积累了资金。

5.2.2　澳大利亚社区图书馆

（1）澳大利亚社区图书馆发展概况

由于历史因素的影响，澳大利亚的文化呈现多元性。在 19 世纪初期，澳大利亚的图书馆提供的服务非常有限，且不是免费获得借阅服务。1809 年马斯登神父在英国举行募捐，尝试在殖民地建立一所公众图书馆，由于众多原因，图书馆没有建成，但是为澳大利亚引进了一批书籍，逐渐开启了阅读的风气。之后越来越多的阅览室和图书馆在大中型城市出现，许多大学也开始配备图书馆，殖民地政府建立的图书馆大多为殖民者自身服务，并不具备现代意义上的图书馆功能。1932 年，卡内基公司调查发现，澳大利亚的多数图书馆建筑、访问限制、图书馆工作人员能力、服务内容以及馆藏方面都不能令人满意。直到 1939 年，随着免费图书馆运动的兴起以及新南威尔士州图书馆法的通过，现代意义上的公共图书馆才正式建立。

进入 21 世纪，澳大利亚发展出了多种类型的图书馆，开放时间、馆藏资源、服务内容以及现代化程度都得到极大改善，资源共享程度进一步加深。在每个社区几乎都有一个图书馆，社区图书馆在某一地区的出现频率与小卖部不相上下。社区图书馆在空间和规模上不占优势，但是馆内资源丰富，还有针对儿童阅读建立的图书馆。社区图书馆量上的优势让图书馆真正走进居民的生活中,并逐渐成为居民生活的一部分。

(2)澳大利亚 Brimbank 地区的社区图书馆

Brimbank 是维多利亚州的一个地区,Brimbank 地区现有 Deer Park、Keilor、St Albans、Sunshine、Sydenham 五所社区图书馆。所有图书馆免费向办理会员证的人员开放,16 岁以下的人需要有担保人授权给他们会员资格,担保人负责帮助借阅和使用包括计算机在内的图书馆设施。社区图书馆设有免费无线网络和公共电脑供入馆人员使用,图书馆内有英文和本社区语言的书籍和杂志,以及大量电子资源。与其他国家图书馆不同的是,澳大利亚 Brimbank 地区的社区图书馆在法定节假日不对外开放,并且在周日选择性开放。除了以上基本的功能以外,Brimbank 地区的社区图书馆还立足于社区自身发展,推出了全面、综合、丰富的其他服务项目,主要包括培训辅导和其他特色项目。

在培训辅导方面,主要有:①英语能力培训。基于越来越多的学生对英语学习的需求,图书馆设置了多项提升英语能力的活动,包括在线英语学习、英语对话、用英语讲故事、学唱英文歌等诸多形式,这种互动式、多样式的活动,为学生的英文听说水平的提高创造了良好的环境。②计算机操作培训。既包含对计算机入门知识和技能的培训,也包含深层次的、专业的电脑培训。对不同群体特别是老年人的培训,旨在让老年人掌握基本的电脑操作技能,方便老年人适应图书馆的电子系统,享受图书馆服务。③针对学生的服务。图书馆为这项课程辅导项目提供场地,并借助自身的图书、设备优势对学生们进行学习辅导,通过教育宣传吸引学生们去图书馆读书学习。校方也会积极响应图书馆的号召,经常带学生去图书馆参观或者参与某些文化活动。④就业规划培训。简历的制作与展示是就业规划培训中的重要内容,强调简历在新的技术环境下制作的技巧性,在专业工作人员的指导下,求职人员制作出更具实用价值的简历。

在特色服务项目方面,主要有:①培养阅读兴趣。社区图书馆的阅读活动主要有线上阅读和线下阅读两种,并且多以小组阅读的形式进行。图书馆还特别关注新兴作家的成长,邀请新兴作家参与座谈活动,并吸引图书馆会员参与其中,形成轻松互动的阅读风气。②双语互动活动。双语活动主要目的是让家长成为活动的主角,通过用双语讲故事的方式与孩子沟通交流,帮助家长和孩子提高英语水平。③立足于亲子交流的早教活动。在图书馆亲子互动区有专业的师范生负责给孩子们讲故事,和他们做游戏,并且积极引导家长参与到整个活动过程中,增强亲子间的亲密度,通过互相配合培养亲子之间的感情。除此之外,图书馆工作人员还会根据幼儿园的具体情况,定期去社区的各个幼儿园宣传图书馆的项目,为家长普及亲子互动的重要性。④其他主题活动。每年举行的主题活动都各有特色,读者通过对主题活动的参与,可以增加彼此之间的交流。通过举办各式各样的文化主题活动,向人们展示文化的内涵与魅力,为他们创造更多的社交机会。

(3)澳大利亚社区图书馆特点

①人性化的设置与服务。澳大利亚的社区图书馆提供免费外借服务,并且图书馆特别能体现出对残疾人士的关心,不论图书馆规模大小,普遍设有专用的轮椅通道以及防护设施。残疾人士一进馆就有专门的工作人员负责安排,根据需要,馆内为残疾人士设置了专业的视、听以及电脑设备,通过仪器的帮助让残疾人能够像正常人一样,看到、听到、找到自己需要的信息,丰富他们的精神生活。在澳大利亚,虽然没有针对儿童的图书馆,但是每个社区图书馆都配备儿童玩具和读物。儿童玩具与读物的借出需要缴纳一定的费用,费用很低而且一年只需交一次,保障了玩具与读物的流动性和利用率。

社区图书馆借阅证的办理十分简便。每个人的卡都是与自己的身份绑定的,里面包含借阅者的基本信息。在开卡的手续中,图书馆会象征意义地收取几澳元的开卡费,如果异地办理借阅证,费用会有十几澳元,但是针对老人和小孩会相对比较便宜。

澳大利亚特殊的移民环境,决定了语言的多样性。书籍是语言的物质载体,图书馆是书籍的流通站,图书馆书籍的语言构成成为澳大利亚社区图书馆的特色。除了英文图书,澳大利亚社区图书馆涵盖了亚洲、欧洲、美洲等诸多区域众多国家语言的图书,最大程度上保证了国民有书可读。为了鼓励科研与学术研究,调动相关领域工作人员的积极性,澳大利亚联邦政府给予一些科研工作人员、职业工作者诸如老师、医生、记者等一定额度的补贴,用于冲抵买书的费用。

②现代技术条件下的资源共享平台。澳大利亚科学技术先进,基于先进技术基础上的资源共享做得也十分到位。网络的基础设施建设是澳大利亚政府的重点关注领域,以此来发展信息资源共享,惠及全民。社区图书馆作为信息资源的集中站,在澳大利亚政府信息建设过程中发挥着重要作用。澳大利亚各个层级的图书馆之间没有行政级别的划分,不存在隶属关系,资源共享在各个图书馆之间广泛存在并得到社会一致认同。馆际互借是基于各图书馆资源共享功能的基础上延伸出来的服务,主要通过Kinetics系统来实现。图书馆之间的网络是相互联结的,图书馆的馆藏情况也可以在任一相互联结的图书馆网上查到,读者可以选择自己去图书所在的目标馆借阅,也可以由馆员代理实现馆际借阅。虽然馆际借阅通常会收取由借调机构决定的部分手续费,但是这种政策大大方便了居民的生活。

图书馆的计算机处理设备上有办公用的基本软件,供需要的人预约使用,也可以免费上网。图书馆还根据人们的需求设置了复印机,方便人们复印资料。为了方便借阅、节省人力设置了自助借书机，可以自主借阅电子资料和书籍资料，对需要借阅但又不方便的人提供图书寄送服务。图书的归还更是简便，书籍箱没有电子操作，只需要将图书放进去即可以完成图书的归还工作。程序的简化节约了读者的时间，也提高了图书馆工作人员的工作效率。图书馆借阅证的办理中登记着读者的基本信息，当读者逾期未归还图书时，图书馆会根据读者的登记信息发送提示短信，并在图书归还时向图书逾期的读者收取一定金额的罚款。社区居民是图书馆服务的客体，图书馆的建设不只是为了实现资源与信息的共享，还致力于在共享的基础上，建立信息流通、知识传播、互动交流的平台，为居民提供更广泛、更多元、更高效的服务。

③合理的项目外包。国家图书馆与各社区图书馆是相互补充的关系，而不是独立关系。两者都为居民服务，两者的交流与合作是实现资源共享的前提。要更好地实现信息与资源的共享和馆际互借，必须要有统一的图书编目规则，以避免出现重复编目、交叉编目等问题。澳大利亚大部分的社区图书馆都选择将编目业务外包给公司来做，一些与编目相关的程序性工作诸如贴磁条、盖馆章、标记分类号等工作也会一并交给外包公司负责。

外包公司按照委托图书馆给定的规则和条例，根据杜威图书分类法，完成图书上架前的准备工作。不仅减少了社区图书馆人力资源方面的压力，使节约出的人力有精力开发其他项目，而且提高了图书分类与编目的准确性与科学性，为资源共享和馆际互借奠定了基础。

④丰富的项目活动及完善的监督管理体系。上面提及的Brimbank地区的社区图书馆是澳大利亚图书馆的一个缩影，在澳大利亚，几乎每个图书馆都在借阅功能的基础上延伸出了多项服务功能。对社区成员的技能培训、沟通互动活动、专题讲座等等已经成为每个社区图书馆必不可少的服务项目，目标对象包含学生、家长、求职人员、亲子、老人等特定需求人员。活动的举办

贴近民众的生活,传播信息与知识的同时,为民众答疑解惑。

市政府对社区图书馆直接负责,政府相关人员和专业人士组成地方图书馆管理委员会,对图书馆的服务及管理情况进行监督,探索社区图书馆发挥最大效益的途径,政府的指导意见直接决定了社区图书馆的业务范围和发展方向。图书馆与政府会针对特定时期的具体情况对公众展开调查,评估上一时期的工作情况,判断社区图书馆是否履行其职能为公众提供了满意的服务,并制定下一个时期的工作计划,监督并保证社区图书馆的运行情况。

5.2.3　英国社区图书馆

(1)英国社区图书馆概况

文学在英国具有很高的地位,与此相对应,阅读也是英国民众生活的重要部分。图书馆不仅为阅读提供了资源,更提供了一个场所,英国政府为了鼓励民众阅读,创造和谐的社会环境,特别支持图书馆特别是惠及全民的社区图书馆的建设和发展。此外,图书馆立法、图书馆运动以及卡内基对图书馆的支持都在英国图书馆的发展进程中发挥重要影响。

英国政府先后在 2001 年提出图书馆三年发展规划,2003 年制定出图书馆十年发展规划,2013 年出台未来图书馆计划,根据不同的社会形势,明确提出了图书馆的发展目标和任务,将图书馆工作上升到战略高度,并由教育部、文化部、体育部以及图书馆咨询委员会等部门监督、促进地区图书馆的发展。对管理优秀的图书馆进行表彰,引导其他社区图书馆模仿、学习,形成榜样力量。

(2)英国社区图书馆的特点

①网络信息化。互联网的出现为图书馆之间的合作准备了

条件,英国图书馆之间通借通还服务建立在图书馆网络系统相互连接的基础上,在网络联结的条件下,各个图书馆实行统一的编目与分类规则。社区图书馆隶属于公共图书馆,公共图书馆的网页上有各地区图书馆的网址链接,读者可以自行查询各个社区图书馆的信息。这个网络系统之下几乎包含英国所有类型的图书馆,包括大学图书馆和专业图书馆,为读者锁定资料、实现信息共享提供了极大便利。

在每个社区图书馆内部都配备电脑等网络设备,供读者免费上网、查询资料,这被看作是图书馆的义务。对计算机技能不熟练的读者,图书馆还会进行专业的培训。图书馆的其他业务诸如分享会等也会借助网络资源提供服务,网络信息化已经成为英国社区图书馆的标准配置。

②覆盖率高。英国的公共图书馆建设基于英国独特的行政区划以及人口多少进行城乡分类,社区图书馆作为公共图书馆的重要组成部分,特别是在人口稀疏区发挥重要作用。英国图书馆服务标准明确规定,在距离偏远、交通不便的郡县地区,80%以上的家庭都可以在两英里以内到达一个图书馆,在人口稀疏地区,70%以上的家庭都可以在两英里以内到达一个图书馆。在市区更是能达到100%的覆盖率,流动图书馆是对固定图书馆覆盖不到的地区的有力补充。

英国的每个行政区都由一个总馆和诸多社区图书馆构成图书馆网,这种总分馆的模式,为馆际借阅提供了便利。同时,社区图书馆之间通过联结形成的网络对图书馆在某一地区建设的整体布局以及地区覆盖程度提供了参考。在这样的模式推动下,社区图书馆网点会遍及每个地区,并且能够充分发挥图书馆资源的效用。在一些人口密集的市区,比如伦敦,市属的每一个区的社区图书馆数量能够达到十几个。

③空间大。为了支撑图书馆的各项业务功能充分发挥作用,

英国图书馆包含社区图书馆在内,面积都很大,馆筑面积在 800
－1500 平方米不等。宽敞的图书馆为读者营造了良好的读书氛
围,保证藏书量的同时,为其他音像资料、上网设备等提供了充足
的空间,为社区图书馆顺利举办各项活动准备了条件。空间的大
小直接决定了社区图书馆的内部设计,拥有了充足的空间,图书
馆往往会推出多样化的服务,比如会专门设立家庭阅读区、儿童
阅读区、休闲区、残疾人服务区等等,通过多样化的设计满足不同
群体的需求。

④社区图书馆工作繁忙。社区图书馆规模和数量的设置受
经济发展情况的影响,更受人口数量和人口流量的影响,其中人
口流量对社区图书馆的建设起重要作用。社区图书馆平均每天
的进馆人次超过 1000 人,读者的增多势必会加重图书馆的业务
负担,所以在一定的承受范围内,社区图书馆除了通过增加工作
人员、引进先进设备、另建新馆等措施来缓解图书馆的业务压力
以外,在英国大多数社区图书馆都设有引导指示手册,里面包含
办理图书借阅证的流程、自助借还书操作方法、图书馆规章制度
等,供读者自助了解图书馆业务详情,减轻工作人员负担。值得
一提的是,虽然志愿者是流动的、短期性的,但是他们都具有较高
的综合素质,已经成为社区图书馆工作的重要补充力量。

5.2.4 芬兰社区图书馆

受历史因素的影响,芬兰图书馆的发展先后受瑞典与俄罗斯
的影响比较大,现在许多芬兰公共图书馆还收藏着瑞典与俄罗斯
的许多书籍。芬兰独立以后,政府极其重视图书馆的发展,在
1928 年通过了图书馆法,经过后来的多次修订和补充,为图书馆
的发展提供了明确的依据。目前,芬兰已经成为图书馆发展较为
成熟的国家之一,图书馆的发展也融入了政府的教育政策和福利

政策中,受到国家立法保障和财政支持。

(1)赛洛图书馆

赛洛图书馆是一座极具特色的图书馆,图书馆内部设立了多种类型的兴趣小组,比如象棋、纸牌俱乐部、乐器部落、讨论组、手工艺区等。在赛洛图书馆一楼,往往会陈列俱乐部的学习成果,比如编织手工艺品等等,向进馆者展示图书馆文化。赛洛图书馆比较推崇开放的文化氛围,一进入图书馆大厅,就可以看到阅读区、休闲讨论区、青年区以及来来往往的人,人们在图书馆里就像在超市一样,可以推着购物篮一样的车子,查找需要的图书,放到车子里一起借阅。

右侧的青年区,呈现出包罗万象的特点,几乎包含青年进馆需要的所有功能。有的在低头读书,有的在研究棋艺、弹唱吉他、还有的在观看视频,各自沉醉在自己的世界里。左侧的儿童区,布置风格也很有特色,充分体现了多彩、丰富的特点。里面有很多玩具供孩子们使用,丰富的色彩调动了孩子们快乐的情绪,儿童区有一个故事室,也由志愿者做了特别的设计,整个图书馆呈现出轻松愉快的氛围。

二楼是成年区,装修设计风格与一楼也不相同,但是椅子、书桌、灯饰等其他设计都很具有现代特色,还设置了水族馆供人们游览观看,给人温馨舒适的感觉。赛洛图书馆会经常联合学校、社团组织举办文化活动,但是常规的工作人员并不多,在举办大型活动的时候会通过招募志愿者和临时员工的方式来补充人手,在人力资源方面具有很大的灵活性。

(2)瑞卡丁图书馆

瑞卡丁图书馆与芬兰国家图书馆间隔不远,由于芬兰曾经长期受瑞典统治,还没进去瑞卡丁图书馆就能够体会到芬兰的历史文化。图书馆指示牌都由瑞典语和芬兰语两种语言组成,另外,书架上还有英语的标识和提醒,供使用不同语言的人使用。自助借还书系统也由三种语言表示,但是英语在瑞卡丁图书馆使用得并不普遍,在读者使用频率较高或者必要的地方才有英文,在展览区、儿童区、特色俱乐部是不使用英语的,而是普遍使用芬兰语和瑞典语两种语言,这样的细节也折射出芬兰对人们需求以及文化多样化的重视。

瑞卡丁图书馆是知识与创意合为一体的图书馆,走进瑞卡丁图书馆的艺术区,你会感受到浓厚的艺术氛围,甚至还有服装设计展示区,各种工艺品让人目不暇接。这些陈列的作品都是手工制作而成,其中不乏读者自己设计制作的展品。图书馆空间并不是很大,但是利用效率很高,在图书馆非开放时间,会有音乐会等演出。与其他图书馆相比,瑞卡丁图书馆更加强调艺术性与娱乐性。

(3)10号图书馆

相比其他图书馆,10号图书馆成立比较晚,它没有独立的建筑,而是在火车站附近的一幢大楼里面,虽然没有明显的建筑标识,但是火车站的人流量使10号图书馆异常活跃。10号图书馆靠近瑞卡丁图书馆,无须驾车就可以轻松到达另一个图书馆。10号图书馆在图书馆介绍、藏书等方面也用三种语言,馆内设有台式电脑和无线设备,供读者使用。

10号图书馆是一所以音乐为主题的图书馆。里面收藏着大量的与音乐相关的电子制品、图书、乐器等等,馆内桌椅的排列布置有很大的灵活性,为举办活动布置场地提供了方便。为了更好地配合图书馆的音乐主题,10号图书馆特地配置了无线耳机,进馆的人员可以一边读书一边听音乐,戴着耳机在图书馆里自由走动。10号图书馆还专门为音乐创作提供了一间配备齐全的编辑室,音乐的制作、编排都可以在编辑室完成,制作好的音乐还可以公开展示。周末晚上会经常有音乐演唱会以及其他音乐活动。不管是基本布置还是馆藏内容,都能体现出10号图书馆推崇的自由、愉悦、创新的音乐精神。

（4）芬兰图书馆特点

①特色鲜明。其他国家的图书馆以提供借阅服务为主，也有举办各种活动，但大多属于附属型活动，并且文化功能很明显，举办活动也是为了增长人们的知识。芬兰的图书馆在借阅功能的基础上，有鲜明的主题特色，比如 10 号图书馆，音乐元素占了图书馆馆藏、设计、配置的绝大部分，瑞卡丁图书馆的服装展示和工艺品区，体现了手工特色。

诸如 10 号图书馆和瑞卡丁图书馆这样的社区图书馆在芬兰到处可见，人们可以按照自己的喜好选择去哪一家图书馆，去聆听音乐、去画一幅画、去做一个手工艺品甚至做一件服装。也可以在周末的晚上去图书馆听一场演唱会，或者开一个演唱会，图书馆不同的主题风格就像多彩的客厅一样，可以满足不同人的需求。

②利用率高。在芬兰，图书馆事业的发展大大带动了阅读风气，80% 的人都去过图书馆，每年人均进馆 10 次以上，每年人均借阅接近 20 本图书馆资料。这种高利用率反过来促进了芬兰图书馆的发展，使芬兰图书馆体系日益完善，社区图书馆、主题图书馆、流动图书馆等越来越多，并全部免费开放，服务市民。

芬兰图书馆的发展与政府的教育政策密不可分，芬兰政府主张，教育应该是面向全民提供的免费教育，通过教育提升全民的科学文化素质和道德素质。在平等、公共、免费的教育理念下，图书馆作为另一个知识传播学校，也具有全民教育的责任。在政府的宣传引导之下，全民阅读渐渐成为一种风尚，图书馆作为阅读的最佳场所，利用率大大提高。

③数量多。芬兰的图书馆与图书馆之间间隔非常近，通常步行就可以从一个图书馆到达另一个图书馆。尽管国家图书馆能够满足大部分市民对书籍资料的需求，但是，在国家图书馆附近，

仍然建有社区图书馆,比如瑞卡丁图书馆。从瑞卡丁图书馆出来步行十几分钟又可以到达另一所图书馆,可见,芬兰图书馆密度大,数量多,形成的图书馆网覆盖程度高。在芬兰的许多偏远地区,流动形式的汽车图书馆代替社区图书馆发挥图书馆的功能,并定期流动,保证当地居民日常的图书需求。

5.2.5 俄罗斯社区图书馆

在苏联解体之前,我国与苏联在图书馆建设、管理方面一直保持密切联系,我国图书馆的发展深受苏联图书馆的影响,苏联图书馆为我国图书馆提供了理论指导与经验借鉴,但是中苏关系的恶化中断了我国与苏联的交流,图书馆发展也受到一定程度的影响。直到苏联解体,我国与俄罗斯关系正常化,开始开展广泛的合作,中俄图书馆的交流活动也日益频繁。中俄图书馆发展具有相似的地方,对俄罗斯图书馆的管理模式进行探讨,有很大的借鉴性和互补性。

(1)图书馆数量众多且馆藏丰富

博物馆和图书馆是莫斯科的标志性建筑,图书馆的人均占有量居世界前几位。俄罗斯的国立图书馆藏有200多种语言的图书,是世界第二大图书馆,并且图书馆藏书量以每年40万册的数量增长,图书馆也在不断进行扩建与整修,行使国家书库的职能。除此之外,俄罗斯国立图书馆还有珍贵的藏品,比如名家的手稿、画作等等。进入21世纪,俄罗斯曾多次对名人真迹进行展览,具有较高的馆藏价值。除了国立图书馆,莫斯科市分布着大大小小的图书馆4000多个,大学图书馆是莫斯科图书馆的重要组成部分,特别是历史悠久的大学,其馆藏量就超过1000万册,其中外文书籍占1/3,供读者免费借阅。

(2)信息技术下的民族文化传承

随着信息技术的发展,图书馆大都实现了数字化与电子化,传统的卡片目录方式逐渐被淘汰,俄罗斯的图书馆是少有的保存卡片目录的图书馆。卡片式的查询方式没有电子化的查询方便快捷,但是考虑到许多读者的查询习惯,图书馆还是把卡片目录保存了下来,很好地体现了对读者的关怀,让读者自由地选择自己喜欢的方式进行查阅。这一查询方式的保留,是对传统图书馆文化的保留,是图书馆发展历程中的符号,与图书馆体现出的文化观念相互融通,为图书馆增添了几分韵味。当然,卡片目录与网络并存还基于安全角度考量,在其中一个不能有效发挥功能的时候,另一个的作用就会体现出来。电子化与纸质化的结合是俄罗斯图书馆的管理特色,它的应用不仅方便了不同群体的读者,还完善了图书馆的管理方式。

将信息技术应用于图书馆,以此来实现图书馆管理方式上的变革越来越成为未来图书馆的发展趋势。在实现数字化的过程中,俄罗斯特别注重对本民族文化的传承,图书馆的馆藏资料也体现出鲜明的民族特色。图书馆利用现代信息技术,对图书馆的原始资料特别是音像资料通过修复甚至还原,实现了很好的二次保存。信息技术的运用转变了原始资料的保存方式,为广大民众接触古文献提供了可能。图书馆还积极与其他机构比如出版社、文印社等进行合作,加强自身的信息化建设,推进电子资料的制作与普及,在保护传统文化的基础上,弘扬传统文化。

(3)家庭阅读成为特色服务模式

俄罗斯是重视读书的国家,在俄罗斯,几乎每家每户都有自己的藏书。为了给人们提供更好的读书服务,强化全民读书的风气,俄罗斯图书馆推出了家庭阅读的特色服务模式。家庭阅读是家庭与图书馆紧密结合的产物,很多图书馆设置了专门的家庭阅读专区,针对不同家庭、同一家庭的不同需求层次提供服务。在俄罗斯,家庭阅读既是一种模式也是一门课程,家庭阅读被写入教科书,并逐渐演化为一门独立的学科。丰富了对图书馆工作的研究,为家庭阅读服务模式的实践提供了理论的支撑,开创了图书馆研究的新视角。同时,也为学生、市民更好地了解、使用图书馆服务提供了指南,将服务过程转变成了教育过程。

除此之外,为了对家庭阅读模式进行宣传与推广,俄罗斯图书馆会经常开展讲座、研讨会、展览会等活动,向公众普及家庭阅读服务模式,鼓励民众阅读。在家庭阅读模式中,很多家长会遇到无法解答的问题,不方便对孩子进行指导,图书馆专业的工作人员为家庭阅读服务模式起到良好的推动作用。通过对不同年龄阶段、不同阅读能力以及不同阅读兴趣的儿童开展专项服务,帮助他们了解历史,做好学前准备,并为传统文化的传播奠定了基础。

(4)教科书阅览室

专业类别、学生数量、学科设置等这些因素是我国高校图书馆馆藏图书的重要参考依据,同时,我国教育与教科书捆绑结合的特点,让我们很难在学校图书馆的书架上找到教科书一类的书籍。在俄罗斯,很多教科书是无须购买的,大部分图书馆都设置了教科书专区,学生们通过图书馆借阅的教科书可以用一学期,学生们拥有教科书的使用权,在学期末需要完整归还。为了保证教科书阅读区管理的规范,学生按学期借阅,并且教科书的借阅与学生的毕业联系在一起,学生归还所有借阅的教科书才可以拿到毕业证。教科书的循环借阅实际上是资源的重复利用,有利于节约社会资源,缓解学生的经济负担,提高图书的利用率。为了保证高校科研、学习的顺利进行,高校还专门设置了文献系统,负责文献的购买与分配,其中包含外国文献系统,主要针对国外的文献实施购买与调配。满足了高校对文献资料的需求,实现了国内文献资料的更新,并与世界先进的科研成果接轨,为科学研究提供了持久动力。

(5)法律法规是图书馆发展的保障

《俄罗斯图书馆事业法》是俄罗斯图书馆发展的法律支撑,事业法对公民与图书馆的权利与义务进行了界定，明确了图书馆、公民、国家三者之间的关系，并随着社会环境的变化不断进行着修改，这项修改工作甚至成为文化部对图书馆的重要关注领域，也是图书馆委员会的重要职责。俄罗斯图书馆内藏有珍贵的书籍，为了保证书籍的存放环境，雨天读者携带的雨伞必须进行存放而不能携带入馆。与欧美其他国家不同，俄罗斯图书馆追求安静的读书环境，重点为人们提供阅读服务，举办的活动相对较少，读者享有在安静的环境下读书的绝对权利。

与图书馆相关的法律不只《俄罗斯图书馆事业法》。《俄罗斯文献呈缴法》是针对馆藏文献的法律，呈缴法规定了出版社向特定机构缴送的图书数量、类型等内容，呈缴法下缴送的图书成为图书馆馆藏的重要补充。《俄罗斯地方自治法》是在《俄罗斯图书馆事业法》的基础上制定出的更加适用于地方的法律，它的出台加强了中央与地方的联系，并且在与中央的不断磨合中探索到地方图书馆的发展之路。《著作权与邻接权法》解决了文献转载复制与版权之间的争议，为公民提供了免费获取信息的机会，让电子文献不再局限于图书馆内部使用，大大增加了信息的传播力度。此外，《招标采购法》、信息领域的法律等也对俄罗斯图书馆的发展有重要影响。俄罗斯图书馆的发展涉及经济、信息、版权等诸多方面的法律，拥有充足的相关法律进行保障，在长期的探索中，各个法律条文之间也形成了稳定的兼容关系，共同构成了图书馆发展的法律基础。

（6）专业的图书馆工作人员

图书馆工作人员是否专业关系着图书馆管理的科学化水平，俄罗斯对图书馆的相关研究已经渐渐演变成一门学科，图书馆学科的教育分布在本科、专科、职业院校甚至初高中的课程中，再根据学习的深度与方向从事城市、郊区、乡村的图书馆工作。其中，职业院校培养的图书馆管理人才是俄罗斯图书馆工作人员的重要来源。除了在校期间的课程学习,俄罗斯图书馆的从业人员还会定期进行培训,培训内容涉及国内外的图书馆管理方面的基础知识和先进理念,还有针对非图书馆专业工作人员的培训。理论与实践相结合的培训方式让图书馆工作人员具备了基本的图书管理素养,并为他们适应不断变化的图书馆法律法规、政策条例提供了机会,是图书馆工作顺利进行的保障。

5.2.6　日本社区图书馆

日本的社区图书馆发展历史悠久,早在 20 世纪 60 年代,日本图书馆协会就针对中小图书馆做了实证调查,并指出:中小图书馆应该成为图书馆主体,大型图书馆或公共图书馆总馆应该对中小图书馆发挥后盾支持作用,不应作为服务主体。图书馆应该为生活在市街村的老百姓服务,大型图书馆庞杂的系统、较远的距离等可能给居民带来不便。这一观点的提出,对后来日本社区图书馆的发展影响深远,为中小图书馆的发展开辟了道路,引发了日本图书馆事业的变革,使"中小图书馆才是公共图书馆"的理念深入人心。

图书馆在日本政府与民众眼里都具有较高地位,发展图书馆事业与发展文化对等。在日本,图书馆的建设必须充分考虑居民的方便程度,居民步行 20 分钟内必须要有一座图书馆,这样的图书馆建设密度为日本文化的发展创造了极好的条件。小川町社区图书馆是日本比较具有特色和代表性的图书馆,小川町是日本和纸的产地,拥有深厚的文化底蕴,整个县城到处可见古式建筑,小川町社区图书馆也不例外。

（1）浓浓的乡土特色

小川町社区图书馆不是现代、华美的建筑,而是一座富有年代感的库房式建筑,与当地的古建筑融为一体,看起来十分协调。

小川町生产日本和纸,小川町社区图书馆装修的主要材料用的也是日本和纸,具有鲜明的地方特色。小川町社区图书馆更像是日本和纸博物馆,体现出浓厚的文化色彩,为读书营造了温馨的环境。尊重文化是日本图书馆建设的基本价值理念,在这样的理念指导之下,图书馆的文化功能得到凸显。除此之外,小川町社区图书馆还会经常举办艺术展,展览的作品都是当地画家、手工艺者、摄影师等人自己制作的作品。展览不仅激发了当地艺术爱好者的创作兴趣,为他们提供了展示作品的舞台,还对传播当地文化具有重要意义。同时,图书馆还对展览的艺术作品提供租售服务,提高了图书馆及艺术大师的影响力,有利于增强社区居民的凝聚力,活跃当地的特色文化。

(2)服务齐全

小川町的设计并不是完全古式的,为了给居民提供更优质的服务,图书馆实现了电子化和网络化,设置了检索台和自助借还书机,为了迎合当地居民的要求,还专门设置了一间电影放映室,配备了齐全的放映设备和足够的放映空间。日本是一个特别讲究茶文化的国家,其茶道文化闻名于世,品茶也成为许多日本民众的爱好,小川町社区图书馆设有一间专门的茶室,在茶室里面可以学习茶艺,可以品茶,也可以互相交流心得。与茶室相对应,小川町社区图书馆还设有一间咖啡厅,以此来满足不同群体的要求,真正实现了休闲娱乐与学习的统一。

小川町社区图书馆特别注重对儿童阅读能力的培养,设置了专门的儿童阅读室,里面有针对儿童阅读的书。当儿童遇到难以理解或者不会读的地方时,图书馆工作人员总能耐心地为孩子们解答。孩子们也可以放学后来这里自习、做家庭作业,图书馆也会经常举办儿童读书的公益讲座,帮助孩子们更好地读书。

(3)集思广益的设计理念

小川町社区图书馆的设计并不是设计师空想出来的,在图书馆筹划建设的前期,设计师就对当地居民的偏好与要求进行了调查统计。在充分考察民意的基础上,设计师根据不同年龄、不同教育程度、不同工作单位以及兴趣的差异建造了为本地居民服务的社区图书馆。所以说,小川町社区图书馆是当地居民共同智慧的产物,平衡了当地居民的不同需求。集思广益设计的图书馆能够吸引更多的居民前来阅读,通过提供令人满意的服务,保证居民持续进馆阅读。通过对不同群体需求进行差异分析而设计出的图书馆,能够充分提高图书馆的利用率,使图书馆价值最大化。

5.2.7　新加坡社区图书馆

大力发展图书馆事业是新加坡政府建设学习型国家的战略规划。新加坡的土地面积与我国珠海市相当,但已经有 60 多个图书馆,其中社区图书馆就有 20 多个,注册会员有 200 多万人,几乎是新加坡人口的一半。国家图书馆管理局(NLB)采取法人治理模式,负责新加坡图书馆的统筹规划、监管工作,各社区图书馆及其他公共图书馆不需要自行采集、编目等工作,而是交由国家图书馆管理局统一管理。对于新加坡来说,资源的统一分配是可行的,还能够节省资金支出,提高图书馆工作效率。

新加坡图书馆的繁荣发展离不开政府的政策支持。新加坡政府先后颁布了《图书馆 2000 年》、《图书馆 2010 年》以及《图书馆 2020 年》战略规划,在 2020 年的规划中除了强调继续培养居民的阅读兴趣外,还明确提出将新科技引入图书馆建设,打造智慧型的学习空间。在《社区住宅规划法》中,新加坡政府也提到在社区中建立图书馆的必要性。通过不断地探索与实践,发展出具有新加坡特色的社区图书馆。2006 年竣工的碧山社区图书馆占地 1400 平方米,是新加坡一座设计感很强的社区图书馆,它的建造代表了新加坡图书馆建设的基本理念和价值追求,是新加坡未来图书馆发展的方向。它像一个绚丽多彩的魔盒,通过巧妙地使用光与影营造出极佳的阅读环境,具有强烈的场景体验感,吸引越来越多的市民前来享受阅读的乐趣。

(1)创新性的选址和设计

碧山社区图书馆地处碧山区的繁华地段,周围有多个购物中心和学校,人流量很大。这也是新加坡大多数图书馆的共性,很多图书馆都建在购物中心里面,这在图书馆的地理位置选择方面是创新性的。这一选择是新加坡图书馆 2020 年战略规划中发展新一代图书馆的重新定位,建立在增强图书馆吸引力的目标之上,所以在新加坡的地铁口、购物中心等人流量大的地方往往会设置图书馆。在一些车站、购物中心也设有还书处,人们不用进去图书馆就可以把书还掉。这种理念颠覆了图书馆传统的知识储藏库的形象,成为广大居民的体验馆,在人们通过购物获得物质满足的同时在图书馆中获得精神满足,大大方便了居民的生活。

碧山社区图书馆建筑风格特别鲜明,它的外观设计让人眼前一亮,激发人们进馆探索的兴趣。图书馆的外玻璃墙体上几个色彩鲜亮的长方体凸出来,悬挂在墙体上,像跳动的琴键,让图书馆充满了活力。这些凸出的长方体为会议、讨论小组等特殊群体的需求塑造了相对秘密的空间。碧山社区图书馆的设计灵感来源于大自然,黄绿蓝三种颜色交相辉映,馆内中庭保证了充足的光照,并且营造出光影斑驳的效果,读者像是在树上的房子里阅读。图书馆内部使用的柱子较少,加上玻璃墙体的视觉效果,给人宽敞明亮的感觉。设计上的美感增加了图书馆的情调,让民众进馆阅读真正成为享受。

(2)划分读者群体,重视儿童阅读的发展

新加坡很多图书馆都根据读者群体偏好的差异性来设置图书馆的服务主题,比如有东南亚主题的图书馆、华人主题的图书馆、艺术类主题图书馆、商业类主题图书馆等,各个图书馆都具有鲜明的主题风格,可以满足不同群体的个性化需求。但是几乎每个图书馆都有儿童的专属空间,里面放置儿童读物,并且分年龄段进行摆放,方便孩子们找到自己喜爱的书。这些儿童读物提供外借服务,可以满足孩子们对图书的渴望,又可以避免孩子们对图书短暂的喜爱造成资源的浪费,实现图书资源的重复利用。儿童区的装修布置也十分有趣味,提高图书馆对孩子们的吸引力。也有儿童放学后来这里自习,就算是儿童区,整个房间也很安静,为孩子们提供了很好的读书环境。

新加坡有很多专门的儿童图书馆,并配有专业的馆员,儿童图书馆大都设置在小区里面,因空间限制,儿童图书馆主要提供儿童书籍的外借服务,因为图书馆就在住宅区内,所以借书回家看也十分方便。碧山社区图书馆是综合性的图书馆,为儿童设置的阅读区域在地下一层,从书架到桌椅再到地面,整个儿童区都有丰富的色彩和童话般的设计,孩子们可以在里面自由嬉戏,也可以安静看书。也正是处在地下一层的缘故,这里发出的声音很难影响到楼上的读者,楼上的噪音也不会影响到孩子们。新加坡对儿童阅读的重视在图书馆管理的实践中得到了充分的体现,对满足孩子们的阅读愿望、培养孩子们的阅读能力有积极影响。

(3)长效的激励机制

受国土面积的限制,新加坡的自然资源十分有限,人力资源成为新加坡政府重点挖掘的资源,通过人力资源的优势弥补自然资源的匮乏,借助人口素质的提高推动社会发展。图书馆建设是新加坡政府提高国民素质的重要手段,图书馆馆员作为图书馆的主要管理人员,对其培训以更好地服务图书馆事业十分必要。图书管理员承担繁杂的工作,2010年图书馆发展战略规划对图书馆管理员的发展提出了明确要求,图书馆管理员的职能开始向更专业、更高级的方向转变。图书馆管理员承担制定发展计划、筛选信息、电子信息系统维护、评估发展情况、丰富用户体验等多项跨学科的职能。除了在职培训还有学历深造，培训费用全部由图书馆承担，为图书馆发展提供了优质的人力资源条件。图书馆的经费虽然由国家拨付，但是经费的多少与图书流通率、举办活动的场次、进馆人数等绩效评估指标息息相关，经费与绩效的挂钩，有利于规范图书馆管理、优化图书馆结构，提高图书馆工作人员的积极性。

5.3　国外社区图书馆发展的启示

社区图书馆在中国还是一个比较新鲜的名词，社区图书馆虽然开始了探索与尝试，并在北京、广州、上海等地进行了成功试点，但是，乡镇社区图书馆事业的发展并不乐观。英美澳等国图书馆的发展模式虽然是基于各自不同的社会环境做出的选择，但是存在许多有价值的经验供我们参考。对我们优化现有的图书馆结构，发展社区图书馆，推广全民阅读具有重要意义。

5.3.1　政府的支持

政府的支持是图书馆发展最强有力的后盾。图书馆一般都是由国家部门统一管理，政府不仅对图书馆提供资金卜的支持，还包括政策方面的支持。资金直接关系着图书馆藏书的数量和服务水平，在资金方面，我国完全可以借鉴英国、美国、芬兰等国的志愿者服务体系、图书馆咖啡厅模式来减轻对人力资本的支出，也可以鼓励人们以捐赠图书的方式丰富图书馆馆藏。卡内基对美国图书馆发展贡献很大，通过与社会组织合作，争取民间力量的支持，也能为图书馆特别是社区图书馆的发展提供资金支持。

政府的政策决定图书馆的发展方向,政府政策的出台必须建立在对图书馆正确的认知水平之上。图书馆是为普通民众服务的,图书馆的利用水平体现了图书馆价值的发挥程度。建立社区图书馆是图书馆发展的必然道路,是立足于广大人民群众的必然选择。国外社区图书馆的发展离不开政府的支持,政府有制定图书馆发展规划、制定图书馆方面的法律法规、鼓励民众阅读等义务,也有对图书馆进行审计监督、优化配置的权利。政府对图书馆发展方向的正确把握是我国图书馆体系发展成熟的基础。

5.3.2　注重社区图书馆的多元功能,突出社区图书馆特色

社区图书馆是集学习、休闲、娱乐于一体的场所,服务内容太单一不仅会浪费图书馆资源,还会降低图书馆的利用率,图书馆应该承担丰富居民生活的任务。国外社区图书馆除了提供基本的借阅服务外,还有讲座、培训、展览、艺术表演,以及针对节日主题的文化活动。为了配合活动的举办,图书馆就不能简单地分为一层阅览室、二层阅览室,要有举办各项活动的单独空间。国外社区图书馆还特别重视儿童阅读能力的培养,开设了讲故事、绘画等专项儿童服务。在新加坡,除了在图书馆设置儿童区外,还建立了专门的儿童社区图书馆,为鼓励儿童阅读提供了便利。

社区图书馆的特色能够反映自身的主题风格,有特色的图书馆更能够吸引民众。日本小川町社区图书馆的装修大量使用当地生产的日本和纸,赋予了图书馆鲜明的地方特色。芬兰更是推出音乐主题图书馆,为音乐爱好者提供交流学习的空间。我国传统文化丰富多彩,地方文化和而不同,将各地的文化融入社区图书馆的建设中,为图书馆增添地方色彩,同时增强居民对社区图书馆的归属感,提高图书馆的利用率。

5.3.3　社区图书馆数量多,且配置专业化

　　社区图书馆作为一个服务大众的基层单位,它与民众的关系是最亲密的。我国社区图书馆还处在探索阶段,城镇图书馆发展呈现出不平衡的状况,与国际图联规定的标准相差很远。特别是交通不便、位置偏远的地方,流动图书馆这种补充形式都很少见。日本规定居民步行 20 分钟就要有一座图书馆,美国不到 2 万人就拥有一个社区图书馆,在英国,即使是人口稀疏地区,70% 以上的家庭都可以在两英里以内到达一个图书馆。辐射半径、人口数量是许多国家社区图书馆的建设的依据,建设分馆可以扩大图书馆的影响范围,如果我国在县的基础上建设分馆,在这种总分馆模式下,社区图书馆有了数量保证,更容易让阅读成为居民生活常态化的一部分。

　　信息技术为图书馆带来了多项革新,互联网＋图书馆模式成为图书馆的发展趋势。我国很多图书馆特别是分馆设置的计算机数量很少,且宽带接入量低,很不方便读者使用。美国、英国、澳大利亚是社区图书馆计算机覆盖率比较高的国家,除了配备先进的自助借还设备、查询系统外,还设置了多台供读者免费上网电脑,甚至开展了计算机操作技能的培训课程。图书馆工作人员的管理水平是一项软技术,他们的服务态度、知识广度是影响图书馆发展的重要因素,与互联网＋图书馆的模式相适应,定期对他们进行培训与考核是保证图书馆工作人员管理水平的主要途径。

5.4　小　结

　　图书馆的发展是一个漫长的过程,各国在不断地探索中找到适合自己的发展道路。但是不能否认的是,大多数图书馆事业发

展成熟的国家,其发展模式越来越倾向于贴近普通民众生活的社区图书馆模式。我国与其他国家的社区图书馆建设基于不同的社会背景,新的信息技术环境对图书馆的发展提出了新的要求,图书馆不再局限于空间、书籍的共享,而是更大范围的信息共享。社区图书馆向乡镇、街道延伸才能充分发挥图书馆的规模效应。国外社区图书馆给我们的启示远不止上面提到的这些,开源节流的商业模式、对残障人士的人性化关怀、开放电子信息资源、文化与艺术结合等等,都值得我们学习。只有正确认识到我国社区图书馆发展的现状及存在的问题,借鉴国外优秀的管理经验,因地制宜地发展中国特色的社区图书馆,才能探索出社区图书馆发展的中国道路,发挥社区图书馆的教育、文化功能,提升国民素质,为我国的社会建设储备力量。

第 6 章
我国城乡社区图书馆发展的案例分析

6.1　引　言

　　在庆祝中国共产党成立 95 周年大会的讲话上，习近平对文化自信特别加以阐释，指出"文化自信，是更基础、更广泛、更深厚的自信"，文化自信是继道路自信、理论自信和制度自信之后，中国特色社会主义的"第四个自信"。《国家"十三五"时期文化发展改革规划纲要》指出"十三五"时期是全面建成小康社会决胜阶段，也是促进文化繁荣发展关键时期。在新的历史起点上，夺取中国特色社会主义新胜利，赢得具有许多新的历史特点的伟大斗争，必须充分发挥文化引领风尚、教育人民、服务社会、推动发展的作用。可见，新的时期，政府工作越来越重视文化的建设。20世纪 90 年代，我国开始重视社区的建设。这一建设具体要求各个省要合理选择示范社区，选择有基础的单位来开展活动。随后，许多城市响应号召，加快社区建设，强调文化精神建设。

　　本章将从北上广这三个省份的社区图书馆以及其他个别省份的社区图书馆出发，分析较为典型的案例，总结这些省份社区图书馆发展的现状、特点和对策，以及我国社区图书馆的发展趋势。分析这些案例和总结经验，对指导全国社区图书馆发展具有重大的现实意义。

6.2 我国北上广地区社区图书馆发展案例

6.2.1 上海市社区图书馆发展

6.2.1.1 上海市社区图书馆发展总体概览

自建立"学习型城市"的目标以来,上海市各级政府借助街道乡镇的力量,整合各个社区资源,加强社区和农村基层文化设施建设,着力建设社区图书馆,以其建馆数量多、贴近民生等特点吸引当地社区居民到各个社区图书馆阅览书刊,营造一个全员学习、终身学习的氛围。

上海市各街道、乡镇政府坚持以人为本的发展理念,硬件设施的建设成为社区图书馆着力考察的一部分,同时非常强调计算机网络的建设,尤其是在网络资源的共享方面,使社区居民更好地享受阅读文化环境。另外,社区图书馆一流的设施和建筑设计,宽敞舒适的阅读环境给往来的读者带来一种宾至如归的感觉。在街道显眼处,我们可以看到许多"24 小时自助图书馆"。"24 小时自助图书馆"不仅在时间上为更多的居民提供便利,更是在一定程度上打破了空间限制,为市民解决"最后一公里"的问题,着实坚定以人为本的建设发展理念。

前面主要说明的是上海市如何建设以人为本的社区图书馆。除此之外,拓展社区服务,展示社区特色,是上海社区图书馆的另一大特点。上海市根据当地经济发展的特点及时为社区图书馆增添对应的图书供社区居民阅读,比如世博会后建立的世博图书馆分馆。安亭镇图书馆、五角场街道图书馆以需求为导向,分别根据社区经济社会发展特点添置了相关书籍,如汽车维修设计等专业类图书和军事方面的图书。宜川街道社区居民以戏曲为乐,街道图书馆打造了全市首家戏曲视听综合阅览室。另外,上海市为了更好地落实全民学习的目标,不仅在图书馆建设方面凸显特色,更是强调要将人民的需求与社区图书馆相结合,从而开展一系列满足人民文化需求的活动。石泉路街道图书馆建立起"阅读中心—小区书吧—楼组书架"的三级社区书香网络,当地居民在家里就能借阅想要的书籍。此外,社区图书馆先后开展了丰富多样的与阅读有关的活动,如建立了以"科普"、"自强"为主题的读书沙龙;汉字听写大赛;"少年悦读"军营夏令营拓展活动;剪纸体验活动等。龙街镇社区图书馆打造了"白领文化节",推出白领阅读活动,得到了广大年轻白领的青睐。桃浦镇联合镇图书馆建立肢残人士读书会,旨在丰富肢残人士的精神世界,提升其文化修养。

上海的图书馆网络建设基本达到了国际水平,形成了有层次的系统的网络结构。具体表现在:市级、区县级图书馆负责文献的采集、书刊的编码、读者信息的采集录入、外借系统的维护,电子资源和信息的建设,而街道乡镇级、里弄村级则在这个网络体系中与市、区县级图书馆相统一,有计划有组织地开展基层图书活动。这些活动的开展效果得益于政府的大力支持和民众的广泛参与。上海市社区图书馆的发展历程值得总结借鉴。

6.2.1.2　上海社区图书馆面临的困境

前面阐述了上海社区图书馆在发展过程中取得的成绩,但发展并不是一帆风顺的。社区图书馆的建设过程中遇到的问题主要表现在:

(1)个人图书资源配置不平衡

迄今为止,就上海的社区图书馆建设情况来看,社区图书馆的资源更加供不应求,因此在人均数量配置方面不平衡的矛盾加剧。例如静安区和卢湾区,在这两个地区的图书馆数量都未超过 10 个,但有个问题是,这两个区的人口较少,土地面积也较小,两个区的人均拥有的图书馆资源甚至比普陀区、闵行和浦东新区等中心城区的外围地区多得多。这种人口基数小、土地面积小的客观因素导致计算出来的人均拥有图书量高的问题屡见不鲜,从而给社区图书馆建设和评估工作带来误差和困扰,静安区就是一个典型的例子。同样地,在土地面积大的闵行、普陀两区,人口数量也相对多,但是图书馆数量远远达不到客观的要求,人均社区图书馆资源就低。有些市民(居民)则反映方圆几里内很难找到图书馆,必须要到市中心或者书城才能看到想要的书籍。这种个人图书馆资源的分配差距不仅影响了整个社区的发展,还影响了学习型城市目标的推进。

(2)馆际建设水平差距悬殊

上海市对图书馆软硬件建设情况开展综合评定,评定结果显示目前上海社区图书馆总体向前发展,但各馆之间的差距还比较大。首先是硬件差距悬殊。上海市在公共物品的建设方面提供了较为完善的硬件设备,但并不能保证每个图书馆都得到同样的发展。例如在徐汇、虹口等区的社区图书馆馆舍面积平均下来不足 400 平方米。以徐汇区的天平街道图书馆为例,其占地面积为 160 平方米,馆内藏书量达到 1.8 万余册,可容纳的读者席位为 85 个,与同类图书馆的平均席位相比差 15 个。同样,在虹口区乍浦路的街道图书馆藏书量仅有 1.2 万册,读者席位还达不到同类图书馆的平均水平,仅有 44 个。社区基层图书馆之间的差距甚远,据调查发现,有的图书馆没有按照有关规定设置无障碍通道,硬件设施不足,给居民阅读带来很大的困扰。其次是经费投入上存在的差距。对于距离市中心较远的社区图书馆往往因为在经费上缺乏保障,前期建馆的资源不足以支撑社区图书馆后续的书籍更新,有的图书馆年度经费极其低,根本达不到上海市文广局制定的标准。再次是管理上的差距。社区图书馆在居民的眼里比较小型,不起眼,管理人员受到自身和社会地位等因素的影响,缺乏"以人为本"的服务意识。硬件设施即使已经是最新,但管理人员的理念和方法并未跟上,服务时间与居民的上下班时间基本相同,居民很难享受社区图书馆提供的基本服务。部分图书馆尚未进入书目查询系统,做不到通借通还的图书馆功能,居民难以直接获取所需的图书资源。另外,有的社区图书馆设在居民娱乐活动场所周围,棋牌活动室的隔音效果差,严重影响居民的阅读,难以静心阅读。最后是街道和里弄社区图书馆建设上存在明显的差距。处于最基层的图书馆没有经费自主权,也没有建设的标准和要求,管理无序的状态影响其发展建设,给社区图书馆发展拖后腿。社区图书馆与馆之间的差距、上下级图书馆与馆之间的差距都会在一定程度上影响上海市社区图书馆整体的发展水平,这与建设学习型城市的目标还存在一定的距离。

(3)馆藏文献资源利用率低

上海市社区图书馆在资源总量上总体来说是比较丰富的,但丰富的背后还存在隐患,那就是资源的利用率低下。我们往往担心的是,有资源却被闲置,没有得到充分的利用和流通。上海市社区图书馆的馆数对于整市来说较为可观,但人均数量、人均借量、人均服务却是一个不理想的状态。有关资料显示,嘉定区内所有社区图书馆的年外借图书期刊约 179 万册,人均借阅量为 3.3 册。这数据与美国纽约皇后区图书馆进行比较不堪入目,人均借阅量都还不足它的一半。书刊流通量低的状况是上海社区图书馆面临的一个较严峻的问题。在对读者通过什么途径进行知识获取的调查结果中,我们发现读者选择互联网途径的人数排第一,其次是电视,再次是书店。而万万没想到的是,公共图书馆这一渠道排在了第八位。我们感叹的不是排序而是人们在选择借阅书籍的时候,不会首选图书馆,这一定程度上影响了社区图书的流通。上海网络与计算机设备配置相对齐全,但在图书馆知识导航上却表现出明显不足,其忽视了对文献资料的开发与利用。虽然大部分社区图书馆满足了居民读者基本的阅读需求,但读者只能限制于社区馆内享受服务,尚未实现馆外的家庭阅读服务。网络信息技术的飞速发展在给上海市社区图书馆带来契机的同时,也给其发展带来很大的挑战,如何最有效最便捷地为读者提供方便的电子化阅读服务是该社区图书馆要思考的问题。同时还要思考"一卡通"的服务项目是否真正惠及广大百姓。从现实状况来看,"一卡通"的功能还未发挥到最大化,尽管在书刊流通上发挥了很大的作用,但是我们希望的是它能为读者提供更多的文化附加值。

如今,上海社区图书馆在文献资源的开发利用上不容乐观,亟待提升。为了抓住技术发展的机会,上海市社区图书馆应积极主动地拓宽渠道,开拓创新,提升服务内容的质量,运用技术创新管理,满足社会竞争力的软需求。

(4)员工整体素质较低

建立社区图书馆是社区建设的需求,但如何做到"以人为本"始终没有一个很好的典型。社区图书馆要做到面面俱到,这要求社区图书馆馆员转变管理理念,提升专业素质,培养一颗热爱图书馆事业的心,投入到社区图书馆的建设与发展中去。在上海的社区图书馆馆员队伍中,在人员编制上,大多是编外人员和非正式编制人员。将近一半的馆员并未经过专业的图书馆管理培训,员工队伍杂乱,人力资源配置欠缺,严重制约了社区图书馆的发展。从馆员与社区居民数量来看,大部分员工外聘的结构特征导致社区图书馆馆员临时性较强,工作流动性大严重影响了图书馆管理工作的规范化。此外,工作人员配置数量不一,社区图书馆所能服务的居民人数与馆员配置的比例失调严重。较为可观的比例应是 1:10000 左右,但却不难发现,现实中这一比例存在很大的差距。以徐汇区凌云街道社区图书馆为例,这一图书馆中仅有 3 名工作人员却要服务将近 10 万名居民读者,这两者的比例达到 1：30000(见表 6.1)，可见这一比例远远不能符合前面提到的要求。其他区的街道图书馆同样或多或少存在员工数量不足以服务当地居民读者数的情况。另外,图书馆馆员的综合素质总体较低,他们的思维固化,观念较为落后,且很少有专业的训练。我们会听到管理员单纯地认为社区图书馆只是一个给居民借还书本、随便翻看的场所,是政府为了绩效考核而建办的文化场所。这种错误的观念影响了他们的工作积极性,服务自然也就不到位。同时,缺乏专业教育与培养,馆员难以为来往的读者提供现代化服务,责任心不强,服务意识淡薄,态度有失偏颇,导致社区图书馆总体服务水平的下降。

表 6.1　上海市部分区县街道服务点(社区图书馆)从业人员概况

所在区县	所在街道	所在街道户籍人口数	街道服务点从业人员数
徐汇区	凌云街道服务点	90297	3
青浦区	练塘镇服务点	52624	5
嘉定区	南翔镇服务点	48813	3
奉贤区	金汇镇服务点	50296	5

(数据来源:《徐汇统计年鉴 2010》、《青浦统计年鉴 2010》、《嘉定统计年鉴 2009》、《奉贤统计年鉴 2010》)

6.2.1.3　问题的成因分析

上海市社区图书馆总的来说,发展状况较好,而存在的问题也是显而易见的。那么,以下将从四个角度分析这些问题的成因。

(1)财政体系结构的限制

我国严格的三级财政体系使得社区图书馆在经费投入上受到制约,相对不灵活。处于基层的图书馆往往受到上一级财政拨款能力大小的制约。上海市经济结构不断优化,正处于社会结构转型期,比较明显的变化是该城市的功能不断提升。越来越多的市中心居民愿意到市郊新城居住。人口逐渐由市中心转向市郊。而原本区县图书馆的建设经费不变,依然能够提供商业、金融服务、教育、医疗卫生等相关基础设施,但却从另一方面给市郊的图书馆建设带来很大的压力。在经济资源没有得到支持的情况下,越来越多的城市人口迁到市郊,乡镇街道图书馆已远远不能提供优质的社区图书馆服务。如果想满足社区居民的文化需求,居民所在地的图书馆就应加大财政投入,这对于本身财政基础比较雄厚的社区来说显然问题不大,但对于那些财政基础薄弱、发展困难的社区而言则是不堪重负。面对这样的财政困境,若是不增加上一级财政投入的支持,社区图书馆将成为一个空壳,资源紧缺、人均拥有资源不断下降,城乡的经济发展差距越来越大,社区图书馆的建设滞后,发展不协调。这在财政上不仅给上一级财政带来困扰,更是严重制约下一级图书馆的发展。这一体系在图书馆建设方面有积极的影响,但也会造成社区居民与城市中心的居民发展不协调,与社会需求脱节。

(2)法律制度不完善

目前,颁布公共图书馆的相关法律都是为了更好保障居民能够平等地享受基本文化服务。而在文化建设方面的法律文件并不是很成熟,更何况是社区图书馆的法律建设方面。从法律层面来规范图书馆建设是当地政府的一个措施之一。上海也不例外,从 1996 年起,就开始制定出台与之有关的政策。1996 年,上海市政府颁布的《上海市公共图书馆管理办法》是全国第一个公共图书馆管理法规,在该管理办法中对街道、乡镇图书馆的办馆条件进行了详细规定,将社区图书馆的建设纳入了法定范围,2006 年上海市文化广播影视管理局分别制定了《上海市街道(乡镇)图书馆等级必备条件》和《上海市街道(乡镇)图书馆等级评定标准》,这一举措更好地推动了上海社区图书馆的等级评定工作的展开,2007 年市文广局又制定了《上海市公共图书馆行业服务标准》等建设与服务标准,这些规范性文件不仅规范了上海公共图书馆的建设流程,强调公共图书馆应发挥其公益性、资源共享性功能,同时为规范社区图书馆基本服务内容和方式等提供了一定的政策法规依据。然而,虽然上海市出台了一些如何管理公共图书馆的规章制度,但社区图书馆建设本身存在参差不齐的现状,图书馆之间差距较大,规章制度仍然缺乏可执行的参照标准,当地的人们想通过图书馆实现多阅读的途径被限制,创造能力受到阻碍,长期下去,人们将会对社区图书馆失去信心。同时,出台的政策本身也存在一定的问题:一是在社区图书馆建设的经费投入上,并没有直接对相关政府部门的职责做出明确具体的规定,随意性大,相关部门以此为借口,在经费投入的技术和比例标准上随意制定,主观性强,缺乏客观的实证思考。二是没有明确规定里弄村级图书馆建设的条件。里弄村级图书馆作为最基层的图书馆经常被忽略,文件上一笔带过,这样给相关部门人员开展工作不明确的指示,导致政府人员工作开展无法可依。三是标准含糊,没有具体的量化指标。比如每年该更新多少硬件设施,定期配置多少工作人员,该如何分配藏书结构等,这些在相关规章制度中并没有体现出具体的数值,而是用简单的词汇规定人力、物力、财力的分配,规定不详细,缺乏量化标准,政府相关部门开展工作比较含糊。四是权威性和约束力不强。图书馆建设的文件下发到各级政府,其权威性也在逐级下降。尤其是一些规定不明确的条文,管理人员更是有可能钻条文空子,对本职工作置之不理。与此同时,相关法规缺乏相应的监督反馈机制,缺乏严厉的制裁措施,权威性和约束力下降。五是部分条文陈旧落后。上海社区图书馆的发展迅速,相关法律法规也应及时更新。但在现实中条文滞后的现象频发,原本就不健全的规章制度更是不能适应时代的发展。

虽然说法律制度建设并不是非常完善,但就目前来说,上海提出的部分规章制度从某种意义上来说还是可行的,它促进了乡镇图书馆的发展,也给其他社区图书馆规范带来了借鉴。但是我们发现,市文广局作为公共图书馆行业主管部门,其所制定的《必备条件》《评定标准》具有明显的缺陷:一是适用范围狭隘,有些规章制度只规定了街道(乡镇)图书馆该如何做,反而把数量比较多的里弄村级图书馆置之在外。最底层的图书馆在管理规范上没有依据,没有标准,在建设图书馆时难免失去了方向。二是规范管理范围权力受限。当基层图书馆出现经费不足、标准不明的情况,在提建议和意见的时候往往被忽略,权力受到限制,而只有行业内的有部分权力。三是约束力有限。对达不到标准的图书馆没有直接的处罚权。上海市着力将社区图书馆纳入依法治理的轨道,但其制定的规章制度存在一个典型的问题是制度建立与废除随意性大。

上海进入 21 世纪后,经济得到了发展,社会环境更加完善。人们日益增长的精神需求对学习和吸取先进文化知识信息也日益增加。上海在社区图书馆的法律建设方面要能够有所侧重,用法律手段来促进图书馆的发展。

(3)管理模式落后于经济发展速度

上海各社区图书馆在建馆资源的开发利用上存在一个共性问题:管理模式滞后的惯性。公共图书馆最主要的功能就是为人们搜集、收藏和流通图书资料。大部分学生除了可以在学校获取知识,课后还能到附近的图书馆继续学习思考,查阅书刊杂志。但问题也会接着显现,图书馆作为智慧结晶的基地、文化知识的宝库,给人们知识的熏陶,却也难以避免资源利用的局限性。当今时代,计算机信息技术普遍运用,互联网、多媒体、电视的广泛使用给人们提供了一个随手随时可阅读的环境。这样的环境给传统的图书馆带来了严峻的挑战。即使分布再密集,没能最大限度地为民众提供便捷的服务,其资源优势也会逐渐被削弱。这种状况应引起图书馆行业的人员反思:如何紧跟时代变迁的脚步,更好地让图书馆快速流通,以及通过多种形式进行文献资源开发。加工、研究、传播等都是现代社区图书馆管理不足的方面。长期的传统的社区图书馆管理模式已经深深地影响一代人,成为一种习惯。依据文化发展的最新动态以及人们的知识信息需求,当地社区图书馆要有所侧重有所选择,抓重点开发的社区,更好地配置人财物资源,从而更好地开展公共文化服务。

（4）人员管理制度的制约

前面谈到上海市社区图书馆的馆员不足以满足现有的图书馆需求,而且员工的综合素质水平不高。上海社区图书馆馆员的管理制度总的来说有这两方面的问题。一个是经费不足难以建设员工队伍。街道（乡镇）图书馆本来就是一个基层的公共服务物品,在财力方面会多次受到上一级财政的制约。其最本质的还是行政事业单位属性,其中员工的收入有一部分是对应的财政机构定编定岗拨款。一部分则是奖金福利,奖金福利又与加班时长、单位创收挂钩,使得街道乡镇图书馆不得不削减对图书馆馆员的聘请来解决经济上的压力。不仅是数量上的削减,员工的教育培训经费也被大大缩减,质和量同时存在问题,优秀的专业人才流失,员工队伍自然不稳定。而对于比较尴尬的里弄村级图书馆,就不一样了。它不属于行政事业单位的性质不仅阻碍了里弄村级图书馆的建设,更别说是引进管理人员,建设员工队伍了。在资源分配上,里弄村级图书馆往往被忽略掉,被认为是可有可无的公共物品。然而为了解决员工招聘问题,部分里弄村级图书馆不得不聘用下岗职工或退休人员等来弥补职位空缺。而在他们的能力评定、职位考核、专业测试等一概而过,不关注他们是否能胜任图书馆管理工作,只要人到了就好的观念是里弄村级图书馆的难题之一。在这种情况下,里弄村级图书馆的馆员队伍得不到建设,馆员的工作热情极低,一系列的问题随之出现。如何完善上海当前的劳动人员管理制度是解决员工问题的主要方向之一。这不仅要求员工要加强专业技能，还要改善服务水平，做一个真正为民众服务的社区图书馆。

6.2.1.4 上海市社区图书馆的运行模式

总分馆模式是上海建设图书馆的主要模式，这一模式把市级图书馆设为各区县馆的总馆，把各区县馆设为区域内街道、乡镇及里弄、村级等社区的总馆，各区县馆是市级图书馆的分馆，各社区图书馆是相应区县的分馆。中心馆会根据现实中各个区的实际情况选择一个条件较适合的作为分馆，而中心馆则通常是选那些省市级别较高的，设备齐全、资源丰富的公共图书馆。作为中心馆，其拥有较强的人力、财力，较为丰富的文献资源，较为先进的技术设备，较为成熟的管理模式，相对完善的整体发展水平。社区图书馆的主要功能是负责完成社区内图书馆的服务工作，在组织结构上隶属于中心馆。在总分馆模式下，中心馆负责各个分馆的财政经费分配，人员的配置以及日常的一些事务管理，成为一个较为严格的总馆统一负责的体系。但为了激发各个分馆的积极性，它们也有部分自主权，来处理日常的事务。

以上描述了总分馆模式在资源共享上的特点，这种联网统一管理的方式给民众带来了许多便利：通借通还、流动服务、资源共享。同时缓解了城市之间出现的网点过少的问题，整体上节约了人力、物力和财力。以下节选上海市社区图书馆发展过程中比较典型的两个案例加以阐述其现状和问题对策。

6.2.1.5 上海市社区图书馆发展典型案例

（1）闵行区颛桥镇：城乡一体化建设背景下实现社区图书馆的可持续发展

①颛桥镇发展概况。颛桥镇是上海闵行区中部偏南的一个镇,在其东面是梅陇镇、吴泾镇,西面是马桥镇,邻近上海市莘庄工业区、紫竹科学园区、闵行经济技术开发区。2003 年 12 月,地铁 5 号线开始运营,这条线贯穿整个镇,该镇内有 29 个居委会(含居委筹备组),14 个村委会,常住人口约 18 万,其中户籍人口58924 人,来沪人口 106002 人,是一个典型的城乡一体化发展重镇。近几年,颛桥社区对图书馆进行了功能转型,结合当地实际情况探索出一条适合城乡一体化服务体系的社区图书馆发展模式和服务体系。

一是缩短城乡文化差异。交通工具(地铁)的出现为颛桥镇带来了契机。颛桥镇抓住这个时机,排除交通困难,努力发展基层服务,统筹城乡发展。颛桥社区图书馆充分利用当地资源举办各种读者活动,如利用多媒体资源库组织中小学生观看正能量影片、浏览特色专题网页等;利用特色文献资源开展特色活动,如"剪纸"特色馆藏。这一系列活动不仅结合了当地的文化特色,还充分利用了交通的发展,将当地的文化传播出去,与外界更好地交流。

二是提供文化精神保障。社区图书馆的出现改变了农村以前较为封闭的格局,具有长远的规划性,成为一个发展的新亮点。社区图书馆是最接地气的基层图书馆,其自身的信息传播功能和社会教育宣传功能,给当地基层政府组织和社区居民架起了文化普及和信息传播的桥梁。目前,随着颛桥镇城市化进程的加快,居委会的数量远远超过村,人口结构调整较大,使得颛桥社区图书馆大规模调整提上日程,重新配置资源,调整功能设置是社区图书馆发展的迫切需求。这一调整为实现加快城乡一体化步伐提供了有力的保障。

三是促进城乡文化协调发展。前面提及了图书馆传播文化信息的功能,图书馆的功能并不是单一的,它在传递优秀文化的作用也越来越突出。颛桥社区图书馆通过馆与馆之间的交流合作、向乡村赠书、邀请专家开展知识讲座、提供上网查阅培训等项目,让农村居民不用到市中心也可以享受到城市里的文化服务。因此,注重乡镇的文化建设有助于统筹规划城市与乡镇之间的发展,促进城市与乡镇之间的文化交流与传递。

②颛桥镇社区图书馆夯实基础,整合资源,推动城乡一体化进程。资源的稀缺性与人的需求无限增长的趋势呈现博弈的场面,而如何整合基础资源是践行可持续发展理念必须解决的问题。以下分别从人力、物力、财力等方面进行分析。

一是财政资源。颛桥社区图书馆人力、技术、资源一定程度上受总分馆模式的影响,因此如何充分运用分馆在当地人财物管理的自主权尤为重要。首先是让资金高效运转。比如如何规划每月(年)的文献采购经费,图书馆日常的行政业务费用,馆内的设备维护费用,举办各项活动的经费,馆员薪资发放等,都是颛桥镇社区图书馆在资金运用上该考虑的方面。做好各项资金支出的账目,并将这些费用列入其隶属的颛桥镇文化中心,保证颛桥镇社区图书馆日常经费的有效使用。此外,以调查分析报告和读者的实际需求为出发点,图书馆有的放矢地采购书刊,调整图书结构。随着颛桥镇的城乡一体化发展,当地居民对农田养殖类图书需求呈现减少的趋势。因而,社区图书馆藏书结构逐渐倾向文艺类、养生类等实用型图书。图书结构的调整,应读者所需,受到读者的欢迎,从而使财政经费资源得到有效使用。丰富的资源优势、新颖高质量的服务优势、独具特色的地方资源优势的有机结合是颛桥社区图书馆有效整合资源的一个重要举措。依托颛桥镇当地的文化优势,颛桥社区图书馆设立了颛桥剪纸项目。从2008年开始,颛桥社区图书馆有个例行规定,每年都要购买一部分特色图书,坚定地传承弘扬颛桥剪纸的特色。另外,在2014年,颛桥社区图书馆为了给剪纸创作提供更宽广的平台,投资近亿元来建设新文体中心,给闵行区文艺家协会做基地,提供发展的平台。同时在大楼内专门设立了"剪纸大观园"和"剪纸大师工作室",设立展示厅供居民参观。颛桥社区图书馆联合文化站、村居委文化活动室、社区学校、中小学校在各大文化公园和文化广场等各类文化阵地举办形式各样的剪纸活动,鼓励广大市民参与剪纸活动。此外,颛桥镇的各项公共设施中随处可见颛桥剪纸,这些举措使剪纸元素不断放大、处处可见。就此,颛桥社区图书馆得到了当地社区居民的充分认可,关注度逐年上升。

二是文献资源。文献资源是一个社区图书馆最核心的一部分,没有文献资源,社区图书馆也就没有存在的意义。文献资源之所以是核心的部分,也是在于它能够给读者传递信息,普及知识。为了更好地收集文献信息,整合文献资源,颛桥社区图书馆本着不浪费资源,文献可持续发展的原则,兼顾书刊的数量和质量,促进文献信息交流共享。颛桥社区图书馆在 2010 年和 2014年两次完成图书馆改建,目前馆舍总面积有 600 平方米,馆舍藏书容量为 5 万。馆内区域划分明显,有专属成人的阅览区、专属少儿的阅览区、提供各种各样的电子设备阅览区、阳光休闲专区(吧)等。这几年来,颛桥社区图书馆开始逐步添置盲文读物,关爱社区弱势群体。而对于图书的选购,颛桥社区图书馆做到不浪费,每年都会制定图书采购计划,有规划地投入文献资源,做到可持续发展、质量兼顾。

当然,社会的发展使得人们不仅仅满足于之前的文献资源,他们对知识的渴求上升了一个层次。这就要求颛桥社区图书馆每年在进行文献采购之前都要进行读者调研,以社区读者需求为导向,有依据地采购文献资源。比如采购对少年儿童有帮助的生活类图书,对周围上班族的员工提供时事类报纸等举措,颛桥社区图书馆的建设也是获得了总馆的支持,以及和其他社区分馆合作。此外,离颛桥镇图书馆较远的两个大型村和居委分别都设有服务点,服务点最大的功能在于实现文献资源的流动,盘活了有限的资源。

三是人力资源。虽然我们都会觉得没有足够的资金和设备难以建成一个图书馆,但没有一支良好的人员队伍同样也很难发展社区图书馆。如何组建一支强而有力的馆员队伍也是当前许多学者研究的一个话题。当前,社区图书馆很少有权力到社会上招聘优秀人才,更没有引进优秀人才的优势。再加上政府不愿意投资于人力资源,自身不足加上外界力量不够阻碍了社区图书馆人力资源的整合。另一方面,从事社区图书馆的工作难以得到社会的高认可度,也很难吸引高层次管理人才。因此,颛桥社区图书馆采用借力办法,推进图书馆人才队伍建设。首先是借区馆之力。颛桥社区图书馆保持与区图书馆的紧密联系,充分利用区图书馆的网络信息资源对本社区图书馆进行网络布局改造,并安排新进入的馆员到区图书馆实习2个月,提高服务质量。其次是借文化中心之力。虽然没有专门管理网络的人员,但颛桥社区图书馆的日常电脑和网络系统维护由文化中心的网管兼管,确保网络平台的运营。最后是发挥馆员自身之力。发挥每个馆员的潜能,目前颛桥社区图书馆的七名专职馆员分工明确,每人负责一项具体的事务,共同目标就是将社区图书馆办得越来越好。2015年颛桥社区图书馆开设了图书馆微信服务,此举深得居民欢迎。在社区图书馆的人才队伍建设过程中,颛桥镇优化其队伍,向社会开放招募公益志愿者馆员,在各社区图书馆开展亲子阅读指导、沙龙读书会等活动。同时,不仅仅是招募临时的志愿者加入图书馆管理,颛桥社区图书馆主动为这些志愿者进行培训,并做好评估,改进他们在管理工作中的不足,总结一套适合颛桥社区图书馆的管理方式。

③对推进颛桥镇社区图书馆城乡一体化进程的设想与建议。城乡一体化的不断完善,社区读者需求的不断变化等要求颛桥社

区图书馆应不断完成自我转型,注重提升社区公共服务的能力。以下是对于如何发挥颛桥社区图书馆作用的几点设想与建议。

一是延长开馆时间。通过身边的图书馆实例,我们能深刻感受到图书馆的开放时间基本上与我们的休闲时间错开了。我们也希望双休日、节假日及寒暑假能够合理安排,调整开馆时间。不仅仅如此,我们更希望每天下午 5 点闭馆的现状可以调整,让下班的工作人员、下课的学生能够有更多的时间到图书馆阅读。给下午下班后的读者提供借还图书的机会,最大限度地增加读者利用图书馆的时间。

二是扩大图书馆的服务范围。颛桥社区图书馆所辐射的读者群体应适当拓宽,将潜在的、被忽视的群体,如社区居民的亲朋好友和来往该社区的居民吸引过来。不应单纯地认为社区图书馆只是本社区的公共物品,而应将其视为一个学习场所无偿为居民提供服务。

三是延伸图书馆的服务内容。纸质版的馆藏需求不会过时,但若能以不同的方式为读者提供方便的阅读何尝不是一种进步呢! 这就是我们所说的"网络点书",触手可得的书本是时代发展,互联网时代的成果。同时,在馆藏文献的类型上,可为读者提供有关投资理财、教育学习、出门旅行、养生美容等方面的咨询服务;另一方面也要注重社区图书馆环境的改造,比如图书馆布局、设施装备、社区图书馆咖啡厅等休闲场所。

(2)普陀区社区图书馆

①发展概况。普陀区位于上海市的西北部,周围是静安区、长宁区和嘉定区,普陀区内总的有 10 个街道(镇)图书馆。截至 2016 年底,10 个街镇馆舍总面积达 6168.55 平方米,馆均 618.69 平方米,10 个街道馆舍藏书总量达 40.1367 万册,馆均藏量 4.014 万册,与 2012 年相比,普陀区街镇图书馆藏书总量增长了 98.4%,购书经费增长了 54.8%,流通人数增长了 47.1%,总办

证量从 2012 年的 4135 张上升到 2016 年的 15114 张,增长率 265.51%,从这一数据可以看出普陀区街道(镇)图书馆的发展速度快。

一是基础设施趋于完善。普陀区着力建设基层图书馆,要求各个图书馆要配有图书室和阅览室。同时还有电子阅览室供读者查阅,以及老年或儿童活动室等。此外,普陀区社区图书馆设置了特色的图书馆漂流屋,实现图书的流动,并且在区文化局的主导下,成立了公共文化配送中心,为街镇社区居民无偿提供图书阅览、讲座分享、戏剧演出等文化产品。

二是馆员结构趋于合理,服务质量不断提升。普陀区社区图书馆重视各分馆的人员配备。其中,从事图书馆工作的人员大多是大专及以上的学历,并要求图书馆人员在上岗前进行实习培训,系统地学习图书馆管理理论并加以实践。

三是突出街镇馆特色,营造浓厚文化氛围。普陀区根据区内街道镇的地域特色,积极打造社区图书馆特色,以群众喜闻乐见的形式开展各项文化活动,吸引民众加入读书活动。普陀区根据宜川街道社区居民以戏曲为乐的特点,定期开展老戏票、戏曲知识展、戏曲名家交流会等活动,采购相关剧种图书和音像制品供当地民众使用,深受当地居民的称赞。

②政策需求及建议。普陀区的社区图书馆发展相对有特色,它着力打造街镇特色。然而在经费和人员配置上也存在一定问题。购书经费跟不上物价的上涨速度,个别社区图书馆在活动经费上明显不足,导致活动受到限制,形式走流程,内容不够丰富。另外,馆员学历虽然较高,但工作人员大多是外聘人员,薪资待遇差距较大,留不住人,馆员流动性大对图书馆管理造成比较大的困扰。问题的存在,我们应该主动去解决,以下从几个方面来探讨。首先是,在法律层面上规范图书馆管理。社区图书馆缺乏完善的明确的法律制度制约,使得其举办的活动往往具有临时性,

且在经费不足的条件下难以提供最好的服务。因此,从法律层面来说,出台具有法律效力的政策已经是形势所需。这些政策应该着重规范经费的增加额度是否能符合物价的增长幅度,同时也要关注财政收入的增长幅度。并且处理好社区图书馆与当地居民的协调关系,全面健康地建设社区图书馆。其次是加强基层图书馆人才队伍建设。图书馆内部人才的培养可以通过培训班、上岗培训、专家辅导等方式提高馆员管理素质,并不定期检查培训效果,真正将培训活动应用到工作中去。在馆员薪资待遇方面,政府相关部门也应给予一定资金,在物质和精神方面激励更多优秀的人才从事图书馆工作,吸引人才、留住人才。

以上分析了上海社区图书馆的发展概况,并且从上海颛桥社区图书馆和普陀区社区图书馆这两个案例展开分析,发现整体的不足以及解决问题的方向。分析的过程中,我们可以发现上海市社区图书馆在发展过程中存在以下几个优势和特点。

6.2.1.6　上海市社区图书馆发展的优势和特点

(1)扎实的基础建设

总的来说,上海市经济实力雄厚,注重文化事业的建设,图书馆基础建设扎实,不管是图书馆设施、文献资源还是人员队伍和财政经费。上海市中心图书馆和各个分馆之间的联系比较密切,网络体系也比较合理。在各分馆中均配有供读者欣赏展览厅、提供信息专员、多功能活动室、读书吧等,多媒体设施齐全,配置数字放映设备,拥有宽带上网条件,有的还设有流动服务车、录音制作室等等。此外,上海市社区图书馆借助地铁人多、便利的优势,进驻地铁,设地铁图书馆。上海公共图书馆也因这些现代化的设施设备,为民众创造了良好的阅读条件和环境。

(2)社区图书馆运行规范

为了更好地规范公共图书馆的运作,1994年上海市文化局制定了关于街道(镇)图书馆的等级标准和实施评估考核项目。为了符合政策的需求,上海市基层公共图书馆每隔四年开展一次等级评定,将政策规范落实到底。在第四次评估定级的项目中,我们可以发现其标准规格很高,要求全面,并充分考虑了多个细节。除了符合常规要求的藏量册次、面积、人均座位、流通人次、开放时间等之外,各个社区图书馆还设有公共信息发布栏,推荐优秀读物、开展各类读书活动、为弱势群体提供特殊服务等全方位的服务。更令人赞叹的是,他们让公众参与满意度评价,真正做到以人为本。在细节方面更是要求馆员着装整齐、挂牌上岗、微笑待人,语言规范,营造良好的人文氛围。

(3)创新图书馆管理理念

早在 2010 年,上海市政府从全局出发整合图书资源,开始"一卡通"服务。政府自上而下为百姓着想,想到了深处。市政府要求"一卡通"服务资源应覆盖全市,扩大辐射范围,实现资源共享。值得嘉许的是,上海嘉定区图书馆开办的"百姓书屋"。这一举措旨在将社区图书馆实现可持续性,在志愿者的农家堂屋里添置书柜书桌和新书,这些书籍供周围居民随便阅读,居民因而有自家书房的亲切随意之感。举措一出台吸引了当地的很多居民,纷纷感叹阅读"最后一公里"不再是问题。此外,各个社区图书馆努力寻找自己的特色,逐步形成地方文化中心,组建具有民间文化特色的社区图书馆。

(4)独特的上海人"海派"风范

上海市本身具有的经济基础和上层建筑给上海市社区图书馆发展带来了天生的优势。还有一种说法是上海人的行事风格(主观因素)影响着上海基层公共图书馆事业的发展。这一风格被称为"海派"。用现在的话来解释海派的意思,是指开放不守旧,海纳百川,善吸收兼包容。上海独特的"海派"风范还表现在对人(读者)的关注;对发展永不停歇,贯穿始终;责任心就是平常心的心态。

6.2.2　北京市社区图书馆发展

社区图书馆的建设作用越来越突出。北京市社区图书馆也紧跟时代,铸就"中国梦",大规模、有组织地建设社区图书馆。

6.2.2.1　北京市社区图书馆发展总体概况

(1)基本建设情况

根据有关调查显示,北京市社区图书馆的覆盖率已达到60%以上,具有一定的规模,能够提供借阅服务、通借通还、文化活动、电子阅览、打印复印、读者培训和参考咨询等基本服务。但也存在一些问题,在馆舍建设与馆员管理方面,北京市社区图书馆馆员呈现老龄化趋势,馆员的学历层次较低,馆员内几乎没有图书馆及其相关专业背景的;在馆舍选址上,北京市社区图书馆的建设选址比较随意。走在北京市街道上,我们可以看到在社区居委会、少年宫、老年大学、党建活动中心等这些机构附近都会设有社区图书馆。毋庸置疑,在这些公共场所附近配有社区图书馆是最适合的,不论是人流量还是居民需求都是合情合理的。另外,还有个别的社区图书馆设在军队驻扎地,除此之外,还有单独租用场地设立社区图书馆的。

(2)文献资源建设以及读者情况

目前北京市社区图书馆的平均藏书量在10000—20000册之间。文献类型总体上来说比较丰富,主要以人文社科类文献为主,自然科学类文献总量较少。北京市尤其重视中心图书馆与各个分馆的资源建设,尤其是网络服务。通过建立各个网站链接中心馆与分馆的信息服务网络,践行总分馆模式的优势。文献资源不拘泥于纸质版,更是实现电子化,为读者提供网上阅读、馆际互借、资源共享的便利。来往社区图书馆借阅的主要是少年儿童、老年人和外来务工人员。有个别图书馆出现无人问津的情况。

6.2.2.2 北京市社区图书馆发展存在的问题

(1)办馆模式单一

目前,北京社区图书馆遵循传统的模式,联合一些业余教育机构,如社区学习、老年大学等就近设立。而仅有少数的社区图书馆的办馆模式是企业赞助,物业管理外包等,这些模式的主要特点是灵活便民。北京市社区图书馆采用的办馆模式较单一,这不仅不利于社区图书馆多样化发展的方向,也影响社区图书馆为民众提供更灵活、更便利的服务。

(2)社区图书馆自我宣传能力弱

北京市的社区图书馆主要是设立在社区服务中心或者文体活动中心,这些选址使得社区图书馆不够醒目,没有自己的独立空间。我们会惊讶地发现,某些巷尾和地下室设了社区图书馆,这些隐蔽的地方让人们不知道有图书馆的存在,更别说是去阅读了。我们会发现,北京市社区图书馆的官僚色彩日渐浓厚,对自身的宣传力度不够,处于被动的状态。多种因素导致当地居民不了解社区图书馆的服务功能,读者也就少了,甚至无人问津。

(3)馆员素质参差不齐,普遍较低

深入北京市社区图书馆中去,我们可以深刻感受到北京市社区图书馆馆员年龄普遍较大,专业性差,学历层次偏低,其中馆员的工作形式主要以兼职为主,这一状况导致了图书馆馆员的流动性大,难以保证其服务质量,导致工作的连续性和系统性弱。图书馆馆员的素质水平高低不齐,难以从整体上进行管理,管理成本较高,从而也影响了社区图书馆的整体服务水平。

（4）布局不合理，区域发展不平衡

北京市社区图书馆受到经济发展水平、地理位置、居民流量、文化差异等因素制约，社区图书馆之间发展不平衡，布局出现不合理。有的区域社区图书馆比较密集，有些则五公里都找不到一家图书馆。不合理的布局给周围居民带来困扰，民众阅读的积极性变弱。

6.2.2.3　北京市社区图书馆的发展对策

（1）改变单一的办馆模式

由以前的多是以联合业余教育机构为主转变到设立住宅小区式社区图书馆模式或者企业援助式办馆模式。住宅小区式是指将社区图书馆设在住宅小区内，所在地的房产商出资建办，并归入物业管理，提升社区图书馆自身竞争力。这一模式越来越受民众的喜爱，社区图书馆给当地居民带来强烈的亲切感和归属感，实现了政府、房产商、居民的"三赢"。而企业援助办馆是指由特定的企业在资金和基础设施等方面提供援助来兴办社区图书馆。企业在资金支持方面有较大的优势，一定程度上保障了社区图书馆的正常运转。这种既给社区图书馆发展带来经济支持，又给企业经济发展提供宣传的双赢局面正是当下北京市社区图书馆发展的一个方向。

（2）加强自我宣传力度

现代多媒体等技术手段多样，手机、网络、移动电视等多种传播媒介给社区图书馆提供了更加丰富的宣传渠道。社区图书馆可以利用这些渠道进行图书馆的推广宣传活动，设立社区图书馆宣传专栏、宣传橱窗等吸引社区居民，让社区居民更加了解社区图书馆的信息服务和发展建设状况，发挥社区图书馆的传播功能。目前，建立专属社区的网站、微信公众号、官方微博等不仅能够以大家喜闻乐见的方式宣传自己,提升社区图书馆的公众形象,更是受到广大年轻者的青睐和追捧,并能通过网络平台与读者进行互动交流,加强了社区图书馆的自我宣传力度,树立社区图书馆良好的公众形象。此外,"代言人"推广也是一种可供选择且效果较好的推广方式。这种推广方式是通过设立公众人物、优秀读者或是独特的元素设计增强社区图书馆的知名度。如根据少年儿童的特点设立卡通图书馆大使,从年轻群体中评选优秀读者,在老年人群体中邀请优秀的公众人物对所在的社区图书馆进行宣传,主动为社区居民提供有价值的服务,从而达到社区居民和图书馆双赢。

(3)提升馆员管理能力

北京市社区图书馆馆员中,占大部分的人员没有图书馆相关专业背景,这一问题亟待解决,而解决这一问题的主要方法则是定期开展科学有计划的培训,培训内容为图书馆的基本工作常识,并对参训人员进行评估,避免培训形式化。培训做到有计划,课程合理设置,逐渐提升社区图书馆馆员的基本素养。此外,在馆员构成上,可积极鼓励志愿者或有相关专业背景的大学生参与图书馆的建设与管理,贡献一份力量,将理论与实践有机结合。当前中国图书馆专业人才较紧缺,不能满足公共图书馆的人才需求。因此通过整合社会力量来丰富社区图书馆的馆员构成显得十分必要。

(4)调整社区图书馆的布局结构

社区图书馆的主要目的就是为民众提供方便的阅读条件。保证居民能够在一公里内找到一所公共图书馆是分布图书馆点的目标之一。在这一点上,西方发达国家的可持续做法值得我们学习借鉴。结合各个区域的经济发展状况、人口流动、地理位置等因素,打破管理体制的约束,以居民的实际阅读圈为出发点综合考量,合理规划图书馆的布局。在统筹规划方面,北京市社区图书馆应摆脱"面子工程",避免一次性投入大量资金建设而缺乏后继发展的思考。与其搞"面子工程",不如有重点地选择一批社区图书馆,将其发展壮大,供其他社区图书馆学习借鉴,实现资源的优化利用。

6.2.3　广东省社区图书馆发展

6.2.3.1　广州市汽车图书馆

广州市经济发达,城市范围不断扩大,城区转移、城市社区化趋势明显。1987 年广州市创办了首家汽车图书馆,这是广州市为了在文化建设方面建设一批与之相对应的文化设施的措施之一。汽车图书馆奔走于广州偏远地区、工厂、部队等地方,其主要目的是为了解决城市周边地区读者借(看)书难的问题,来扩大图书馆的辐射范围。同时,为了与总馆实现网络相连、通借通还,每个汽车图书馆都装有车载计算机操作系统。

汽车图书馆作为一个新鲜事物的产生,也必然会出现一些发展瓶颈:汽车图书馆出车费用剧增。虽然每月出行 1 至 2 次,但这既满足不了当地民众的多方位需求,也使得汽车图书馆单位经济负担甚重。汽车图书馆作为一个较新鲜的事物,在萌芽阶段受到民众的欢迎,许多第一次接触汽车图书馆的读者由于不熟悉流程,直接取了书就走,不知道要把条形码录入借书卡,导致图书资源管理不畅,信息缺失。此外一个普遍性的问题则是读者数量呈现下降的趋势。

而如何解决以上出现的困境,首先是要争取财政部门的资金支持。汽车图书馆打破了空间限制,为偏远地区提供便利,并且提高了图书利用率。但是汽车图书馆想要更好的发展,发挥它的最大优势,没有政府的财政支持会遇到很多阻碍。其次是重视读者的使用教育,培养读者借阅图书利用图书馆的意识,做好常规引导。激发读者的广泛阅读兴趣,加入阅读活动,号召社会上的人员建立学习的目标。广州市汽车图书馆的主要受众群体是少年儿童,根据少年儿童的特点展开有趣的"悦"读活动,让汽车图书馆真正缩小读者与图书馆的距离。最后是提高服务质量。汽车图书馆可以选择依托在某个单位,协助管理。在技术服务上,可以通过 QQ、微信、微博等平台及时有效地解决读者在借阅上的难题。更有甚者则是融入自助智能,确保自助智能的易用性和稳定性,简单操作,定期进行检修,加大自助服务宣传,提高读者的自助服务能力。

广州市汽车图书馆变阵地服务为流动服务,与总馆相互配合,突破了传统的服务模式,为广大读者提供了书香社会的氛围。这一模式的探索任重道远,同时也给社区图书馆发展带来许多思考和借鉴。

6.2.3.2 深圳"图书馆之城"

深圳市文化局在 2003 年下半年第一次提出要将深圳建成"图书馆之城",这一计划旨在改造深圳图书馆网络,让全市的图书馆互通有无,优势互补。这一目标提出后,社区图书馆大量涌现,整个深圳市到处可见规模不等的社区图书馆。更加凸显了深圳现代都市的书香气息,不管是深圳本地人还是外来人员都为此感到兴奋。但是,在深圳"图书馆之城"建设中,部分社区图书馆与最初的目标相背离,存在着一些共性问题。一是图书品种单一。社区图书馆受其规模限制,书籍更新慢,品种单调。虽然社区图书馆的建馆数量多,但不足的是,图书馆藏量较少,书籍的采购来源大多是上级挑选或者依靠社会上的捐助,内容跟不上时代发展。二是服务质量比较差。大多数社区图书馆馆员构成主要是下岗待业人员，他们的服务热情低，管理服务难以到位。三是开放时间不合理。一些上班族人员反映即使一下班就赶到图书馆，也赶不上闭馆时间，更何况还想在图书馆阅读，很少有借书的机会。只有少数老年人和少年儿童进馆，受众群体小，图书资源浪费。四是社区宣传不到位。社区图书馆比起市（区）级图书馆相对不起眼，很多书迷舍近求远，到市中心借阅图书。深圳外来务工人员多，读者群体不固定，新到的人员对社区图书馆认知度不高，不知晓社区图书馆的位置和用途。

深圳市"图书馆之城"在发展过程中同样会遇到阻碍，这些建设阻碍亟须引起有关方面的重视。

（1）整合资源，开展"四点半学校"

深圳市城市建设快速发展，包容性强，外来务工人员不断增多，大量的务工人员子女跟随父母进城求学。根据这一形势，打造学生的第二课堂非常重要。比如开设"四点半学校"，解决家长下班与孩子放学之间的一个时间差问题。各个社区图书馆调查在本社区居民的实际情况，根据需要开展"四点半课堂"，为小孩子提供课后学习的环境，解决下课后无人看管的普遍现象，促进青少年的健康发展。这一举措不仅整合了社区现有的资源，更是让家长感受到了公共管理服务的力量。

（2）调动居民参与建设，营造文化氛围

社区图书馆作为一种由政府提供的公共物品，不仅是为了改善居民阅读的环境，更为居民之间相互交流，思想碰撞提供了场所。这当中需要让居民参与到图书馆的建设中来，充实社区图书馆的建设力量。社区图书馆可以提倡社区居民将幼儿读物、学习课本或已看完的图书杂志捐献给当地社区图书馆，提高图书的利用率，既环保又调动居民的积极性。此外，社区图书馆还可以通过多种渠道营造文化氛围。如开展市民沙龙、社区智库建设、图书作者签售等活动，丰富社区图书馆的服务内容，方便居民读书学习。

(3)信息咨询,强调功能多元

每个社区发展都会存在不同的地方,有的社区老年人居多,有的社区则是年轻力量茁壮,这些不同点要求每个社区应该根据当地实情设置符合人们需求的服务内容和方式。例如对于年轻夫妇较多的社区,可以统计居民需求,予以幼儿读物和成长培养的书籍期刊。再如对于老年人居多的社区,可以多提供一些养生读物,为他们做一些养生讲座,甚至提供养生服务,提供按摩器材供老年人体验。而对于一些知识层次较高的社区,则在具有一些基础性的图书资料外,有的放矢地添置文献信息资源,与总馆资源共享,开展个性化信息服务。

(4)加强宣传,固定开放时间

开放时间是图书馆运行普遍面对的问题。如何有效地解决这一问题,目前没有统一的标准方案。各个社区根据居民特点,可以固定开放时间,比如每周一、三、五、日的14时-20时,这样,有借阅需求的居民就会在规定的时间点到图书馆借阅,也能够节约人力、物力、财力的使用。当然开放时间选择在周末开放,并延长服务时间也是一个趋势,这与上班族的时间错开,能真正地服务到各读者。而且周末大家的时间比较充足,可以倡导他们自愿加入社区图书馆的服务中去,体验图书馆服务工作,营造和谐的氛围。

6.2.3.3 深圳龙岗区社区图书馆

深圳市龙岗区作为一个新开发的城区,近年来,社区图书馆的数目越来越多,目前形成了比较完善的覆盖全区的公共图书馆网络。然而,重建轻用的现象趋于严重,社区图书馆"叫好不叫座,使用率太低",甚至有的一年才借出一本书。这些资源浪费的现象引起各大媒体的关注。

（1）龙岗区社区图书馆

深圳市龙岗区是一个厚积薄发的区级地区，全区共有 106 个社区，目前已经设立了 79 个社区图书馆。据调查报告显示，2014年底，龙岗区中 79 个社区图书馆，有 8 个已关闭。而偶尔开放的有 15 家，其中已有 67 个社区图书馆无后续运营费用，从未更新馆内资源，藏书基本保持建馆之初的模样。也就是说，大约有85％的社区图书馆成了花瓶、摆设品。

（2）龙岗区社区图书馆存在的问题及原因

①后续经费不足。社区图书馆给基层政府带来经济发展契机，同时也带来建设压力。一开始，他们重视社区图书馆的建设，后期则因人财物等原因难以继续经营下去。为了评估考核，基层领导在建馆之初愿意投入大量资金，一次性建成。但随着考核的结束，社区图书馆的建设也因经费不足跟不上当地居民需求的变化。超过 80％的社区图书馆年增新书少，建设初期的图书尘土覆盖，图书的知识信息陈旧，社区居民一开始乘兴而来却败兴而归。不但没有起到社区图书馆服务大众的作用，久而久之更是挫败了社区居民借阅图书的积极性，宁愿自己掏钱买书，也不愿意到社区图书馆借阅。

②开放时间不固定。上述中，龙岗区社区图书馆数量逐渐上升，但只是数量的增多，也会出现很多问题。其中之一就是缺乏管理人员，图书馆开放的时间过于随意。部分社区图书馆的工作人员不单单是负责图书管理工作，还在社区做服务工作，双重工作一来分散了他们的工作精力，服务质量难以提升，随意性大，给来往的读者带来很大的困扰。尤其是上班族，晚上或周末才有闲暇时间到图书馆，但社区图书馆往往是关闭的，影响了社区居民的阅读率。

（3）社区图书馆的发展模式

①自助图书馆服务模式。深圳市现代科学技术发达，这毋庸

置疑。龙岗区将技术真正运用到图书馆建设中，打造了社区居民自助图书馆，主动为社区居民提供阅读服务，变被动为主动，读者轻而易举地可以借阅到需要的书籍。自助图书馆，完美地诠释了快捷、平等、开放的服务原则，以读者为中心，使图书馆资源围绕着读者展开。当然，自助图书馆的建设不仅让借阅人员更加便利，自己根据时间空间安排到图书馆借阅，还展示了一个城市的经济技术发展水平。其中，在线咨询服务系统的建设和维护同样是自助图书馆应该重点把握的一个问题。自助图书馆利用网络通信、计算机、门禁监控等技术，完全可以实现无人值守的目标，既节省了人力，也为上班一族提供了灵活的借阅时间。这一模式提升了龙岗区社区图书馆的服务形象和服务档次，获得了当地居民的称赞，吸引了更多的读者。但该模式的推广背后也存在一定的问题，少年儿童、老年人不一定全部都会使用自助图书馆，自助图书馆近在眼前，却苦于不明白使用方法，导致自助图书馆的受众群体单一，一定程度上浪费资源。如何有效权衡这两者的利益是我们最关心的一点。

②总分馆建设模式。深圳市公共图书馆的管理方式、建设模式大致也是采取总分馆制。这种模式是实践证明行之有效的一种图书馆建设机制。这一模式要求资金、文献、技术等资源由市(区)级图书馆统一安排，一定程度上可以解决社区图书馆后续经营短缺的困境。

龙岗区在 2007 年起就建立了中心图书馆和各个分馆，采用多方共建，将分馆建在各个街道社区。中心馆管理这各个分馆的资金来源，在文献上给予分配。同时还允许各个社区分馆自行添置特色的文献书刊。此外，在深圳市启动"图书馆之城"这个平台后，龙岗区各个分馆纷纷加入了这个服务平台，实现了"一卡通行"。这种模式解决了经常出现书籍重复采购的现象，同时也促进了社会图书资源的流通。总分馆制的模式并不是十全十美的，在运行过程中仍然会出现很多问题,这有待当地政府、社区、居民共同参与,解决所出现的问题,从而更好地推行这一模式。

6.3　我国其他地区图书馆发展案例

6.3.1　天津:"身边的学校"

天津市各个区县充分利用各种资源营造文化氛围。天津市民将社区图书馆视为"身边的学校",这也是有缘由的。天津市和平区公共图书馆借助社区的力量,目前已经建立了将近 30 个社区图书馆。据有关文献资料显示,每个社区图书馆的面积大都在 30 平方米左右,并且保持每 3 个月定期更换社区图书馆的书刊。分馆的分布范围越来越广,数量越来越多。这些分馆之间会有"一码通"这个渠道链接一起,配置流动服务汽车,实现通借通还,拓宽服务范围。值得关注的是,天津市社区居民在 2006 年 5 月起,可通过"一码通"实现网上阅览电子文献。当然,读者不仅可以进行网上在线阅读,更可以免费下载资源。虽然规定了在一定的期限和下载流量内使用,但下载文献是不向读者收取任何费用的。目前,天津图书馆总分馆模式发展较成熟,并有流动性的服务站点,"一码通"网卡用户数量呈上升趋势。总的来说,天津市社区图书馆发展深受民众的喜爱,"身边的学校"实至名归。

6.3.2　苏州图书馆—社区分馆

苏州人学习氛围浓厚,当地居民称图书馆为"终身学校"。而一开始要建立公益性图书馆受到民众的反对,中间起过很大的争议。原因是在寸土寸金的苏州,不仅居民用地紧张,政府办公的土地也是稀缺得很。一旦建立图书馆就会占用许多土地,政府和民众之间的博弈很快就凸显出。而在 2009 年,建设苏州社区图书馆这个提议被落实,随后在各个社区出现了社区图书馆,以各种形式为当地居民提供学习和阅读服务。这个提议一定程度上满足了民众渴求知识的需求。而单纯建立社区图书馆也是不行的,后期的建设工程量大,服务方式和内容都是苏州将要面临的挑战。所谓"苏州图书馆—社区分馆"总分馆建设模式,用一句话表达就是,超市的连锁服务模式。而这个模式又与超市的连锁服务模式有所不同。这是由政府出资,投资建设,采购文献,而公众免费消费。社区图书馆像当地的便利店一样分布居多,新村里弄的居民都能享受质优价廉的服务,这当然会受到民众的喜爱和欢迎。相比公共图书馆,总分馆模式不仅拓宽了图书馆的服务范围,也使资源整合更加合理,一举多得。

"苏州图书馆—社区分馆"的特色之一是因地制宜科学发展,但发展的背后难以避免会出现一些问题。例如苏州曾乡镇在 20 世纪 90 年代初曾建有一座藏书万册的图书馆,但不到十年,在 90 年代末,这样富有意义的图书馆却消失了。而出现这一情况后,立马有人站出来分析,总结归纳经验并提出建议。主要问题是分馆的服务标准不一,未能真正实现资源共享。这一问题的解决措施是统一服务标准,实行扁平管理。即总馆委派人员管理分馆,用总馆的标准管理。这样一来,读者不用每次都长途跋涉到中心馆借阅书刊,在就近的分馆即可享受与总馆一样的服务。同时还不必到原先借阅书籍的图书馆归还,可在分馆网点直接归还,还可以免费上网、预约借书等。网络的便捷给读者提供远距离的高服务质量,深受居民的喜爱,图书馆读者盈门,一定程度上改变了无人问津的状况。

6.3.3 陕、甘两省乡镇(社区)图书馆

近年来,陕、甘两省乡镇(社区)图书馆在国家相关政策的指

导和文化部、财政部等相关方面的扶持下取得了较大的发展。其中,原已建成的乡镇(社区)图书馆在文献资源建设上改观明显,县级以下乡镇(社区)图书馆的建设初步形成规模。市级和乡镇(社区)图书馆多头并进,不拘一格,办馆形式有所改进。

从建馆时间上看,陕、甘两省乡镇(社区)图书馆建设较迟缓,21世纪之前建立的仅有3个。所有图书馆均隶属于乡镇、社区综合文化站管理,不具独立法人身份。从馆舍布局来看,各馆平均面积136.39平方米,其中面积最大500平方米,最小18平方米。在专用设施配备上,基本配备了书架、期刊架、报价和阅读桌椅。而电脑、投影仪等多媒体配备比例较小。在人员构成上,图书管理员学历层次较低,超过半数的图书馆管理人员多由公职人员担任,临时性、流动性大。在购书经费方面,有的受到重视的经费就多点,有的则几乎没有经费。馆与馆之间的经费不一,导致发展不协调。据调查资料显示,陕、甘两省社区图书馆开放时间不固定,随意性大,每周一至周五开放的馆数很少,有的每周仅开放一次。社区图书馆所开设的服务项目较为丰富,设有外借服务、报刊阅览服务、电子阅览服务、实用技术讲座、培训活动、文献检索服务、农民读书征文、知识竞赛等活动。特别是,针对弱势群体的服务已有展开相应服务,未展开服务的也正在有序展开。

陕、甘两省在乡镇(社区)图书馆的发展状况趋于良好,但还存在着如下问题:一是管理体制不健全,基层图书馆建设基础不扎实。陕、甘两省乡镇(社区)图书馆没有独立的法人地位,其发展取决于乡镇基层领导的认知程度和个人喜好。乡镇(社区)图书馆成了乡镇基层领导评估考核的一个流程化指标,为了检查而建馆,却看不到成果的局面令人担忧。此外,基层领导对乡镇(社区)图书馆重建轻管,重藏轻用,导致其空壳化现象越发严重。二是建设资金不足,文献资料单一,社区图书馆无人问津。乡镇(社区)图书馆的筹集资金来源不稳定,文献资料大多是依赖上级支配。上级支配处理的不及时给现有的图书馆资源带来更新滞后的麻烦，质量低下。久而久之，图书馆对读者的吸引力持续下降，乡镇（社区）图书馆成了面子工程。三是各个分馆之间协作意识差，阅读推广较少。即使设有"文化共享工程"，却因管理人员素质不高，致使工程形同虚设。

对陕、甘等欠发达地区乡镇、社区图书馆事业发展有以下几点建议：一是规范业务工作流程，科学管理图书馆。从宏观角度上来说，国家相关部门首先应遵循"普遍，均等，全民覆盖"的战略目标，全面落实规划公共文化服务体系，具体到乡镇一级。对于这些图书馆的人员编制、业务流程的改造应定期开展评估，改进工作，促进业务工作流程的规范化。二是发挥主管部门应有作用，着实理顺管理体制。解决经费不足、专干不专的手段之一是县级文化行政主管部门统一领导现属乡（镇、办）管辖的文化站，更有效地整合乡镇（社区）图书馆的人、财、物等工作要素。行政主管部门要做到切实理顺管理体制，合理核定其工作岗位，做好与其他乡镇（社区）图书馆的协作工作，分享经验，总结经验，解决现实存在的经费紧缺、服务不到位等问题。三是抓好人员培训工作，培养专业的图书馆馆员。乡镇（社区）图书馆应充分借助省、市以及公共图书馆的力量，尝试开展专业的图书馆馆员培训班，采用集中办班、上门培训、交流会等形式，为图书馆管理员开展系统的培训工作，传授图书馆建设与服务的相关知识，与时俱进，利用现代信息技术更方便快捷有效地为来往读者提供高质量的服务，向培养一支懂业务、素质高、能打仗的管理人员队伍靠拢。四是做好阅读推广工作，促进基层图书馆健康发展。解决基层图书馆无人问津的最好途径就是认真做好阅读推广工作，切实将基层图书馆的服务宣传到位、展开到位。借鉴其他省市优秀的范例，结合本地实际情况，组织开展农民读书有奖征文比赛，为居民提供养生保健相关的知识讲座，为农民提供实用的农业技术培训，发放相关书籍等图书馆阅读推广工作,丰富图书馆活动形式,彰显基层图书馆存在价值。五是大力推行总分馆制,系统管理图书资源。中心—分馆(总分制)的图书馆建设模式总的来说是在国家和地方政府建立财政保障机制的前提下,总馆和地方分馆资源上没有阻碍,流通顺畅。而陕、甘两省的乡镇(社区)图书馆做不到面面俱到。这就需要找准有基础的中心馆来引领各个基层图书馆,将阅读范围扩大,辐射到更多的人民。

以上分析了中国内地的部分社区图书馆案例,涉及了北上广发达地区、天津、陕甘两省。而相比内地,港澳地区的社区图书馆发展颇有特色。以下将分别分析香港和澳门在社区图书馆建设的状况。

6.3.4　香港社区图书馆的伙伴计划

香港特区政府鼓励市民积极参与文化事业的建设,献言献策,开通了许多渠道供群众参与地区事务建设。在香港,在社区不仅可以看到许多如会堂、游泳池等的公共休息场所,还有随处可见的基层图书馆。但在香港,大型的公共图书馆数量还比较少,主要是以社区为载体,建设丰富多样的图书馆。这些公共场所的建设都是为了改善香港各区的市容市貌,提高人们的文化生活水平。

那么香港是如何建设基层图书馆的呢? 这一方式就是我们常说的图书馆伙伴计划。具体操作如下:首先,各区区议员结合当地需求,向香港公共图书馆申请领取一张团体借书证,公共图书馆经商讨后决定批准,并向社区提供专业的辅导。例如如何为特别的读者群诸如儿童、青少年、家庭主妇及长者等选择适合的图书,如何设计阅读区、如何建立书籍流通制度、如何向读者提供参考咨询等,在一切硬件就绪后,香港公共图书馆便会向社区图书馆外借一批图书馆资料,数量由该馆的规模或个别需求而定,而香港公共图书馆亦会协助定期更换这批外借资料。香港公共图书馆一般只会要求开办机构能够公开地将外借的图书馆资料免费供市民或其服务社群使用,至于社区图书馆的运作模式、规则及开放时间等,则通常由开办机构在参考图书馆馆长的专业意见后自行订立,而社区图书馆亦可因既有的资源,自行增添图书馆的设施和图书数量。

其次,各区区议员表示对这一计划的支持,并结合当地特色采取各项行动付诸实践,广泛落实这一计划。比如我们可以看到的各种多功能的阅览室,主题多样的读书沙龙,鼓励全体成员办阅读计划卡等等活动。每个社区都有浓厚的书香氛围,多方位地为居民提供服务。此外,完善的网络系统为居民提供了无限的便利,自助借书、自助换书、智能检索等不仅节约了人力物力,还解决了社区图书馆开放时间受限的问题,为读者提供了便利的服务。便利图书站是香港社区图书馆的特点之一,我们可以看到有的社区图书馆还兼营便利店。便利店的选取是根据当地人流量、人群特点而设置的。为了让老年人更加健康地生活,香港在老年人居多的社区中特别采购保健、养生的书籍,周围的便利店更是借助这个优势,也专门售卖老年人产品。

不少香港市民愿意做义工,这也得益于香港义工组织的成熟。毫无疑问,义工在社区图书馆的发展也是非常重要的。义工人员自发帮助各个社区图书馆整理资料、排列书籍,参与图书馆的管理,推广社区阅读推广活动。他们既能享受社区图书馆的图书阅览服务,又能亲自体验社区图书馆工作的辛苦,实现社区与居民更好的互动,提高居民的阅读积极性。

在学习借鉴香港社区图书馆模式的同时,我们也应对其模式加以思考,在优秀的社区图书馆建设案例中发现不足,更好地为其他社区图书馆提供参考。

一是加大各级政府的支持力度。政府的力量在社区图书馆建设扮演着非常重要的角色。为了更好地对社区图书馆进行全面规划,政府理应切实增加投入。做好图书馆宣传工作和舆论导向,出台相关的政策法规,对于建设困难的社区予以经费支持,投资图书馆人力资本等,这些都是政府努力的方向。

二是走资源共享之路。居民不断增长的信息需求使得单纯依赖社区图书馆的资源是不够的。它可以争取社会上的力量,比如高校图书馆,互相学习、共同发展。同时人员之间的流通也是一个资源共享的渠道。香港社区图书馆的义工组织就是充分调动了人们的积极性,整合人才资源,在技术上和服务上有机统一。如在寒暑假,可招募大学生自愿担当图书馆管理员,增加社会实践经验。

三是走发展多元化的道路。政府的支持力量是单薄的,若能找到支持有力的企业合作,那么社区图书馆运行更顺畅,更加有活力。企业在赞助社区图书馆建设的同时能够提高它的知名度和美誉度。此外,在社区图书馆经营居民需要的商品,以公益性为主,有偿服务为辅;开办社区读者俱乐部、音乐图书馆、保健图书馆、玩具图书馆,举办各类活动,让群众感觉到这类图书馆的存在,从全局上来建设社区图书馆。

随着经济的快速发展,香港社区图书馆的发展模式突破传统、循序渐进,在发展中进步。虽然香港的经济政治等情况与内地有所不同,但建设图书馆的最终目标都是一致的。图书馆的建设也是为了让人们更好地享受知识经济下,资源共享带来的福利。我们在借鉴的同时应该有针对性地考察,采纳适宜的建馆模式。

6.3.5　澳门阅读推广计划

澳门政府非常重视全民阅读,也就是将阅读推广到所有人群中去。从澳门阅读推广活动中,我们可以借鉴其经验,思考如何在内地开展有效的阅读推广活动。

首先是政府主导的全民阅读活动。在澳门回归后的几年中,政府在施政报告中都强调到要将阅读文化作为本年度政府施政的重点之一。而且政府各行政职能部门应发挥好在全民阅读活动的计划、实施、资金投入等环节的主导作用。如主题书展、图片展览、作家讲座、图书制作工作坊、立体书剧场、校园阅读推广活动、亲子读书会以及常识问答比赛等 40 多项活动,为市民提供更加多样化的阅读活动,鼓励市民以有趣的方式参与到阅读中来。针对中小学生这一群体,澳门政府全力推行校园的阅读优化计划,在资金和政策上予以支持。此外,为了让《学校阅读优化计划》得以顺利实施,教育暨青年局下辖的教育活动中心还开展了《阅读奖励计划》,并且在 2007 年开展《阅读推广人员资助计划》,为加强阅览教室的管理、培养学生的阅读习惯和良好的阅读行为以及推动书香校园的建设培养专业的阅读推广人。

为了让市民培养读书终身受益的观念,澳门教育暨青年局推出了一项专门奖励终身学习的计划。这个活动内容丰富,涉及职业技术教育、家庭生活教育、养生保健教育等内容,鼓励全体市民积极报名参与。对参与学习和阅读活动的市民,都将根据学习和阅读的情况,授予"热爱学习者"、"阅读榜样"等荣誉称号以及购书券作为奖励。

综上,澳门地区关于阅读推广项目的制定方针,推广活动的具体实施,对于我国其他地区的阅读推广有着重要的借鉴和学习意义。首先是发挥政府的主导作用,推广阅读。政府在阅读推广中的作用是澳门地区社区图书馆得以发展,阅读计划得以推广的中坚力量。政府不能仅仅是提供资金支持,还要发挥其监督作用,监督资金的使用方向,让资金真正用到实处。另外,可以成立监督和推广小组,保障全民阅读,并对优秀者予以奖励。其次整合各项资源,充分运用图书馆的自身功能和特点,将全民阅读、终身学习的活动做到极致。最后是重视少年儿童的阅读推广。从小培养儿童的阅读习惯对其一生发展受益无穷。政府、社会、家庭三方的力量组合起来,开展一系列有利于儿童阅读推广的活动,传授他们有关阅读的技巧和方法,养成一个阅读的好习惯。

城市化的推进,社区多元化服务的展开,让社区图书馆不得不向前发展。社区图书馆直接服务于当地居民。这就要求社区图书馆在发展过程中不能拘泥于传统的图书馆服务模式,而要与时俱进、创新发展,以满足社会的实际需要。综合我国北上广、天津、港澳地区社区图书馆的建设经验来看,以下总结了几点社区图书馆的发展趋势。

6.4　我国社区图书馆发展的趋势

6.4.1　注重规模建设,图书馆模式多元化

谈到社区图书馆,我们以前能想到的一个场面就是:窄小的房间内放置几把掉了漆的椅子,而铁架子上叠放基本落满了灰尘的书刊。当前,我国房产经济迅速发展,商品住宅小区逐渐增多,紧跟着社区图书馆的建设规模也不断扩大,办馆模式出现多元化的趋势。一是公益性图书馆。既然是公共物品,就该发挥作为公共物品的作用,做到人们有书可读,有地可读。政府对社区图书馆的资金投入也会越多,并向社会全面开放,实现城乡共同发展。二是社区共建图书馆。事物是普遍联系的,社区的发展不是孤立的,这就要求各个社区之间、单位之间可以相互合作,改变运营模式,有效提供服务。这样不仅有利于资源整合,也有利于构建新型运行机制,完善图书馆管理机制。三是民企投资图书馆。民间资本融入社区图书馆的建设,有利于缓解其资金不足的情况,也

有利于加大对民企的宣传,运用民企高效的采购机制、管理能力,使社区图书馆逐渐正规化。

6.4.2 提高服务质量,打造图书馆品牌

以高质量的服务方式让来往图书馆的人感受图书馆馆员的亲切,打造社区图书馆的品牌,让服务暖到群众的心里去,这是许多图书馆着力追求的目标。但光是追求目标,没有实际的行动也是不行的。我们会发现,越来越多的人员主动掌握职业技能,接受服务意识培训,都是为了更好地为人们提供质量上乘的服务。"网上借阅,社区投递"成为社区图书馆打通公共图书馆"最后一公里"的途径之一,将图书推送到读者的身边。又如汽车图书馆、家庭图书馆等,这些形式缩短了读者与图书馆物理空间的距离。此外,图书馆馆员队伍也不再是单一的社会外聘,将会出现一支懂业务、守得住的义工馆员队伍。志愿者和专业图书馆馆员职责明确,志愿者主要负责图书借还、卫生打扫、协助阅读活动开展;图书馆管理员的知识水平要求逐步提升,不仅要有丰富的图书馆专业知识,并且要求持有上岗证(图书馆馆员职业资格认证),他们主要负责采购书刊、开展核心活动等。为了更好地塑造社区图书馆的品牌,各个社区图书馆将会依托社区里独特的资源,打造属于自己社区的特色,普及社区优良的文化。

6.4.3 消除数字鸿沟,图书资源信息化

近几年来,我国也注重改善网络信息环境,保障信息安全。但想要消除数字鸿沟的路还很远。信息技术给人们带来了无限的便利,但对于从未接触过信息网络的居民来说,未必是好事。因此,如何提升图书馆管理人员的综合素质,尤其是在信息素养上是消

除数字鸿沟的主要问题之一。管理人员在接受计算机等信息技术的培训后,为来往的读者(尤其是老年人)讲授如何使用计算机、如何上网查阅文献等搜索功能,让信息技术带来的便利深入民心,解决老一辈读者借阅难、操作难的困境。此外,文献资源电子化趋势愈发明显,读者可在家上网搜寻下载想要的文献资源,不再受到下载费用的限制。特色文献数据库也将逐步建立,各个省市的情况不同,特色不一,建立具有当地特色的文献库展示当地风采,不仅是线下的活动,在网络传播中更是快速真实。众多社区将会建立社区图书馆微信公众平台、专属网站等,为读者提供"行走的图书馆"。对于弱势群体,还会有专门设立的无障碍网站,为他们提供平等的阅读机会,消除他们在获取信息上的障碍。

6.4.4　丰富活动形式,社区图书馆流动化

线上、线下活动的有机结合是社区图书馆作为基层图书馆满足群众文化需求的形式之一。并不是每个人都能及时享受到丰富的图书馆线下活动,那么如何扩大这个服务范围呢? 借互联网渠道的优势,各个社区可以做好线上工作,建立网络平台,即便是来不及参与实体活动的社区居民也能通过网络了解信息,体验互动。努力做到形式有意味,内容有品位。社区图书馆的活动将会更注重惠普性和个性化需求,如开展时节文化活动促进群众交流。同时着力建设基层群众的科普工作,包括:政治、经济、科技、军事等方面。图书馆这个建筑是静止的,但将图书资源流动化,是在交通不断发展的前提下的一个趋势。社区之间的合作、人员之间的交流给整个社会带来了活力。流动社区图书馆之间可以互通有无,优势互补,节省经费,资源流通。越来越多的类似地铁图书馆、汽车图书馆、24 小时自助图书馆等这些流动式的图书馆将会出现在我们的身边,随处可见,随时可得。

6.5 小 结

随着知识经济的席卷而来,人类迈入了新的纪元,这是一个促进文化发展的大好时机,但同时也给我们提出了严峻的挑战。传统的社区图书馆模式滞后于经济的发展。只有创新的思路,丰富多元化的服务内容,增添多样化的服务方式;与时俱进,开拓新思路,深化服务内容,才能更好推动适应新时期的社区图书事业发展。

第 7 章
我国城乡社区图书馆发展的对策建议

7.1　引　言

在我国,社区图书馆是建设社区文化的重要组成部分也是建设社区文明的重要组成部分。除了要让居民的需要尽量地得到满足外,还要服务他们对于一些信息上的需要,让居民及时地了解近期的一些时事政治。所以,图书馆在社区中应当是被当作其事业发展中的一个重要的部分。图书馆在社区的发展中要尽量体现文化的特质。作为社区发展中的一部分,图书馆要配合整个工作的开展,而且要发挥出积极的作用。

首先,社区图书馆要体现出一种"主人公"的角色。履行提升人们的思想水平、让社区居民各个方面都得到上升的职责。在社区中营造出一种互相帮助、有所提高、不断学习的文化氛围。人们应当通过合理的、正确的、符合伦理道德和法律的方式来让自己所想要达到的目的变成现实,社区图书馆应当发挥重要的指导作用,使社区居民不至于走偏。从而让人们自身能够与社会其他主体之间始终保持一种相对和谐与稳定的关系。图书馆要举办各种人们喜闻乐见的活动,比如知识竞赛、健康咨询、关于名著的读后感等。让社区图书馆成为人们日常比较喜欢前往的地方,巩固其"主人公"的地位。

其次,社区图书馆还要发挥其作为社区居民休闲娱乐中心的作用。随着社会的进步与经济水平的发展,人们日常用来自由活动的时间越来越多了,对休闲娱乐活动的质量有了越来越高的追求。人们通过利用自己的自由时间来获得自己想要的精神方面的需要已经成为一种社会趋势，因此，人们希望有更多的书籍和文献来满足他们的需要，而且他们对于读书的兴致也越来越高。社区图书馆可以利用举办活动的方法和提供安静清幽的场所为人们创造一个学习休闲的平台，来满足他们平时放松的需要。使人们的日常生活水平得到提升，并让他们对社区有一个较好的归属感。

最后，社区图书馆对社区居民的服务应当是具有主动性的。社区图书馆主动地开展一些让居民欢迎的活动并且提供更为优质的服务，这可以让社区居民的综合素质得到显著的提高，让社区居民除了能够从图书馆中获得所需要的信息资源外还能够有美好的享受，从而让人们不仅在精神上可以得到升华，而且能够提升他们日常的生活水平。此外，社区图书馆所传递的信息和知识必须是科学的，积极健康的，任何封建迷信以及低俗的东西都应当摒弃，把社区开展的活动往积极健康的方向上引导，从而促进整个社会的健康、和谐发展。

最近的几年里，我国不管在哪方面的发展都取得了巨大的进步，因此，不管是在城市还是在农村，属于公共领域内的各项工作也都开展得有声有色。地方各级图书馆呈现星罗棋布的景象，形成布局合理的网络格局，公共图书馆在我国的各个地方基本上已经形成了全覆盖。在管理制度的完善、基础设施得到保障、基本服务向外延伸、数字化进程快速推进中实现可持续发展。

随着大数据时代的到来，发展数字空间成为大势所趋，我国在2010年已经正式推广"县级数字图书馆"。该计划的实施包含了两个方面的内容：一是国家图书馆把其所拥有的优秀数字资源传送给每一个县。由于我国已经有了较为完善的文化共享服务平台，所以能够让每个县级的图书馆都同时拥有数字服务的功能。二是把县级图书馆打造成为一种拓展的工具，充分发挥其特有的优势协助构建全国服务网络,而所构建的网络把数字资源免费提供给各个县级图书馆,这是一种双赢的局面。通过这两方面的工作可以构建起一个分布式的资源数据库群体,这是目前世界上最大且全面的库群,可以让广大读者无论何时何地都能够享受到丰富的数字文化资源。随着我国计算机网络的发展,能够有效地促进资源的数字化,从而推动社区图书馆的发展。

各级图书馆网络服务体系的建设也要进行加强,努力形成一个庞大的图书馆网络服务体系。经过合理布局,让本来分散的图书馆整合在一起,实现资源共享。网络系统的铺设,能够让老百姓的文化生活和阅读需求变得更加容易,能够让各类文献信息得到快速的调配和更新、实现资源共享;能够使社区文化服务变得更为高效。社区图书馆要更好地发挥其具备的服务和指导作用,这样不仅能拓展文化空间,而且使文化功能能得以完善。社区图书馆具有提高居民基本素质的作用,反之,居民素质的提高也能使图书馆发挥出其最大的效用,并促进其发展。

7.2　完善社区图书馆的发展模式与建设模式

社区图书馆选择怎样的发展路径和方式决定着未来社区图书馆的发展方向,通过完善发展模式与建设模式能够有效发挥社区图书馆的作用,实现最终目标。

7.2.1　完善社区图书馆的发展模式

最近这些年,我国大力发展经济,各项事业都取得了明显的进步,社区居民的生存条件也获得了很好的改善,对于文化也提出了更高的要求。在社区中建设社区图书馆等一些文化设施成为一种必然。做好社区图书馆建设的统筹规划,走出原有体制的限制,大胆地进行创新。

首先是社区寻求公共图书馆一起建设社区图书馆。这种方式能让公共图书馆的服务拓展到社区,形成一种双赢的局面。其具体方法为:①社区和公共图书馆之间要有明确的共识,社区图书馆文献资源的来源主要来自于公共图书馆的免费提供,公共图书馆要根据这些资源的流通情况进行不定期的更换,并根据实际需要补充新书。②在图书馆建成后,那些基础的设施都要由社区自己来解决,并且要组建一支工作队伍来对社区图书馆进行日常的管理等。而公共图书馆则要承担起对工作人员进行业务上的指导的责任,以此来提高他们的能力。③人们在其他类型的图书馆内借的文献资料等现在可以在自己居住地的图书馆里进行归还,一些发展得比较好的图书馆之间还可以建立网上的互联,各种资源可以进行互通,实现资源共享。这种联合办馆的模式能使两者之间实现很好的互补,这种模式能让居民们的日常读书学习需要得到很好的满足,尤其是那些因为时间、空间受到限制的居民,有效地促进了社区文化建设。

其次是要善于发现社会上一些大型企业以及公共组织的优势,它们往往喜欢为了扩大知名度来参与社会公益事业,因此,可以与它们联系,一起建设社区图书馆。由于近几年来我国房地产业的迅速崛起,为了满足消费者越来越高的住房需求,目前很多企业都开始建设一些比较奢华、高档的住房。为了凸显它们所建设的小区是与众不同的,它们开始把关注的焦点转移到文化方面上来。社区图书馆以及其他一些文化设施是建设的典型体现。由于这些企业大部分之前都没有过建设社区图书馆的经历,如果由它们自己来建的话将要耗费更多的资金和资源。因此,它们往往需要企业外的力量协助。这个时候,公共图书馆就要积极一点,让企业看到其有可以利用的价值,这样企业就愿意与其进行合作,一起来建设社区图书馆。

最后是公共图书馆通过其自身的力量在社区内设置分支。公共图书馆可以与其所在地附近的社区进行联系,询问他们是否有建设社区图书馆的意愿,如果有的话就可以通过发挥双方的力量一同构建。因为社区图书馆是要建设在社区内的,所以建设所需的场地要由社区来进行协调。公共图书馆则要发挥自身的优势,它拥有大量的建设资源,包括资金、文献资源以及建设经验等,所以公共图书馆要在这些方面投入得更多,保证图书馆的建设顺利完成,并根据其多年的经验提供一些服务方面的支持。建设这样的分馆应当是具有多功能和个性化的特征的,要能够提供更多、更好的服务,让人们可以更容易地体验到原本在公共图书馆中才能体验到的服务等。在一些发展较好,经济实力雄厚的地区,这种模式的图书馆可以大力地开展。

总之,要想更好地发展社区图书馆,各级政府以及企业必须投入更多的资金和资源上的支持,提高对社区图书馆的关注。充分发挥各界的力量,共同为社区图书馆的建设出谋划策。为社会主义事业的发展贡献出更多的力量,来保障社区图书馆的进行,从而推动整个社会的良序发展。当然,选择何种模式来发展社区图书馆应当结合实际情况,以保证可行。

7.2.2　完善社区图书馆的建设模式

首先,社区图书馆的建设必须要结合实际,充分了解社区的发展状况,根据总体的发展需要进行统筹规划,各项活动都必须围绕服务社区文化建设这个宗旨来展开,在制定图书馆建设的方案、策略和其他一些相关的措施时不是盲目的,必须得符合现实发展的需要,否则将会徒劳而且造成资源的浪费。目前,我国在图书馆的建设上已经探索出来了五种主要的模式,而且它们之间的长处和缺陷都是不一样的(具体情况见下面表格的内容)。这些优缺点主要是对已建成的图书馆进行总结而得来的,但是在接下来的发展过程中,这些建设模式要采取什么样的方法进行总结和完善。为此,应该充分挖掘不同模式之间的优点,摒弃存在的不足,并进行整合,保证能够满足我国未来图书馆建设的需求。这也是接下来作为建设主体部门应当仔细考虑和探讨的。

表 7.1　社区图书馆不同建设模式的优缺点

模式类型	建设主体	优点	缺点
地方政府模式	地方政府	政府有利的社会地位	需要政府领导的重视,须立法保障
总分馆模式	政府拨款,总馆负责	资源共享、统一业务工作标准	需要总馆有相当的财力、人力、物力作为保证,及法律作为协调、保障
"1＋X"模式	社区委员会,物业部门房地产商等	多元化促进社区图书馆建设	建设主体与管理主体协调矛盾、持续经费投入难以保障
民营模式	自然法人,慈善家,其他民间组织	依托社会个人、组织力量,发挥居民的主体作用,灵活性较大	人员难以保障,经费持续投入困难
单位资源社会化模式	高校,企事业单位等	文献资源最大化利用	需要开放单位财力、人力、物力等保障

其次,要寻求多元化运作模式来对图书馆建设模式进行创新。当下,基层政府组织在进行社会治理时,必须立足于为人民群众提供各种高质量服务的基础上。公共服务最根本的目的就是尽量提供人民群众最为迫切需要的东西。社区图书馆从本质上来看就是为人民群众服务的,因此,政府必须作为建设社区图书馆的主要力量。建设社区图书馆主要的方法有三种:第一种是政府要作为主要力量,承担起建设所需要的成本,这种方法是根据社区的根本情况以及政府所要承担的责任来确定的。政府应该在工作报告中将社区图书馆的建设纳入整体规划,并认真组织

实施。第二种是社区联合大型企业单位共同建设社区图书馆。现在很多大型企业都在寻求为其产品进行广告的新形式,如果其能够把方向转到建设社区图书馆的建设上来,通过图书馆的建设来扩大企业的影响力,那么所取得的社会效益应当会是很可观的,而且是具有现实意义的。第三种是寻求与其他类型的图书馆进行联合,通过定期地开展一些活动来解决社区图书馆现实中的问题,并且还能够通过更多的方式来服务人民群众,这样既可解决资源不足造成的图书馆实体建设的困境,又能丰富社区居民的精神文化生活。

7.3　制定社区图书馆发展规划及业务规范

社区图书馆寻求的是一种可持续性的发展,因此并不是在短期内就能够一下子完成的。社区图书馆建成以后必须对未来的发展进行深思熟虑,谋求长远利益,避免走过场和搞形式。毕竟守业更比创业难,要想社区图书馆能够巩固发展更是不易。如果社区图书馆在建成后没有对其进行后续的管理和发展,而作为一个形象任其自生自灭,这样非但不能实现其存在的价值,反而造成资金、土地等资源的浪费。经过调查研究发现,上级政府在抓社区图书馆的建设上,更多只是停留在表面上的工作,对社区图书馆进行深入而实质性的研究工作是比较欠缺的。尤其是对一些涉及图书馆未来发展的问题并没有加以真正重视,对未来的建设和发展缺乏统一的规划和指导。这种现象导致很多社区图书馆建成后所收到的实际效果并不尽如人意。为减少或者避免这种情况的再次出现,各级领导干部应当更加重视社区图书馆的建设,做好社区图书馆建设的统筹规划,制定和部署具体工作的流程和方案等。

7.3.1 合理设置图书馆应遵循的原则

一是要以人为本。社区图书馆的设立必须从人的角度出发，在建设社区图书馆的时候必须要根据所在社区的实际情况来进行统筹规划，尽量地让人民群众的实际需要得到满足。而对于文献资源来说，读者的现实需要以及特点是社区图书馆应该真正考虑的，更加贴近读者需要。

二是要具有前瞻性。社区图书馆的建设不只是现在的需要，也是未来发展的需要。因此要求在对社区图书馆进行统筹规划时既要站在人们的现实需要上，也要考虑到未来的发展需要，并且必须使当下和未来能够充分地结合起来。要能够促进未来的发展，不仅要立足于现实条件，而且要将社区未来居民的组成结构、数量、综合素质以及生活方式等考虑进来。

三是要坚持从整体出发。社区图书馆应当在立足于本地区具体情况的基础上，根据图书馆事业的发展情况来进行统筹规划。可以将公共图书馆作为一个个点，然后根据整个区域内馆的数量和分布情况来进行规划布局。应当促进公共图书馆网络点线面结合的布局，充分体现密集性和均衡性，整个基层图书馆服务网络必须是面向社会、面向公众的，而且必须是能够深入生活、方便服务的。

四是效益最大化原则。在图书馆的规划建设中要考虑到两方面的效益：一是要能够产生较大的社会效益；二是整个服务网络的整体效益也要能够充分体现。这就要求社区图书馆的规模、数量以及分布必须从服务人口、服务半径、投资因素、群众需求等方面来综合考虑。

五是因地制宜原则。要科学地对社区图书馆进行布局和规划就必须从本地区的实际情况出发，从社区所具备的具体条件出发,这样才能做到统筹规划,使优势得到充分发挥。

六是可操作性原则。要求社区图书馆的规划必须具有可以
实施的条件,这些条件包括:阶段性目标、指标要求、数据要求、工
作流程、应对措施、法律条文以及人力资源等。

7.3.2 重视对社区图书馆建设的调研

随着我国文化事业的不断发展,社区图书馆已经成为整个体
系中最为重要的部分,加强对社区图书馆建设的重要前提是必须
对整体的建设情况有一个充分的了解,而不是盲目开展。为此,
在组织开展工作之前要对当下的建设情况做深入的调查研究。
调查研究的对象应该包括:各类型社区图书馆的数量、规模、分
布,所采用的组织建设和服务模式等,以及它们所能发挥的作用。
调研社区图书馆建设的情况是一个重要的过程,由于在技术上和
管理上存在着不成熟的经验,图书馆的建设难免会存在着或多或
少的问题,要做到及时发现、及时处理。为社区图书馆创造更多、
更好的条件,让其在公共文化服务体系中更好地发挥职能和
作用。

具体工作的安排,可以由相关政府的主体部门来进行牵头,
组成专业的调研队伍深入到每个社区进行调查,对所获得的资料
做好相关的分析和整合,为接下来的建设和管理提出建设性的方
案。社区图书馆的建设方案必须获得听证会或者认证会的通过,
会议的代表包括政府层面、社区委员会以及社会上相关的代表人
士。对于所确定的建设方案和规划要纳入整体的纲要中,做到有
章可循,再根据社区的经济发展状况实际的建设需要,要充分考
虑建设所需经费并进行合理的预算,政府要将这笔钱列入财政预
算中并做好拨款工作。社区图书馆的建设经费应当是一笔专项
基金,只用于建设方面。待社区图书馆建成后,对于后期管理和

资源建设的经费应当有另外的经费支持,以便不断完善服务设施,并定期更新图书馆的馆藏资源。

当然,在进行社区图书馆如何布局的规划时,不能单纯根据社区的结构或大小来建设,这样做容易造成资源的浪费,而政府也无力满足建设的需求。因此在制定规划时,要做好合理的分布,既能满足需要又能使效用最大化。衡量一个图书馆发展的好坏,衡量的标准不是一个图书馆的规模有多大或者馆藏资源有多少,要以其能提供的服务以及服务的范围有多大来做比较。根据大部分社区图书馆的实际情况来看,图书馆并不是越大越好,社区图书馆的规模必须经过合理的规划和设计,应更多地强调图书馆的内涵建设而不是外延的扩大,建设社区图书馆应该充分考虑社区居民的实际需求以及社区的经济条件和人口规模。图书馆覆盖的范围应当根据该地区的经济发展水平以及民众的实际需求进行规划。在规划社区图书馆建设时,也要考虑到社区的规模,一般将其划定为大于居委会小于街道办事处这么一个范围内,过大或者太小都不能使效用最大化,而且要注重与社区的特色相契合。

7.3.3 优化布局,突破体制障碍

社区图书馆建设要进行合理规划,对现行的行政设置的体制障碍有所突破。社区图书馆不是越大越好,也不是越小越精,应该符合实际需要,控制在一个相对合理的范围内。可通过两方面来解决:一是政府部门要走出传统的束缚,大胆创新,跨社区建立综合性图书馆。综合性图书馆能促进馆藏资源,以及图书馆管理人员的资源整合;加强社区间居民之间的沟通和交流,互相了解;有利于减少建设资金的投入,将更多资源用于其他建设;有利于整体结构的优化和调整。当然,综合性图书馆的建设也要充分考

虑到社区居民在时间和空间上的便利。二是加大政府的投资力度,用于基础网络设施的建设。创造更好的条件来解决社区间在网络技术端口上的接入问题,形成四通八达的图书网络格局,使社区图书馆除了具有物质资源外,还要有丰富全面的网络资源,方便社区居民在时空条件限制下也能通过网上进行学习、开展自我培训、同他人进行交流和讨论,使社区图书馆发挥出最大的效用。

7.3.4　制定统一的业务规范

社区图书馆从建设到投入使用、发展的过程必须有统一的业务规范作为导向,它是保证社区图书馆发挥有效作用的基本条件,也能够促使社区图书馆的开展产生较大的社会效益。统一的业务规范和标准对于社区图书馆的发展建设是十分重要的,如果缺乏规范和标准,尤其是一些指标的制定,那么将会导致社区图书馆的发展出现一些不符合实际的问题,导致整个社区文化事业的发展呈现出消极的状态。馆藏建设、时间安排、管理人员、读书活动等图书馆活动的各个方面都必须有相应的业务规范和标准,要有提前预测的能力,对于一些可能出现的问题做好未雨绸缪的准备,并提出有效的解决办法和措施。社区图书馆要建立一套完善的评估标准,对社区图书馆建设的基本要求做出合理的规定,保证图书馆的馆舍和设备、图书馆馆藏资源、科学的规章制度、图书馆营业时间、主要经费的来源和图书馆工作人员等都能满足社区图书馆的发展需要。

7.4　构建多元化投资体系,建立财政投入保障机制

社区图书馆的建设需要有配套的经费支持,经费不足将引起

一系列的负面反应,包括文献资源匮乏、配套设施跟不上等。因此必须首先保证有相应的经费来源,否则社区办图书馆只能是一句空话,没有任何的存在价值。尽管政府的财政拨款是社区图书馆主要的经费来源,但是仅仅依靠政府的单一投入是完全不够的,要想真正解决资金问题,社区图书馆的建设还应充分挖掘社会力量的优势,多渠道利用社会资金投入到图书馆的建设中。此外,还应当通过法律和政策的手段来保证经费的投入。

7.4.1 建立由三级财政共同投入的财政投入机制

经费不足一直以来都是让各级图书馆最头疼的问题,就图书馆自身来说,经费应当从何而来?图书馆属于社会公益事业,无论通过什么办法来筹集经费,政府所提供的财政支持,向来都是促使社区图书馆可持续发展最根本的保证。但是,由于我国实行三级财政体制,长期以来对社区图书馆的投入受到了制约,社区图书馆建设经费投入难以及时得到相关上级政府的财政扶持,其经费来源只能通过街道和乡镇来提供,由于经费非常短缺,根本满足不了实际的需要。社区图书馆本质上是一种准公共物品,主要是为社区居民提供服务,政府是建设的主体,政府投入多少经费将很大程度上决定社区图书馆能够提供的服务质量和范围。但是,发挥作用的政府远远不止基层乡镇政府,还包括县级、市级以及更高层的政府,所有的相关政府部门都必须对建设社区图书馆履行起自己的义务。当前的财政投入机制是不符合社区图书馆发展的,必须寻求更为适当的投入方式。可建立三级财政投入机制,每年根据固定的比例对社区图书馆进行支持,并制定相应的监督管理机制,使社区图书馆得到有效的发展,使全体居民都能享受到社区图书馆所带来的便利,进而达到"全民学习"的建设任务。

　　为确保各级政府关于社区图书馆建设经费投入机制的有效实施,首先,要明确各级政府的职责,市、区县、街道乡镇对社区图书馆的建设都有不可推卸的责任,必须承担为社区图书馆建设给予财政投入上的支持的责任。其次,政府财政投入的最终决定权还是掌握在政府手里,因此,作为社区图书馆的主要负责人,就应保持积极的态度,时不时地向上级机关反映图书馆的情况,使其能够充分了解图书馆所发挥的作用以及对于当地经济发展的重要性,争取得到理解并得到经费支持。第一,经费的投入并不是盲目的,而是必须清楚社区图书馆的实际情况,因此应该定期对社区图书馆和社区展开调研,根据每个社区的人口规模、对文献资源的需求情况等来规定每年进行多少经费的投入,所做的预算要纳入政府的财政预算;第二,政府要拨出专款作为图书馆建设的专项费用,社区图书馆建成后并不意味着不再需要资金投入,图书馆工作人员工资、设备的更新、文献资源的更换和增加等都需要大量的经费,因此政府每年还要有相对应的经费投入;第三,政府对于社区图书馆的经费投入不是一成不变的,随着我国经济水平的不断提高,社区图书馆在发展和建设上所需要的资金也会随之增加。因此,政府的财政支持应当有一个比较稳定的增加比例,其增加幅度应该与财政收入的增长幅度相对应,而且要有相关的法律条文进行规定,争取成立社区图书馆可持续发展的专项基金。

　　此外,如果条件允许的话,应当通过政策法规来要求政府每年需要为社区图书馆的发展投入多少经费。比如在社区文化事业的投入上,政府可以立足于每年多少财政收入的情况下,然后对比在其他项目的投入来确定比例,社区也可通过这种方法根据资金的多少来确定用于社区图书馆发展的资金比例,来保证社区图书馆每年都有一定的经费来开展工作。只有有了政府的财政支持,社区图书馆的发展才能有效地持续进行。

7.4.2 多渠道筹措资金，弥补政府投入的不足

当今社会对于社区图书馆的需求与日俱增，仅靠政府的力量无法完全满足当下的需要，纵观中外图书馆事业的发展历程，社会和市场的支持早已成为保障和促进社区图书馆发展的重要力量。虽然依靠政府的投入资金来保障社区图书馆的建设和发展是相对理想化的，但鉴于某些社区经济发展的实际情况，政府全权负责社区图书馆的建设是不科学的，只通过政府的支持是没办法满足社区图书馆在资金、技术等方面的需要的，更何况这并非是一项短期的工作，社区图书馆必须是可持续发展的。因此，应打破仅靠政府支持，靠财政投入而生存的单一模式，通过政府给予适当的政策扶持，充分整合社会各界力量，争取联合创办的方法来建设社区图书馆。特别是要充分挖掘市场经济的优势，将政府本来必须自己完成的任务和所承担的责任交由市场和社会去完成，通过与市场和社会的力量共同打造多元化的战略模式。政府可以通过制定一些切实可行的融资政策，吸引社会和市场上的企业等经济主体参与到社区图书馆的投资建设中，也可以设立公共图书馆招募模式，由政府财政拨款运营，宣传部门进行宣传，对社会进行征集募捐。社区图书馆对所募捐得到的资金在使用时要接受社会的监督，可通过政策法规等要求必须做到公正透明，保证所获捐款的利用都是合理有效的，提高整个社会的信任度。此外，政府要贯彻执行我国颁布的相关法律，使企业和个人的捐赠或减免税收等更加具有可操作性和实际意义。当下，很多企业为了提高知名度，每年都要花费大量的资金通过广告的形式来宣传自己的产品，如果企业能够将其用于广告的费用投资建设社区图书馆，并且以自己的名字来命名图书馆的话，这种宣传方式所起到的作用甚至不输于任何一种广告宣传，而且更加具有文化内

涵。同时,社区图书馆还可以为企业提供服务,定期收集与企业发展有关的资料并无偿地反馈给企业,通过这种形式吸引更多的企业投资建设社区图书馆。社区图书馆的建设也可以通过援建的方式来完成,当然这需要整合更多的社会力量参与进来。由援建单位进行组织,并提供部分资金,政府提供一部分资金,社会上的一些公益组织提供一部分资金等,这种方式可以减少由单个部门或组织独自承担的压力。还可以借鉴发展西部计划那样的做法,鼓励城市对农村的帮扶、经济发达的东部对西部地区的扶持等措施,引导更多的社会力量参与到图书馆的建设中来。

7.4.3　增强社区自身发展的能力

当下,社区图书馆仍然面临着经费不足的问题,可以通过社区图书馆自身的发展来进行弥补。将企业运营机制引进到社区图书馆的运营中来,能有效地增强社区图书馆自身生存和发展的能力,把原本单纯的公益性服务转变成公益性与营利性相结合的服务方式。当然这种做法不允许社区图书馆改变其提供公益性服务的本质和初衷,所收的费用只能用于图书馆的建设和发展,最终还是以提供服务的形式将这些费用还给社区居民本身。

准确地说,就是在继承传统社区图书馆的管理模式和管理理念,充分发挥图书馆提供信息服务和教育职能的同时,结合本社区经济水平等具体的发展情况,在得到各级政府主管部门以及社区管理委员会的允许和支持下,通过开辟多种新型的服务项目,对这些新型项目进行适当的收费。这些收费将用于社区图书馆的进一步发展。比如,可以利用这笔收入的部分资金来聘请专业水平较高的信息技术员,他们主要负责收集各类信息的文献以及信息服务的咨询,并根据所收集的信息编印成各种指南、手册、专题汇编等,满足社区居民借阅和参考的需要。一些经济条件相对发展得好的社区,还可以对建设和拓宽信息网络,建设网上图书馆,通过计算机技术开发社区图书馆的信息资源,满足网上读者的需要。相较于其他类型的图书馆,社区图书馆与人们的生活是最近的,因此它可以为人们提供一些比较实用可靠的生活信息,如提供就业信息、教育信息、市场价格信息等等,满足社区居民日常需要。通过这种方式,社区图书馆不仅能够获得部分资金来弥补经费不足的问题,而且够提高社区图书馆服务质量的深度和广度,从而使社区图书馆的影响力得到扩大,生存能力得到提高。

7.4.4　设置与拨款机制相适应的管理机构

不管是各级财政部门共同投入的方式,还是通过多元化的方式筹集社区图书馆建设资金,都必须建立与之相应的财政管理机构,专门负责社区图书馆建设及其经费使用的管理。这一机构必须有明确的职责:①立足于社区的建设目标以及指定的要求,结合社区实际的发展情况以及社区居民日常生活和阅读的需要,对图书馆建设进行合理有序的统筹规划,并做好项目的招投标工作;②管理好社区图书馆建设的经费,对各项有关经费的工作实行统一的管理,包括经费预算、划拨及其使用的监督管理,如图书馆建设、软硬件配套设施、馆藏资源的购买、工作人员的选拔与培训以及员工工资费用等;③在图书馆建成并且使用一段时间后,要对整体的工作结果进行验收和评估,并对后续工作进行合理规划。

7.5　建立健全的管理机制

社区图书馆的建设是为精神文明建设服务的,为实现这一奋斗目标,应不断总结新经验,探索新办法,逐步建立适应社区图书馆建设和发展的运行机制与管理体制。从而推动社区图书馆建设的顺利发展。

7.5.1　制定合理有效的规划，引导社区图书馆良序发展

社区图书馆的组建仅仅是其发展的第一步，更重要的工作是如何完善、规范和提高，从而保持社区图书馆旺盛的生命力，促使其可持续发展。经过调查发现，很多社区图书馆的建设存在表面工程的问题，搞形式主义，在一次性投资建成、经过上级的检验之后便处于搁置的状态，没有后续经费的投入，也没有符合实际需要的后续管理措施，从而导致图书馆馆藏资源陈旧、流通量小，日常管理和服务缺失，出现使用不佳的局面，使图书馆成为社区文化建设的一种摆设。近些年来关于社区图书馆的建设经常出现一种"虎头蛇尾"的现象：各级馆花费大量的人力、物力和财力在社区建立图书的流通点，社区也为了响应上级的号召往往持有饱满的热情，但却只是为了应付检查工作，评估工作完成之后，便将其搁置一边，导致了宝贵的文献资源白白浪费掉。这种现象产生的原因就是因为缺乏有效的后续管理。

为促进社区图书馆的可持续发展，保证各项工作有法可依，应该尽快制定与社区图书馆发展相配套的政策法规，对社区图书馆的工作任务以及业务要求等制定相应的标准，建立一套完整且有效的考评制度。社区图书馆的发展不是一成不变的，有关机构和管理人员要定期或不定期地对已建成的图书馆进行监督和审查，制定量化的考核指标，以馆藏资源的借阅率、举办有关活动的场次、参加相关活动的人次以及馆藏资源的更新和数量等指标作为业绩的衡量标准，对达标的图书馆进行奖励，对没有完成指标的，责令其限期整改，几经测评仍然达不到标准的则终止协议，取消对其的一系列补助和投资。通过这种奖励先进，惩处落后的方

法来促使社区图书馆形成一定的竞争意识并间接提高其服务质量,确保各级社区图书馆的工作能够有效地开展。此外,要想让社区图书馆的内涵不断提高,服务范围不断拓展,服务质量不断提高,对援建的社区图书馆来说,各援建主体要继续做好续援工作,使援建社区图书工作的成果得到巩固和扩大。通过续援馆藏资源的不断补充和更新,社区图书馆常备常新,不断满足社区居民日益增长的阅读需求;通过这样一种形式,在社区中开展各种居民喜闻乐见的读书活动,为社区居民营造出一种和谐美好、互相交流和学习的良好氛围,使援建活动能够发挥出真正的作用,并且能取得较好的结果。当然,社区图书馆的工作人员除了要做好自己的本职工作外,还应当做好各类资源的借阅统计,及时掌握最受社区居民欢迎的资源种类并做好更新换代,务求可以更加符合社区居民的阅读口味。

7.5.2　以法制建设保障社区图书馆的长期生存

完善的政策和法规是社区图书馆得以生存和发展的根本保证。社区图书馆作为一种公益性文化机构,其本质是政府为社区居民提供的公共服务产品,政府必须在社区图书馆的建设中起主导作用,建设经费应当以政府的投入为主,辅之以市场和社会的捐助,这点必须有相关法规的明确规定。通过研究发现,凡是社区图书馆发展得好的都有明确的法律法规作为保障。社区图书馆的各项工作只有做到有法可依、有章可循才能真正发展起来。

国内外已经有比较成熟的经验供我们进行借鉴。18世纪50年代,世界上第一个关于公共图书馆的法案在英国诞生了,之后英国便建立了第一所公共图书馆,该举措直接带动了世界各国纷纷建设公共图书馆的浪潮。在西方那些社区图书馆发展较好的地方,有关公共图书馆的政策法规都是相对健全的。我国一些经济比较发达的城市在 20 世纪八九十年代就制定了一些推动社区图书馆发展的相关法规。比如,1997 年深圳市的《深圳经济特区公共图书馆条例》。2004 年,深圳市福田区的管理暂行办法将社区图书馆分为三个级别,不同的级别每年获得的政府拨款是不一样的,第一级的每年 12 万元,第二级的每年 10 万元,第三级的每年 8 万元,这笔资金主要作为社区图书馆日常运营的专项资金。社区图书馆的发展经费由社区进行统一的管理,并接受社会各界和个人的监督,保证资金的使用都是合理的、公开的。就是凭借着明确的法规保障,福田区的社区图书馆得到了良好的发展,作用越来越突出。

当前,随着人们对文化需求的增加,对于社区图书馆的建设越来越重视。伴随着人们的需求变化,社区图书馆中的管理和拨款机制等会出现一系列的问题,要想从根本上解决这些问题就必须尽快对社区图书馆进行立法。社区图书馆建设呼吁:加快构建健全的法律法规体系,制定并出台与社区图书馆发展相适应的公共图书馆法。确保各级社区图书馆的建设都能有统一的标准、能够进行统一管理,保证每一个社区居民都能平等地获得公共文化服务,保证居民自身的内在价值得到长足的发展,提高他们各方面的能力,满足各项需求。而且,这一要求不仅可以满足我们学习型社会和社区文化建设上的需要,还能够保证每一个公民都能平等地享有获得知识的权利。因此,各级政府必须高度重视对社区图书馆的立法。

(1)进一步细化落实公共图书馆法

经过漫长的立法过程,我国国家层面的《公共图书馆法》终于在 2018 年 1 月 1 日开始实行了。在此之前,我国在公共图书馆立法方面所做的工作是非常欠缺的,包括社区图书馆在内的相关法律尤为短缺,而西方的许多发达国家在这方面的立法已经十分健全,与其相比我们还存在着很大的差距。因此,我们必须加大力度细化落实我国刚刚出台的公共图书馆法,用法律法规来保障社区图书馆的建设和发展。公共图书馆法在法律上明确了政府、图书馆以及社会公众三者之间的关系,但在具体的实施过程中,还要进一步明确社区图书馆在文化建设中发挥着什么样的作用以及其所处的地位,明确各级政府在社区图书馆建设经费投入上的义务与责任,明确规范社区图书馆建设的各项指标等,通过法律的权威性和强制性,加快推进社区图书馆的建设与发展。社区图书馆的工作人员等应当尽可能地配合有关政府部门开展公共图书馆法的细化落实工作,保证法律法规得到有效的实行。

(2)修改和完善现行的地方图书馆管理条例

遵循已颁布实施的《公共图书馆法》,要加快对地方性法规的修订和完善,使社区图书馆建设发展的实际需要与完善和健全的法律条文规定相匹配,这是当前迫切需要解决的一个重要任务。

我国地方社区图书馆的管理办法大多已经沿用了多年,其中不少内容已经跟不上当下社区快速发展前进的步伐,与国外的案例相比存在着不小的差距。如英国,1850 年颁布的《公共图书馆法》通过数次与时俱进的修订完善之后,目前仍然对英国公共图书馆的建设和发展提供有力支持和保障。再与我国目前的状况进行对比,随着人们生活水平和生活质量的不断提高,对于一些精神层面上的追求也在不断地增加,社区图书馆的数量和规模也在大幅度地扩大。与以往相比,社区图书馆建设无论在社区民众的需求上,还是社区文化建设或者学习型社会的创建中,所发挥的作用和所扮演的角色都越来越重要。但是管理办法却没有因此而进行修缮,相关的法律条文不够健全、内容跟不上发展的需要,已经不适应我国目前社区图书馆的建设与发展。因此,尽快修订不符合现实发展需要的公共图书馆管理办法已成为当务之急。

关于管理办法的修改可通过以下几个建议来进行:第一要明

确规定各级政府相关的职责及其建设经费的投入比例。现行的管理办法中对各级政府的职责和投入多少经费并没有明确的规定,具有很强的不确定性和随意性。要通过政策法规来对政府的财政拨款作明确的规定,做到有章可循,管理办法要明确各级政府在社区图书馆建设中应承担的责任,在此基础上来确定政府每年应当拨出多少资金来支持图书馆的建设,而且要注意,尽量不要出现一些模糊的说法,便于各级财政对照标准实施,以及实行依法监督与考核。第二要建立地方统一的社区图书馆管理体制。当前许多地方的管理办法覆盖面并不是很广,特别是对较为偏僻的农村地区图书馆的设置和管理缺乏明确规定。在这样一种无法可依、无章可循的状态下,很多偏远地区以及农村的社区图书馆在经费和管理上得不到应有的保障。因此必须对现行的管理办法进行修改,明确政府对于偏远地区以及农村地区图书馆建设上的责任,建立健全涵盖整个地方社区图书馆的统一的管理体制,保证社区图书馆在建设中的各项工作都能够有章可循,促进社区图书馆的良序发展。第三要统一社区图书馆的建设标准和相关规定。管理办法的修改还需要对社区图书馆的办馆模式、软硬件设施、馆藏资源管理等做出明确的规划。站在社区所管辖的范围、居民数量等情况的角度来规定社区图书馆的建设标准,以及应当配备多少的人财物,这些都应当有明确的规定。从而保证社区图书馆的建设能在规范化和标准化下开展。第四要增强管理办法自身的权威性和约束力。管理办法作为一项地方性法规,由于未经人大常委会立法等程序制定,缺乏一定的权威性和约束力。特别是管理办法在很多规定上是不明确的。为此,建议由地方人大常委会根据国家层面的《公共图书馆法》精神要求,在广泛听取各界意见的基础上按照立法程序进行修改完善,增加其法律效力,达到有法可依、违法必究、执法必严的效果,切实将社区图书馆建设纳入法律框架之内,使这一管理规章能够真正保障社区图书馆的建设。

7.6 加强馆藏资源建设,创新管理理念

馆藏资源是社区图书馆的物质基础,没有一定量的馆藏资源,图书馆就谈不上发展。社区图书馆应寻找多种途径来丰富其馆藏资源,提高社区图书馆的使用效率,同时尽量改善社区图书馆的整体环境,吸引更多的居民前往。当然,每个社区的现实状况是不尽相同的,切不可一概而论,盲目追求馆藏资源的规模,而应该以居民的现实需求为建设之本。

7.6.1 加强馆藏资源建设

俗话说:"兵马未动,粮草先行。"社区图书馆必须首先加强对馆藏资源的建设才能充分发挥其职能,加强馆藏资源的建设必须遵循以下几个原则:

(1)综合性

社区图书馆具有公益性的性质,其服务对象是全体社区居民。社区居民的组成是相对复杂的,他们的年龄、所从事的职业以及兴趣爱好都是各不相同的,因此社区图书馆应当以满足不同人群的需要来建设自身的馆藏资源。另外,社区图书馆与其他类型的图书馆在功能上也是有区别的,它除了具有普通图书馆的功能外,还有开展科学教育、休闲娱乐以及信息咨询服务的功能,馆藏资源建设也要兼顾到这些功能。因此,社区图书馆的馆藏资源应该包括:地方性政策法规、社科和科普类、综合性工具书、区域经济、历史、健康保健、生活用书、文艺类消遣性读物、少儿读物等。当然,社区图书馆的选书原则要正确处理质与量的关系,图书馆的馆藏价值不能单单通过数量的多少来衡量,更应该考虑到

馆藏资源的实用性和利用率。唯有如此,才能为社区图书馆健康有序地发展打下坚实的基础,使社区图书馆真正成为为社区居民服务的书斋。

(2)特色性

社区图书馆的特色决定了其是否具有生命力。由于不同阶层不同文化素质的社区居民对于阅读的需求是不同的,因此为了整个社区居民的需求得到充分满足,社区图书馆首先要对本社区的居民结构进行细致的调查,包括教育程度、年龄结构、职业特点、兴趣爱好、经济状况等,明确所在社区居民的现实需求,从而来确定需要购买那些方面的文献资源,确立自身的馆藏重点,建立具有本社区特色的图书馆藏书体系,逐渐形成自己的馆藏特色。此外,还应收集具有本社区特色的地方资源,具体包括本社区的人文特色、乡土风情、知名景点、社区名人故事、社区居民发表的著作等。对于社区居民来说,这种资源能让其更加具有归属感和亲切感,自然也就能够提高关注度,容易让社区成员以社区为荣并激发其自豪感,对于社区文化建设有良好的促进作用。

(3)载体多样性

纸质类型的文献资料虽然一直都是图书馆的资源的主体,但是随着社会的发展以及科技的进步,图书馆的文献资源有了越来越多的类型,逐渐呈现出多样性的特点。从社区图书馆的实际情况出发,不仅包括那些正式出版的资源,也包括一些具有价值的没有正式出版的资源,这些资源在每个社区图书馆内是不同的,因此对于社区来说是十分宝贵的,对外界来说是十分独特的,如宣传册、宣传单、服务指南、商业广告、社区报纸等。但是这些资源的收集也不是盲目的,要做好甄别和筛选,保证所收集到的资源是健康向上的、符合社会发展的、对居民来说具有正能量的。据调查,目前大部分社区图书馆在关于这些资源的建设方面是十分匮乏的,如果社区图书馆要拓宽自身的影响力和知名度,可以朝着这方面来发展,更大程度上来满足社区居民的需要,必须得到管理机构以及政府的重视。

(4)信息共享性

随着互联网时代的到来,互联网技术已经进入寻常百姓家,人们也从中获得了便利。在信息化时代,原本"大而全"、"小而全"的建设思想已跟不上时代发展的需求,而且是不现实的,也是没必要的。对于社区图书馆来说,通过有限的经费和资源来满足人们日益增长的需求是一个很大的矛盾。把社区图书馆的馆藏建设加入到总分馆体系中,能够促进资源共享,使得整个地区各级图书馆系统的人力资源、馆藏信息资源和服务资源得到初步优化和整合。可以尝试建立各级图书馆之间的流通机制,定期对各个图书馆的馆藏资源进行互相交换。

(5)针对性

社区图书馆的存在价值就是为民众提供便利,使其资源得到充分利用,而社区居民的喜欢与满意程度是社区图书馆的主要评价指标,也是社区图书馆一切工作的出发点与落脚点。现实中,社区之间存在着一定的差异对文献资源的需求也就会不同。基于此,社区图书馆的馆藏资源建设应立足于社区发展的需要,有针对性地进行建设,要使社区图书馆的馆藏信息能满足社区每一位民众的需要,让社区居民每一次来都能有所收获,充分享受图书馆带来的便利和满足。

7.6.2 建构公共服务社区网络,实现馆藏资源共建共享

社区图书馆主要以本社区居民作为服务对象,因此他们所拥有的资源以及所具备的条件都是比较少的,要想仅仅通过社区自身的力量来满足广大居民的真正需求是相对不现实的。面对这样的情况,不同的社区图书馆之间开展资源共享就具有很大的现

实意义。当下,网络的普及已经十分广泛了,因此,通过计算机网络技术实现馆际之间资源共享就显得尤其重要了。构建公共服务社区网络能有效地打破社区图书馆之间的时空限制,促使社区图书馆之间能够快速、及时地传递各类信息资源,最终实现资源共享的目标。因此,地方政府应当制定合理、规范的规章制度,采取切实可行的方法和措施来促进社区图书馆之间以及与其他信息机构之间的资源共享,共同推进社区文化建设。

对于各个地方而言,建议由地方政府牵头,成立公共图书馆协同治理委员会,对解决各级公共图书馆资源共建共享问题进行规划统筹,构建各级社区图书馆联网平台,实现馆藏资源通借通还、信息资源共建共享,并逐步延伸到学校、科研院所等单位的图书馆,打造一个庞大的信息资源共享平台,使社区图书馆信息资源缺乏的问题得到有效解决,发挥出各图书馆馆藏资源的最大作用,提高各类资源的利用率。目前,我国的经济发展水平还不能达到完全满足人们对于物质文化生活的需求,而且社区在文化建设方面的资金也是有限的,因此,通过构建社区之间资源共建共享机制,对于解决当前社区图书馆建设的难题不失为一个有效的办法。

7.6.3　创新社区图书馆资源管理理念

人的意识是人脑对客观实在的反映,意识可以指导人采取什么样的行动。社区图书馆的管理者应当树立一种对于资源管理和开发的新概念,这对于调动社区图书馆发挥全民教育和传播公共文化具有积极作用,其次也对提高开发与利用社区图书馆馆藏资源具有指导和统帅的作用。那么,如何创新社区图书馆资源管理理念?

一方面,要充分认识到我国目前社会发展对于社区图书馆所提出的要求就是要对馆藏资源进行充分的开发和利用,这是最本质也是最基本的。这种作用对于以往来说是具有颠覆性的,不仅可以改变传统对于馆藏资源的管理理念,而且能够改变原本的管理模式,可以让馆藏资源得到有效的开发利用,拓宽社区图书馆的服务功能,最大限度地发挥其优势。通过建立一个新的馆藏资源开发平台,使资源的利用率得到不断提高,从而充分发挥其在传播文化知识、开发学习创造力等方面的积极作用和功能优势。

另一方面,社区图书馆的管理人员可以通过馆藏资源的充分利用来促进他们的业务水平和工作能力,推动他们不断地发展。要想充分发挥馆藏资源的作用必须做好两方面的工作,首先要加强宣传对馆藏资源的开发利用工作,其次是要让所有图书馆从业人员对这一理念有一个充分的了解,尽可能获得他们的认同。馆藏资源要获得合理的开发和利用必须遵循两大原则:一是以人为本的原则。馆藏资源的建设和发展,首先要求具备"以人为本"的发展观。因此,社区图书馆的建设要立足于社区居民现在以及未来发展的需要这个中心。例如,对社区进行实地的调研,深入了解每一位社区居民的需求,保证馆藏资源的开发利用具有很强的针对性,以满足社区内不同文化水平、不同工作以及不同年龄层次的社区居民的需要。与此同时,要加强开发社区图书馆的其他功能,将其建设成为一个公共的学习空间,能够免费为公众提供交流、沟通、互动的服务。充分重视和利用现代网络技术进行服务,打造一个虚实结合的社区图书馆,既有虚拟性的网络图书馆也有现实存在的图书馆实体,消除时空界限,扩大社区图书馆的服务范围;同时,这也方便了那些因为某些原因而不能前往图书馆的人群。二是社区本位的原则。社区图书馆在综合利用开发馆藏资源的同时要确保其与社区文化建设和发展目标做到紧密结合。社区的历史发展、文化建设背景以及社区居民的构成等多种因素共同决定了社区文化的建设目标,因此,社区图书馆在选择馆藏资源开发利用的方向和目标时必须根据社区图书馆文化建设的目标定位来决定。同时,社区文化的建设不是处于一种静止的状态,而是不断发展不断进步的,处于不同的发展阶段就有不同的发展目标,因此社区图书馆必须有效地把握住每一个阶段下人们的需求,对馆藏资源进行有效的开发和利用。

7.7 抓好社区图书馆工作队伍建设

社区图书馆的发展必须依赖于一个稳定而且具有能力的工作队伍。一支好的工作队伍并不是随随便便就能得到的,必须有针对性、有计划、通过多种途径来进行培养和打造。优秀的工作队伍对于促进社区图书馆和社区文化建设等具有重要的作用,这是当下社区图书馆亟须解决的一个重要问题:如何打造一支具有较强工作能力且综合素质较高的工作队伍。

7.7.1 提高从业人员的素质要求

随着大数据的发展,互联网时代的到来,对社区图书馆从业人员应当有更高的要求,作为社区图书馆的工作人员必须具备以下几方面的素质:

首先要有信息管理和服务等方面的知识。对于社区图书馆的资源来说,工作人员必须对其进行合理有效的管理,树立"一切为了服务读者"的理念,培养积极主动的服务态度,给读者营造一种"家"的感觉,为社会每一个角落、每一个公民提供高质量的服务。图书馆管理人员应尽可能掌握与图书馆相关的信息,对社区居民提出的问题必须能够进行有效准确的解答,如果存在一些自己还不能解答的问题,必须立刻向上级请示或者将读者引荐给相关的服务机构。

  其次要具备与社区图书馆发展相关的学科知识。作为工作人员,一些基本的常识必须牢记于心,而且要对社区图书馆未来的发展方向有一个充分的了解,要尽可能地熟悉社区内的基本情况,包括社区居民的组成结构、社区所处的地理位置和环境、社区内的基础设施等。一方面是了解社区居民个体情况,如年龄结构、受教育程度、所做的工作、健康状况等;另一方面是掌握社区整体情况,如社区居民就业情况、社区的经济状况以及文化建设情况等。在此基础上,图书馆从业人员才能有针对性地提供服务,使社区图书馆的作用得到充分发挥。

  最后要能够熟练地操作计算机。随着互联网时代的到来,网络已经基本上覆盖了所有的民众,除了传统的图书馆知识和技能要掌握外,图书馆从业人员对现代科技方面的知识也要有所熟悉,一些计算机最常用的操作技能要做到熟练运用,并掌握利用网络管理信息、获取信息和发布信息等的技能,对于读者来网络上提出的问题必须及时地进行解答。

7.7.2 实施社区图书馆从业人员准入制度

  实施从业人员准入制度,要严格考察他们是否具备从事该行业的能力,保证每个人都具备从事图书馆管理工作的基本能力。有效实施准入制度的工作主要由两方面组成:

  (1)社区图书馆的工作人员必须持有相关的从业资格证

  上海是我国最早实行图书馆从业资格证考试的城市,但是,上海实行该制度的范围还没有涉及社区图书馆。而从全国范围来看,实行职业资格认证考试的图书馆并不多,屈指可数。因此,应当在借鉴上海的成功经验的基础上进行优化,在社区图书馆开展从业人员的资格证考试,所有的应聘者都必须获得相关的从业资格证,这是最基本的条件,只有具备了才能从事社区图书馆的工作。

(2)对从事不同工作以及拥有不同技能的工作人员实施不同类型的管理

例如,对于从事专业信息咨询和知识服务工作的工作人员,要求其在具有从业资格证的条件下还必须是从相关专业的高校毕业的;对于一些专业要求相对较低的岗位,虽然要求会较低,但是也需要持有相应的从业资格证书,并且要进行就职培训。

7.7.3 加强员工的专业知识教育与培训

教育培训是立足于当下社会发展的需要,对不同工作岗位应当具备的能力要求所开展的培训活动,其目的在于提高工作人员的职业道德水平,使其具备相关专业的知识和一些技能。能够提高整个工作队伍的综合素养以及工作水平,能够满足现代化建设的需求。

目前,随着社区图书馆服务对象整体素质的日益提高,以及新事物的冲击尤其是互联网等技术性工具的出现,要求社区图书馆的工作人员必须具备更高的工作能力。因此,为满足社会的需要,我们应当尽快制定出培训计划,指导和培训工作人员如何开展日常的管理工作。有关管理部门和机构应有针对性地为社区图书馆工作人员在不同岗位上的业务需要定期举办各种培训活动,员工也要不定期地参加培训。同时还应充分利用各级图书馆共建的服务网络,发挥较高层级图书馆的指导作用,通过举办各种辅导活动,比如管理方面的讲座、计算机网络应用等与自身业务相关的交流活动,而社区图书馆的员工必须积极地参加到各种活动中去,并把培训成绩纳入岗位聘任和工作考核的重要指标中。

7.7.4 建立工作绩效与收入分配结合制度

较大幅度地提高社区图书馆工作人员的待遇标准,使他们的收入和各项福利都有较大的提升是实行收入分配制度与工作绩效有机结合的重要前提。在这个基础上,将他们在工作上的表现与他们的收入结合起来,有利于员工之间进行良性的竞争、优胜劣汰,使他们时刻保持对工作有着较高的热情,通过该办法能够吸引更多的优秀人才加入到社区图书馆的建设中,使员工队伍的稳定性持续下去,这样的结果对于提高社区图书馆的服务质量和管理水平也是非常有利的。此外,员工可以通过该制度对自己的工作情况有充分的了解,有利于他们时刻进行总结,发现自身存在的优势与不足之处,对自己以后的工作目标做出合理的计划。而社区图书馆本身也可以通过这种制度来加强日常的管理能力,提高服务水平。

绩效考核工作要想很好地开展必须建立在有一个相对公平合理的考核制度之上,必须考虑到每一个与考核有关的关键点:合理的标准、公正的制度、透明的考核过程、科学有效的考核方法、合理的考核结果等,而且,还应当具备一个良好的监督机制。

7.8 为社区居民提供优质的服务

社区图书馆要想获得来自各个不同主体的认可和支持就必须充分展示其存在的意义和价值,让外界认为它的存在是有必要的。因此社区图书馆必须尽可能满足人们的需求,并且能够提供让人满意的服务。社区图书馆只有通过提高自身的服务水平,才能获得相应的支持,从而使自身得到发展的条件。因此,社区图书馆必须不断优化管理制度、服务水平、工作队伍等方面的工作,从而达到一个让人满意的效果。

7.8.1　提高社区图书馆的整体服务水平

社区居民是社区图书馆最主要而且是最直接的服务对象,这是社区图书馆与其他图书馆存在的最大差异。因此社区图书馆最主要的服务职能应当是公共文化的服务,而不是信息服务职能。鉴于这个原因,社区图书馆要想真正融入社区公共文化服务体系内就必须努力提高其公共文化服务水平。这就要求社区图书馆必须做好以下几方面的工作:

首先要做好社区历史文化的传承。社区图书馆能够很好地记忆和宣传社区文化,特别是城市的社区图书馆,它们在这方面的作用更加突出。许多不被人们记住的人物和故事、一些存放很久的图片和相册、一些比较经典老派的歌曲和戏剧等,都能够唤起人们对以往的回忆,使其对自己的生活环境有一个更加深入的了解,对历史文化进行有效的保存。根据 CRLD Wiki 的历史记录来看:社区居民之间可以对自己的居住历史进行交流,对自己所经历的,以及所看到的变化进行记录;一些外来的人可以通过这些记录对这个地方的历史发展情况有一个大概的了解,以引起与当地人的共鸣。同时,社区图书馆也可以收集该地区的一些历史资料,这些资料往往具有非常独特的地方气息,能使居民对社区的历史和文化有一个更加深入和彻底的了解。

其次是提高社区居民的文化素质。和谐社会的建设依赖于社会上的每一个公民,提高社区居民的文化素质对于和谐社会的建设有着重要的作用,社区居民素质包含着多种多样的要素,而居民的文化素质是最为基本的。社区图书馆要充分发挥出自身所具有的优势,尤其是丰富的馆藏资源和浓厚的文化氛围,通过这些优势对社区居民进行文化熏陶,以此来推动和谐社区的建设。

再次是让社区居民对文化信息的需求得到满足。信息资源如果能够得到建设将很好地体现图书馆的价值,社区图书馆在发展和建设的过程中必须时刻注意到对信息资源价值的使用。社区图书馆的馆藏资源必须不断进行更新和丰富,社区居民迫切希望社区图书馆能够为其提供一些与其生活息息相关的文化信息和科技信息,满足他们日常的信息需求。尤其是在农村地区,农村社区图书馆必须在为农民提供文化科技服务等的信息方面承担起更加重要的责任。

最后要不断丰富社区的文化活动。社区图书馆不仅要成为开展文化教育和提供文化信息的阵地,而且要成为人们日常进行娱乐放松的活动场所。社区图书馆所开展的文娱活动必须是健康向上的,而且要能够促进人们学习和工作进步。例如,阅读推广、诗歌朗诵、技能讲座、名画名作鉴赏、名人故事分享等,通过以上活动,既可以满足社区居民日常的娱乐放松需要,又能让其有所收获。

7.8.2　提供丰富多样的信息资源服务

社区图书馆必须以服务社会、服务公众作为立身之本,摒除传统图书馆单一的服务方式,不断扩大服务范围和服务内容,实行以"流通借阅服务为主,多种服务并举"的一体化服务模式,基本上满足社区居民所需要的各种信息。当然,由于社区自身条件的局限,不可能每项服务都做到齐头并进,但是应当尽可能满足最基本的需求。

(1)参与社区文化服务

社区的快速发展与其相对落后的文化建设之间的矛盾日益突出,在这种情况下,社区图书馆应发挥其主力军作用,致力于推进社区文化建设,使人们不断增长的文化需求能够尽量得到满足,努力打造社区居民和谐相处、互相珍惜的精神文明家园。在此基础上,必须做好以下三方面的工作:一是在社区图书馆中尽量营造一种安静优雅的阅读环境,使社区居民在图书馆里获得文化知识的同时能够保持一种轻松愉悦的心态;二是根据不同的人群需要开展他们喜闻乐见的活动,如针对老年人的健康知识分享、针对年轻人的就业创业交流会、针对青少年儿童的读书活动等等。一方面可以让社区居民有一个展示自身才华的机会,另一方面可以打造一种互相学习、共同进步的读书环境,为居民打造一个传播知识和文明的平台,营造一种积极向上的社区文化氛围。要特别注意的是,文化活动不能盲目开展,必须结合社区的实际发展情况。比如,当社区居民的主要组成部分是年轻人时,可以举办就业创业交流会、职场礼仪文化等活动;当社区居民以老年居民为主时,可以开展养生咨询、老年文化、医疗保健等活动;当社区居民以儿童居多时,可以举办亲子教育、讲故事比赛等活动;三是通过有形或无形的途径来激发社区居民对社区文化建设的关心、支持,以及参与社区文化建设的热情,提高他们对社区文化的认同感和凝聚力。

(2)提供实用信息服务

在市场经济的影响下,人们更加注重追求一些实在的东西,那些能用来解决日常生活和工作中遇到的实际问题的实用性信息是他们最为关心也是最为需要的。如日常生活信息、人才招聘信息以及国家、地方政府的工作报告、法律条文、重大时事政治的记录等,大到国际外交、就业创业,小到市场物价、科教文卫指南等信息,这些都是公共图书馆无法满足的。为此,社区图书馆应成立工作小组,组织专门的工作人员对居民较为关心的各种实用信息进行收集、处理、编辑和传播,并根据不同居民的具体情况进行有针对性的规划和设计,大致的内容应当包括:医疗卫生、社会保障、市场消费信息、政策法规等。当然,社区图书馆在对这些信息整合时,要十分关注哪些是正式出版的,是否是健康积极的,保证所获得的信息都是具有价值的。社区图书馆不能只作为社区物质文化建设的一个象征性标志,而应当明确其存在的价值,真正运作和发展起来,跟随时代发展的步伐,立足于现实需要,从本质上发挥公共图书馆的服务作用。为充分满足社区居民对信息的需求,社区图书馆可以举办各种与信息有关的活动、提供信息咨询等丰富多样的形式,使社区图书馆逐渐成为居民读书和获取信息的有效手段。只有这样,才能引起居民对社区图书馆的兴趣,发挥社区图书馆真正的价值。

(3)进行文献资源的借阅服务

建设图书馆最传统的目标就是为人们提供便利的文献资源借阅服务。当下,人们急切希望能有一个较为轻松愉悦的阅读环境来缓解现代社会生活所带来的压力。社区图书馆的出现为在快节奏生活下,感到身心疲惫的人们提供了一个停泊心灵之船的温馨港湾。在这里,人与人之间是没有等级和贵贱之分的,他们都拥有获得新知识的权利,有使用社区图书馆的权利,有享受服务的权利。社区图书馆应提供更多这样的理想环境,为读者打开知识之门。为此,社区图书馆的服务必须具有主动性,摒弃以往坐等读者上门这种被动的思想,进行主动宣传。社区图书馆要善于转变开展文献借阅服务时的观念,寻求社区其他单位的合作。例如上海市推动图书馆与新华书店创新合作,共同建设了"新华社区书苑",这是一种集借、阅、购于一体的创新形式,已经成为上海市"文化进社区"的主要活动内容之一。这种模式也已经逐渐向各大社区图书馆进行推广。因此,各地社区图书馆应充分借鉴上海这种形式,拓宽社区图书馆的文献借阅服务。

(4)开展网上信息服务

社区居民迫切需要一个与外界沟通的信息渠道,一个信息获取的平台和中心,来应对信息社会带来的挑战,社区图书馆应当承担起更多关于这方面的责任和义务。随着互联网时代的到来,原本受限于时间、空间等原因而导致文献资源得不到充分利用的问题都随着信息技术的发展而相继得到了解决,读者不管身处何地,在任何时间,只要通过互联网就能够轻松获得其所需要的信息。随着社区文化的蓬勃发展以及信息时代的到来,社区图书馆也开辟了新的服务领域。互联网的发展壮大使其具有非常多而且强大的功能,社区图书馆可以通过互联网这个平台为社区居民提供更多的便利。每个行政区的图书馆都可以在原先的网站基础上建设一个各社区图书馆统一的网页,收集和整合日常比较关注且对他们比较重要的信息。还可以为居民提供日常信息服务,包括健康小常识、就业信息、医疗服务信息等,满足人们越来越高的需求,帮助社区居民解决较为常见的一些问题,使社区居民与社区图书馆之间的关系越来越密切,进行更多的交流和互动。亦可通过网络对社区图书馆的服务满意程度进行民意调查,对居民的反馈信息进行搜集和整理,不断调整与更新网上信息服务内容,提高服务质量。

(5)为弱势群体服务

每个社区都存在着弱势群体,主要包括:中小学生、下岗工人、外来务工人员、从事底层劳动的人员以及老年人等。对于弱势群体来说,他们获取信息最为有效和直接的渠道便是通过社区图书馆的信息服务。

对于离、退休的老年人,可以与社区组织开展一些老年人较为感兴趣的读书活动,比如书法比赛、关于书籍的读后感分享以及健康保健知识讲座等,让更多的老年人愿意到社区图书馆中来;对于青少年儿童来说,通过举办各种有关读书的活动,订购青少年儿童课外读物,满足他们对于课外知识的需求,在丰富他们课余生活的同时既可陶冶情操,又可提高各方面的处事能力;将社区图书馆中闲置的场所开辟为满足青少年读者需要的自习室、读书室、电子阅览室等,将社区图书馆打造为中、小学生的第二学习课堂;定期开展社区青少年答题比赛的活动,设置一些较为有意义的题目供其思考,然后告诉他们答案在哪些书上可以获得,但必须自己找到,从而提高他们阅读的能力,让他们在获得知识的同时有一种满足感,并且通过设置一定的奖励来提高他们参与活动的积极性。对于社区下岗工人、从事底层劳动的工人以及外来务工人员来说,掌握一种社会迫切需要的劳动技能是保证他们能够顺利找到工作或者转变工作最有效的渠道。社区图书馆站在他们的角度明确他们想要的以及迫切需要的,邀请高技术人员通过讲座和培训的方式教授他们技能。另外,还可以通过一些励志类图书来帮助下岗工人尽快走出阴霾、重新燃起对未来生活的向往。社区图书馆通过提供文献资源、举办各种活动来帮助他们度过闲暇的时间,并提供一些就业的信息帮助其再就业,为其排忧解难。

7.9 增强社区图书馆自身建设的能力

政府、社会和市场等力量对于社区图书馆的发展具有重要的意义,但是它们所能提供的帮助往往是有限的,社区图书馆要想做到可持续发展,自身的发展和建设也是必不可少的。增强社区图书馆自身的发展和建设能力可以通过以下两个方面来开展工作。

7.9.1 增强社区图书馆自我发展能力

虽然目前国家正在加大力度促进公共文化服务体系的建设,但是国家的力量和精力也是有限的,短时间内还没有能力关注到每一个社区,对于社区图书馆来说更是困难。因此,社区图书馆必须努力增强自身的发展能力,通过自己的力量创造出更好的发展环境和机会。

首先,要努力增强自身造血能力来满足自身的需求。虽然政府是投资建设社区图书馆的主要力量,但并不是所有的社区图书馆都是政府投资建设的,因此社区图书馆可以在不断提供社会效益的同时,进行适当的有偿服务,但是必须要符合"权利与义务统一"的逻辑框架。社区图书馆增强自我发展能力最为重要的一点就是要提高自身的创新力度,特别是要摒弃以往那些旧的观念和思想、寻找新的方式方法、创新管理制度和管理方式。社区图书馆不仅可以利用信息技术的咨询、文献资源的租赁、书刊和报纸杂志的销售等这些本就具备的有利条件来进行收费服务,还可以借鉴企业的运营方式来开展一些"副业",并以此获得相对可观的收入。

其次,社区图书馆要增强可持续发展能力,就必须充分依靠社会和市场的力量。社会力量主要是指依靠民间组织、志愿者组织等在除去政府财政支持以外的第三方机构和个人,以捐款、捐物(包括书和设备等)以及义务劳动(即社区义工、社区志愿者等)的形式,为社区图书馆事业的发展提供支持和帮助。这种力量主要包括志愿服务以及资金募集这两种形式,它们都能够有效地促进社区图书馆的发展。市场力量指的是借助企业的力量为社区图书馆的建设提供资金和技术等方面的支持。企业为了回馈社会,往往愿意投资公共文化设施的建设,这也是企业拓宽影响力和知名度的有效途径。

7.9.2　加强同其他公共文化服务体系子系统的联系

社区图书馆是公共文化服务体系的重要组成部分,社区图书馆可以寻求与公共文化服务体系其他子系统之间的联系,共同构建一个系统的服务机制。社区图书馆以及各子系统的服务职能进行整合,既可以让图书馆自身得到发展,也能够保证社区图书馆在为公共文化建设中的作用得到真正的发挥。

首先是加强纵向联系。社区图书馆是公共文化服务体系中最基础、最底层的系统,其与公共图书馆、高校以及专业图书馆等相比,不管是在建设经验还是在服务质量上都明显地存在差距。因此,社区图书馆要积极寻求同它们联系的机会,开展馆际之间的合作与馆藏资源共享,促进双方间的良序发展。在资源建设方面,可以通过与其他图书馆一同购买或者相互借助等形式来使社区图书馆的服务得到最大限度的发挥。对于一些偏远地区或者经济较为落后的农村图书馆来说,由于资金的匮乏等原因,他们的发展并不那么好,更应该通过这种方法来提升自己。例如条件较好、资源较为丰富的图书馆可以通过"送书下乡"、"乡村扶持"等形式帮助农村社区图书馆建设,发挥自身存在的价值。

其次是加强横向联合。社区图书馆不仅可以与其他图书馆开展联系,还可以加强同其他类型的文化机构进行联合,通过双方之间的合作达到一种互利共赢的局面,并且能够促进基层文化服务系统的扩大,服务范围拓宽等。最典型的例子就是广东省图书馆与各种政府工程进行联系,大量发展基层信息服务点用户,特别是在科教文卫等领域,他们充分利用当地网络和计算机应用十分普及的特点,发挥自己和其他政府工程的优势,使双方都得到了发展,促使图书馆的文献信息在其他行业间得到迅速的推广和应用。这种横向联合的发展模式对社区图书馆来说具有重要的借鉴意义,社区图书馆可以同博物馆、少年宫、美术馆、音乐馆等其他公共文化服务机构进行联合,共同创新公共文化服务的运行机制。

参考文献

外文部分

[1] Aphrodite Bodycomb, Everly Brown, Bohyun Kim, et al. Makerspace Task Force Report [R]. Baltimore: University of Maryland, USA, 2014:19—22.

[2] Association of Research Libraries. Rapid Fabrication/ Makerspace Services (Survey Results: Executive Summary) [R]. Washington, DC: Association of Research Libraries, USA, 2015:11—16.

[3] ALAN B. Twelve million Australian public library friends: worth an investment? [J]. Australasian Public Libraries and Information Services, 2005, 18 (3):84—92.

[4] Alemna A. Anaba. Community libraries: an alternative to public libraries[J]. 44,1995(7):40—44.

[5] Bankhead, H. The Virtual Reference Experience: Inte — grating Theory into Practice[M]. New York: Neal — Schu — man Publishers, 2004:199—218.

[6] Beth Hovius. Public Library Partnerships which Add Value to the Community: the Hamilton Public Library experience [J]. IFLA Joumal, 2006, 32:214—223.

[7] BRINDLEY L J. Building Support for the British Library from Friends and Other Sources[J]. Quarterly Bulletin of the National Library of South Africa, 2008, 62(1):5—8.

[8] Bonnie F M, Charleazine N. Recruiting and Managing

Volunteers in Libraries [M]. New York: Neal — Schuman Publishers Tnc. 1995:25.

[9] Carlyle C. PD with a Passport: Reflections on Professional Development Through Volunteer Work in Emerging Central American Libraries[J]. Partnership the Canadian Journal of Library &Information Practice &Research, 2014, 9(2): 510—523.

[10] Erica Compton, Amy Boese, Jaina Lewis, et al. Making in the Library Toolkit [R]. Chicago: American Library Association, USA, 2015:6—7, 15—16.

[11] Dana Gierdowski, Daniel Reis The MobileMaker: An Experiment with a Mobile Makerspace [J]. Library Hi Tech, 2015, 33 (4):480—496.

[12] David V. Loertscher, Leslie Preddy, Bill Derry. Makerspaces in the School Library Learning Commons and the uTEC Maker Model [J]. Teacher Librarian,2013,41 (2):48—51,67.

[13] Evans G E. Library Volunteers: Do They Have a Valid Role in Libraries? [J]. Library Management, 2010, 31(4/5):17—25.

[14] Emily F. Blankenship, Yolanda Hollingsworth. Balancing both lives: issues facing librarians working in Second Life and real life worlds [J]. New library World, 2009,110 (9/10):430—440.

[15] Eisenberg, M. The parallel information universe [J]. Library Journal, 2008,133(8):22—25.

[16] Emily Boyle, Michelle Collins, Robyn Kinsey, etal. Making the Case for Creative Spaces in Australian Libraries [J]. The Australian Library Journal, 2016, 65 (1):

30—40.

[17] Floyd,J. ,Frank,I. ,McCook,K. and Smith,A. Second Life for librarians [J]. Florida Libraries, 2007,50(1):4—7.

[18] FERGUSON, D. Harnessing community support for public libraries [J]. Australasian Public Libraries and Information Services,1997,10 (1):47—51.

[19] Gail D. LMC 1—Question Survey: How do You Use Volunteer in Your Library? [J]. Library Media Connection, 2011, 30 (3):57.

[20] Heather Mooreield — Lang. Change in the Making: Makerspaces and the Ever — Changing Landscape of Libraries [J]. Techtrends, 2015, 59 (3):107—112.

[21] Heather Michele Moorefield — Lang. Makers in theLibrary:Case Studies of 3D Printers and Maker Spaces in Library Settings [J]. Library Hi Tech, 2014, 32 (4):583 —593.

[22] Heather Michele Moorefield—Lang. User Agreements and Makerspaces:A Content Analysis [J]. New Library World, 2015, 116 (7/8):358—368.

[23] John Crawford. Recovering the Lost Scottish Community Library: The Example of Fenwick [J]. Library History, September 2007, Vol. 23.

[24] Jeroen de Boer. The Business Case of FryskLab, Europe's First Mobile Library FabLab [J]. Library Hi Tech, 2015, 33 (4):505—518.

[25] Joan Horvath, Rich Cameron. The New Shop Class: Getting Started with 3D Printing, Arduino, andWearable Tech [M]. New York:Springer Science+Business Media,

2015:66.

[26] Kochoff. S. T. Public library friends groups: Aims, operations, effectiveness[D]. New York: Columbia University, 1992.

[27] Karen Miller. Makerspaces: A Practical Guide for Librarians (Book Reviews [J]. Australian Academic &.Research Libraries, 2015,46:223—224.

[28] Khan NS, Bawden D. Community informatics in libraries in Pakistan: Current status, future prospects[J]. New Library World,2005,(11/12):532—540.

[29] Lori B, Rhonda B. Trueman. Virtual Worlds, Real Li—braries:Librarians and Educators in SL and Other Mul—ti—User Virtual Environments [M]. Medford: Information Today,2008:65—73.

[30] Lili Luo. Reference service in Second Life: an overview [J]. Reference Services Review,2008,36(3):289—300.

[31] Louis B. W. Some Early "Friends" of Libraries [J]. Huntington Library Quarterly, 1939,2(3):355—369.

[32] Martin, William J. Community librarianship: changing the face of public libraries [M]. London: Clive Bingley, 1989.

[33] Nicol E A, Johnson C M. Volunteers in Libraries: Program Structure, Evaluation, and Theoretical Analysis [J]. Reference &.User Services Quarterly, 2008,48(2):154—163.

[34] Nicole Dixon, Michael Ward. The Maker Movement and the Louisville Free Public Library [J]. Reference &.User Services Quarterly, 2014, 54:17—19.

[35] Pinkowski J. Background Checks for Volunteers? [J]. Library Journal, 2007,132(19):18.

[36] Rosa K, Storey T. American Libraries in 2016: Creating Their Future by Connecting, Collaborating and Building Community[J]. IFLA Journal, 2016,42(2):85—101.

[37] Slatter Diane, Howard Zaana. A Place to Make, Hack,and Learn: Makerspaces in Australian Public Libraries [J]. The Australian Library Journal,2013,62 (4):272—284.

[38] Thrasher Jerry A. Branch library development in Cumberland County, North Carolina[J]. 101, 2000 (7): 309—314.

[39] Travis Good. Three Makerspace Models That Work [J]. American Libraries, 2013, 44 (1/2):45—47.

[40] Tara Brady, Camille Salas, Ayah Nuriddin, et al. MakeAbility:Creating Accessible Makerspace Events in a Public Library [J]. Public Library Quarterly, 2014, 33 (4):330—347.

[41] Valerie Hill, Hyuk — Jin Lee. Libraries and immersive learning environments unite in Second Life [J]. Library Hi Tech,2009,27(3):338—356.

[42] Waters R D, Bortree D S. Improving Volunteer Retention Efforts in Public Library Systems: How Communication and Inclusion Impact Female and Male Volunteers Differently [J]. International Journal of Nonprofit & Voluntary Sector Marketing, 2012, 17(2): 92—107.

[43] Wayne Senville. Public Libraries: The Hub of Our Communities [J]. Aplis, September 2009, 22(3).

中文部分

[1] 白兴勇.美国图书馆志愿者研究述略[J].图书馆,2015(5):46—52.

[2] 陈湘.论图书馆服务伦理[C].福建省图书馆学会2006年学术年会论文集.2006:50—52.

[3] 程光.闽台两省图书馆发展状况及双方交流与合作[J].情报资料工作,2000(S1):93—95.

[4] 陈云珠.浅议21世纪乡镇图书馆建设[J].福建图书馆理论与实践,2008(1):24—26.

[5] 程亚男.公共图书馆建设与服务的基本原则解读[J].图书馆理论与实践,2011(5).

[6] 陈廉芳.试论图书馆知识社区联盟构建[J].新世纪图书馆,2012(1):78—81.

[7] 陈巧云.城市社区图书馆浅议[J].图书馆杂志,2010(7):31—34.

[8] 曹蒿.高校图书馆参与公共文化服务的模式述评[J].图书馆界,2012(6):31—33.

[9] 常林.面向国际化大都市的城市社区图书馆建设对策[J].中国图书馆学报,2003(2):35—37.

[10] 曾梁羚.社区图书馆的公益传播困局及发展路径[J].中国出版,2013(6):39—41.

[11] 陈喜红.社区图书馆为农民工服务的探讨[J].图书馆论坛,2010(4):170—172.

[12] 程学红.公共图书馆(室)为特殊少儿群体的服务研究:以秀山土家族苗族自治县为例[J].四川图书馆学报,2016(2):91—94.

[13] 程大帅.图书馆对农村留守儿童的人文关怀及对策研究:以周口市为例[J].图书情报工作,2011(7):82—85.

［14］初景利,吴冬曼.图书馆发展趋势调研报告（三）:资源建设和用户服务[J].国家图书馆学刊,2010(3):3－9.

［15］初景利,吴冬曼.图书馆发展趋势调研报告（四）:图书馆管理、人员发展及结论[J].国家图书馆学刊,2010(4):3－8.

［16］陈立鹏,赵燕燕.新西兰国立大学章程中有关少数族裔的规定及对我国的启示[J].中南民族大学学报（人文社会科学版）,2014(4):5－9.

［17］崔希有,秦晓娜.伦敦概念店对我国公共（社区）图书馆建设的启示[J].齐鲁师范学院学报,2016(2):111－115.

［18］陈永娴.深圳市社区图书馆服务研究[J].图书馆杂志,2006(4):29－32.

［19］陈朋.国外嵌入式图书馆服务研究进展[J].图书情报工作,2013,(3):5－10.

［20］陈庆嫦.粤港澳社区图书馆之比较[J].图书馆学研究,2008(8):6－8.

［21］陈菊敏.社区图书馆的服务与创新[J].图书情报导刊,2009(4):99－100,111.

［22］蔡箐.香港公共图书馆管理体制研究及对深圳"图书馆之城"的启示[J].图书情报工作,2017(13):37－43.

［23］曹扬.关于公共图书馆个性化服务的思考与实践——以静安区图书馆"白领悦读服务"为例[J].图书馆杂志,2016(4):65－68.

［24］淳姣,赵媛,张欢.公共图书馆弱势群体公共信息服务权益保障研究[J].图书馆建设,2017(2):76－83.

［25］程亚男.书海听涛[M].北京:北京图书馆出版社,2001:133－138.

［26］戴宿勇,廖艳萍.福建省图书馆"闽图讲座"活动综述[C].福建省图书馆学会学术年会论文集,2006:79－81.

［27］窦英杰.香港图书馆特色之浅析［J］.图书馆学刊,2004
　　　(5):64.

［28］段枫.论社区图书馆可持续发展［J］.图书馆学刊,2012(7):
　　　23-24.

［29］董继红.社区图书馆全程个性化服务模式探析［J］.图书馆工
　　　作与研究,2011(2):96-98,122.

［30］戴艳清.社区图书馆为老年人提供健康信息服务初探［J］.图
　　　书馆论坛,2011(4):138-146.

［31］邓倩.浅阅读时代农村留守儿童阅读现状与对策研究［J］.图
　　　书馆工作与研究,2014(11):119-121.

［32］戴晓颖.香港公共图书馆开展阅读推广活动的理念与机制
　　　［J］.农业图书情报学刊,2016(8):15-17.

［33］邓爱东.国外公共图书馆品牌建设的研究及对我国的启示
　　　［J］.图书馆,2013(3):65-68.

［34］邓珊妮,陶景霞.众包在国外图书馆中的应用及启示［J］.湖
　　　南社会科学,2013(1):260-262.

［35］杜丙龙.大庆市发展社区图书馆的构想与策略［J］.图书馆建
　　　设,2002,(5):30-31.

［36］范并思.公共图书馆精神的时代辩护［J］.中国图书馆学报,
　　　2004(2).

［37］冯晓娜,刘文云.LibraryThing 对我国社区图书馆建设的启
　　　示［J］.图书馆建设,2008(9):27-29,58.

［38］傅小进.《申报》流通图书馆对弱势群体知识援助的启示［J］.
　　　图书馆杂志,2011(10):46-48.

［39］樊佳怡.美国图书馆电子书服务隐私权问题研究［J］.图书
　　　馆,2017(2):61-64.

［40］郭楠.浅谈美国社区图书馆建设［J］.农业图书情报学刊,
　　　2011(9):164-166.

［41］高林,唐澈.重新定义社区图书馆功能［J］.图书馆研究,2013
(4):8－11.

［42］高红,支娟,胡月平,等.我国公共图书馆政府信息服务的现
状与国际经验借鉴［J］.图书情报工作,2008(7):12－17.

［43］郭韫丽,吴青林,王小雄.保障新生代农民工信息权益视角
下的高校图书馆信息服务［J］.图书馆工作与研究,2015(2):
74－76.

［44］高雄.基于农村弱势群体知识援助保障机制研究［J］.图书馆
工作与研究,2014(5):9－14.

［45］高凡.对国外图书馆战略规划的思考［R］.杭州:教育部图书
情报工作指导委员会战略规划组,2015.

［46］顾凤君.城乡一体化服务体系中社区图书馆可持续发展研
究——以颛桥社区图书馆为例［J］.上海高校图书情报工作
研究,2016(3):44－47.

［47］龚惠芳.公共图书馆开展集体借阅服务探析——以深圳宝
安区图书馆为例.公共图书馆［J］,2016(2):11－14.

［48］高熔.宽带网与社区图书馆建设［J］.图书馆建设,2002(1):
21－23.

［49］甘平.图书馆与社区文化建设［J］.国家图书馆学刊,2003
(4):53－55.

［50］邱丰.图书馆阅览室服务谈［J］.福建图书馆理论与实践,
2006(3):52－53.

［51］秦鸿.英国的阅读推广活动考察［J］.图书与情报,2011(5):
46－50,55.

［52］秦淑贞.英国社区图书馆见闻与中国的社区图书馆建设［J］.
中国图书馆学报,2003(3):72－76.

［53］黄红.依托商业综合体建设新型社区图书馆［J］.图书馆工作
与研究,2012(12):25－28.

[54] 胡杨玲.社区图书馆满意度及其影响因素分析——基于深圳市宝安区的调查[J].河南图书馆学刊,2011(1):21—22.

[55] 黄华青.伯克利市图书馆西区分馆,加利福尼亚州,美国[J].世界建筑,2016(6):104—107.

[56] 黄奇,郭晓苗.Internet 上网站资源的评价[J].情报科学,2000(4):350—352,354.

[57] 霍国庆,金高尚.论社区图书馆[J].中国图书馆学报,1995(4):54—59.

[58] 黄锦安,吴志敏.社区图书馆是构建学习型社会的主要平台[J].中山大学学报论丛,2005(2):133—135.

[59] 黄丽琼.社区图书馆发展初探[J].集美大学学报(哲学社会科学版),2001(1):87—90.

[60] 韩小亚,徐变云.国外数字学术出版初探[J].出版科学,2016(5):97—102.

[61] 黄群庆.多姿多彩的城市公共客厅——芬兰社区图书馆参观记[J].公共图书馆,2012(3):74—75.

[62] 黄宗忠.服务是图书馆的永恒主题——兼评国外图书馆服务的新理念、新方法[J].图书馆论坛,2005(6):22—29.

[63] 王利贞.深圳社区图书馆如何创新服务探析[J].河南图书馆学刊,2013(5):19—21,35.

[64] 蒋永福.知识权利与图书馆制度[J].中国图书馆学报,2005(1).

[65] 金燕.和谐社会中社区图书馆的构建[J].图书馆,2008(1):118—119.

[66] 江涛.基于微博社区的图书馆知识协同服务模式研究[J].图书馆工作与研究,2013(5):66—69.

[67] 金胜勇,张欣.论公共文化服务体系中的社区图书馆建设[J].学术论坛,2012(2):4—7.

[68] 教育部高等学校图书情报工作指导委员会.高校图书馆"十三五"发展规划高级研修班通知［EB/OL］.［2016—01—30］http://www.scal.edu.cn/zxdt/201509090310.

[69] 蒋庆萍.城市化进程中的社区图书馆建设对策[J].新世纪图书馆,2004(2):19—21.

[70] 蒋颖.因特网学术资源评价:标准和方法[J].图书情报工作,1998(11):29—33.

[71] 江洪,於维樱.国外最新图书馆资源建设与信息服务战略研究——种基于战略规划文本的分析[J].图书馆建设,2012(8):65—69.

[72] John B. Horrigan,Lee Rainie,等.美国公共图书馆2016年度报告[J].图书馆论坛,2016(12):1—12.

[73] 孔健,张怀珠.人口老龄化与社区图书馆的建立[J].图书馆学研究,1998(2):44—45.

[74] Kathy Rosa,魏悦.2016美国图书馆协会白皮书[J].图书情报研究,2016(3):3—14.

[75] 柯平,等.图书馆"十三五"战略规划的科学制定与分类指导[J].情报资料工作,2015(3):5—9.

[76] 林杨,戴鹭涛.地方区域性图书馆联盟建设的发展思路——以Fulink为例[J].图书馆界,2013(2):33—36.

[77] 雷兰芳.福建省地、县级公共图书馆队伍现状与建设对策[J].福建图书理论与实践,2006(3):26—29.

[78] 李月明,等.公共图书馆为党政机关服务的实践和思考[J].图书馆,2012(5):111—113.

[79] 卢海燕,等.全国省级公共图书馆决策咨询服务协作平台构建与设想[J].国家图书馆学刊,2012(5):89—95.

[80] 刘欢.浅论厦门市图书馆的新服务体系[J].科技情报开发与经济,2013(3):105—107.

[81] 林丽萍.厦门市区域图书馆服务联盟建设现状及发展[J].研究与争鸣,2013(1):1—4.

[82] 林碧英.社区乡镇图书馆可持续发展路径探析[J].中共福建省委党校学报,2011(2):94—96.

[83] 卢淑琴.省级公共图书馆在公共文化服务体系中的作用与发展[J]兰台世界,2013:92—93.

[84] 李小萍.县级公共图书馆政府信息公开服务研究[J].兰台世界,2013(2):101—102.

[85] 李颖.城市社区图书馆发展问题探析[J].河北工程大学学报(社会科学版),2012(2):127—129.

[86] 廖腾芳,刘宣春.发达国家社区图书馆建设及启迪[J].晋图学刊,2010(6):60—62.

[87] 廖子良.建立社区图书馆刍议[J].图书馆界,1992(4):4—8.

[88] 刘兹恒,薛旻.论社区图书馆的功能、模式及管理机制[J].中国图书馆学报,2002(5):31—34,59.

[89] 李诚.诹议社区图书馆对国际化大都市的贡献[J].图书馆学刊,2004(4):12—13

[90] 李效筠,李伟.关于社区图书馆发展模式的探讨[J].兰台世界,2012(29):90—91.

[91] 李更成.基层公共图书馆如何服务社区的几点思考[J].基层图书馆,2010(11):111—112.

[92] 刘新廉.社区图书馆建设论析[J].河南社会科学,2006(5):233—234.

[93] 廖球.社区图书馆如何参与社区文化建设[J].图书馆学刊,2009(3):28—30.

[94] 李金玲.社区图书馆现状与公众需求调查分析——以天津市和平区社区图书馆为例[J].图书馆工作与研究,2012(7):98—100.

[95] 吕珩.珠海社区图书馆建设现状调查分析与发展思考[J].图书馆论坛,2009(4):49-52.

[96] 黎雪微.创客空间社区化发展模式初探[J].商业经济研究,2016(23):124-125.

[97] 李亮.公共图书馆读者信息素养教育实践分析及思考[J].河南图书馆学刊,2016(7):14-16.

[98] 刘巍,陈晓波.公共图书馆面向老年弱势群体信息服务体系的构建[J].情报科学,2012(7):1003-1006.

[99] 李昊青.图书馆保障弱势群体阅读权益的对策研究[J].图书馆建设,2016(4):16-27.

[100] 李忠实.共享文化资源、关爱农村留守儿童:开县图书馆服务实践[J].图书情报工作,2013(S2):14-16,21.

[101] 李彦昭,等.图书馆战略规划中的用户研究与服务——对国外图书馆战略规划文本的分析[J].情报资料工作,2012(1):84-88.

[102] 刘丽敏,王晴.国外图书馆创客空间研究及实践进展[J].图书馆论坛,2016(7):115-123.

[103] 李英杰.图书馆参与社区建设研究[J].图书馆建设,2016(6):75-80.

[104] 李姝娟.英国政府购买图书馆公共服务的演进、特征及启示[J].图书馆建设,2016(11):84-88.

[105] 李璠.碧山社区图书馆,新加坡[J].世界建筑,2009(9):62-65.

[106] 刘宝玲.美国公共图书馆持续发展的原因分析[J].新世纪图书馆,2011(9):87-90.

[107] 李国新.我国地方性公共图书馆立法的新进展[J].图书馆论坛,2015(8):1-5.

[108] 刘兹恒,薛昊.论社区图书馆的功育模式及管理机制[J].中国图书馆学报,2002(5):32-35,60.

[109] 刘兰,黄国彬.国外公共图书馆总分馆制典型案例分析及其启示——以洛杉矶公共图书馆总分馆制为例[J].图书馆建设,2010(8):2-6.

[110] 凌波.数字图书馆的硬件平台及示例——合肥市图书馆案例分析[J].国家图书馆学刊,2002(1):19.

[111] 陆和建,张芳源.国外农村图书馆服务模式研究[J].图书情报知识,2012(3):62-71.

[112] 马兰.多中心体制:社区图书馆建设新路径[J].图书馆,2008(3):21-23.

[113] 莫玲.合肥市社区图书馆建设问题研究[D].合肥:安徽大学,2008.

[114] 马仁勇,武晓丽.21世纪河北省社区图书馆建设构想[J].河北科技图苑,2000(2):13-15.

[115] 孟银涛,钟永恒.国外图书馆用户驱动的获取与服务现状研究[J].情报科学,2012(8):1204-1208.

[116] 牛育芳.我国公共图书馆弱势群体服务研究[J].图书馆工作与研究,2015(S1):63-66.

[117] 宁岩,王群.国外图书馆基于 Second Life 的服务实践研究[J].图书与情报,2012(5):70-74.

[118] 皮春花.创建学习型组织 争做学习型馆员——记福建省图书馆创建学习型组织[J].图书馆员,2009(2):36-38.

[119] 彭一中,陈希.发展社区文化的基础是发展社区图书馆[J].图书馆,2009(2):95-96,102.

[120] 彭琳彦.加拿大公共图书馆的多元文化服务[J].新世纪图书馆,2013(6):89-91.

[121] 邱燕燕.基于层次分析法的网络信息资源评价[J].情报科学,2001(6):599-602.

[122] 曲蕴.面向学习型城市的上海社区图书馆建设研究[D].上

海：上海交通大学,2011。

[123] 冉文革.深圳社区图书馆建设思考[J].图书馆论坛,2005
    (4):214—216.

[124] 苏海明.广州与深圳社区图书馆发展比较研究[J].图书馆,
    2008(2):115—119.

[125] 孙方礼,董玲.民族地区社区图书馆信息控制模式的构成
    与发展[J].图书馆理论与实践,2004(2):107—108.

[126] 束漫.国外图书馆服务研究综述[J].情报杂志,2008,(6):
    129—133.

[127] 石烈娟.美国社区图书馆服务及其启示[J].图书馆,2009
    (2):70—72.

[128] 单骅.社区图书馆的"香港模式"初探[J].四川图书馆学报,
    2011(2):65—68.

[129] 苏瑞竹.社区图书馆的定位和功能[J].图书馆论坛,2003
    (1):125—127.

[130] 孙坦.国外图书馆战略规划研究[J].图书馆建设,2009
    (10):82.

[131] 谭红霞.海峡两岸公共图书馆亲子阅读比较研究[J].图书
    馆建设,2016(12):84—90.

[132] 唐虹.湖南省校地共建社区图书馆服务模式探讨[J].图书
    馆,2010(2):100 102.

[133] 田舒.高地公园公共图书馆运作对我国社区治理创新的启
    示[J].法制与社会,2016(25).

[134] 王莉.论高校图书馆与社区图书馆共建[J].现代商贸工业.
    2013(8):138.

[135] 王丽娜.福建省公共图书馆与海西区文化建设浅析[J].福
    建图书馆理论与实践,2008(4):4—6.

[136] 伍新生.福建省图书馆六十年概述[C].福建省图书馆年

会.2009.

[137] 魏冰鑫.公共图书馆如何与农家书屋共享资源推进其可持续发展——以县级公共图书馆在宁德市农家书屋建设中所起作用为例[J].大众文艺,2013(8):206-207.

[138] 王永厚.社区居民之家校外教育课堂——美国爱达社区图书馆见闻[J].图书馆研究与工作,2008(1):76-77.

[139] 王宗义.社区图书馆资源行政配置与自主集聚和交流的模式选择——基层图书馆从行政模式转向公共模式的思考之二[J].图书馆,2012(6):24-26.

[140] 吴宇琳.国内外公共图书馆弱势群体服务策略比较研究[J].图书馆建设,2015(7):60-64.

[141] 王平,王春迎.美国公共图书馆弱势群体服务实践分析[J].国家图书馆学刊,2014(4):10-15.

[142] 王素芳.国外公共图书馆弱势群体服务的发展研究[J].图书馆,2010(1):6-10,29.

[143] 汪其英.美国社区图书馆延伸服务及其启示[J].国家图书馆学刊,2016(6):52-57.

[144] 武克涵.台湾地区公共图书馆系统建设探析[J].图书馆界,2017(1):13-15,24.

[145] 吴迪.浅谈海外图书馆志愿者的经验及启示[J].图书馆学研究,2009(1):20-24.

[146] 王长宇.中外图书馆服务泛在化的实践探索研究[J].河南图书馆学刊,2013(5):115-117.

[147] 王国强.澳门公共图书馆事业发展概况[J].新世纪图书馆,2015(8):5-12.

[148] 王瑜.北京城市社区图书馆服务的问题与对策研究[D].北京:中央民族大学,2013.

[149] 卫怀恩.图书馆面向社会弱势群体的信息推送服务研究

[J].图书馆学研究,2012(14):81—84.

[150] 薛佩伟.中国图书馆立法研究[C].福建省图书馆学会学术年会,2007:286—289.

[151] 夏彦,刘磊.城市社区图书馆现状与公众需求调查与分析[J].图书馆杂志,2010(6):31—33.

[152] 徐梅.农村社区图书馆在塑造现代新型农民过程中的作用与对策[J].农业图书情报学刊,2011(4):147—150.

[153] 徐志讳.浅谈美国社区图书馆网站建设[J].图书馆研究,2008(1):126—128.

[154] 肖永英,何兰满.我国公共图书馆弱势群体信息服务文献综述:2001—2010[J].图书馆论坛,2011(5):1—5.

[155] 肖永英,张淼.新生代农民工图书馆服务调查研究:以广州市海珠区图书馆为例[J].图书馆论坛,2015(2):26—30.

[156] 薛静.美国公共图书馆志愿者服务项目的分析及思考——以美国纽约、西雅图、洛杉矶公共图书馆为例[J].图书馆学研究,2016(15):97—100.

[157] 谢明亮.美国数字公共图书馆项目研究[J].图书馆建设,2016(7):57—62.

[158] 徐毅.美、英、澳图书馆立法现状及其借鉴意义[J].图书馆建设,2012(2):1—4.

[159] 袁俊喜.公共图书馆与公共文化服务体系的构建[J].图书馆,2011(3).

[160] 于书平.北京市社区图书馆运行机制创新研究[J].北京教育学院学报,2013(1):43—47.

[161] 袁懿.城市社区建设中的文化支撑与功能扩张[J].甘肃社会科学,2003(1):117—118.

[162] 于伟,张彦.基于 Logit 模型影响居民参与社区图书馆因素的实证分析[J].图书馆论坛,2011(1):10—13.

[163] 杨容.社会转型期社区图书馆建设探索[J].经济体制改革,2012(5):178-180.

[164] 严新玲.社区图书馆老年读者服务工作探析[J].河北科技图苑,2013(1):66-67,77.

[165] 杨洁.主分馆制社区图书馆开展志愿者服务的管理模式探讨[J].图书馆,2013(3):117-118.

[166] 杨晶.美国社区图书馆志愿者管理模式探析[J].图书馆建设,2017(2):90-96.

[167] 杨尚琴.美国图书馆社区参与服务实证研究[J].河南图书馆学刊,2016(5):73-75.

[168] 严贝妮,解贺嘉.香港公共图书馆均等化服务的调查与分析[J].图书与情报,2016(5):81-89.

[169] 杨庆云.构建人文图书馆的一点断想——韩国社区图书馆建设给我们的启示[J].新世纪图书馆,2003(5):69-72,65.

[170] 杨琼.俄罗斯图书馆的服务与管理——走进俄罗斯图书馆[J].图书馆论坛,2010(3):179-181.

[171] 杨静.国内外公共图书馆老年读者服务研究综述[J].新世纪图书馆,2012(4):54-57,50.

[172] 尹小宇.亲历英国社区图书馆[J].公共图书馆,2013(1):77-79.

[173] 杨琼.中俄图书馆信息管理与服务比较研究[J].图书馆,2011(1):85-86,94.

[174] 杨文珠.论社区图书馆的文化定位[J].图书馆学研究,2008(3):55-57.

[175] 于蓓莉,李桂华.国外图书馆协会图书馆服务制度制定研究[J].图书馆,2011(2):75-77.

[176] 赵晓寰,乔雪瑛.新西兰历史、民族与文化 [M].上海:复旦

大学出版社,2009：69－99.

[177] 郑智明.福建文化信息网络建设中若干问题的理性思考[J].数字图书馆论坛,2007(1):47－51.

[178] 庄燕.城市社区图书馆建设存在的问题及对策建议[J].文献信息论坛,2013(1):15－17.

[179] 郑钟毓.福建省图书馆特藏阅览室现状分析与改进服务工作的设想[J].研究与争鸣,2012(2):11－13.

[180] 郑闽跃.福建省县级图书馆购书经费现状及对策[J].福建图书馆学刊,1996,3(67):4－7.

[181] 赵玉秋.对省级图书馆为重大政务活动服务的思考——以山西省图书馆为两会提供信息咨询为例[J].图书馆工作与研究,2009(8):100－101.

[182] 郑蓓.浅谈社区图书馆建设[J].福建图书馆理论与实践,2012:470－472.

[183] 赵玉冬.论网络学术对传统学术信息交流的影响[J].图书馆工作与研究,2011(3):29－31.

[184] 张凤娥.我国图书馆相关法律法规的内容分析[J].图书馆建设,2009(5):4－8.

[185] 郑学仁.便利图书站——香港的社区图书馆经验[J].图书馆建设,2008(1):16－18.

[186] 赵莉,田广琴,等.大连市社区图书馆状况调研及思考[J].图书馆论坛,2012(4):115－119.

[187] 朱丹.国内外社区图书馆的概览与思考[J].图书馆论坛,2011(1):161－163.

[188] 赵奇钊.经济不发达地区社区图书馆几个问题的探讨[J].图书馆,2008(2):112－114.

[189] 周英雄.论城市社区图书馆建设[J].图书馆论坛,2007(4):4－7,15.

[190] 周鸿武.学习型社会背景下社区图书馆的建设与服务[J].图书馆研究,2013(2):30—32.

[191] 赵媛,淳姣,王远均.我国农民/农民工信息意识现状及提升对策[J].四川大学学报,2014(6):98—108.

[192] 赵媛,王远均,杨柳,等.基于弱势群体信息获取现状的弱势群体信息获取保障水平和标准研究[J].情报科学,2016(1):26—33.

[193] 赵冰,杨玉麟.公共图书馆弱势群体服务伦理建设探究[J].图书馆论坛,2015(6):30—33.

[194] 张秀华,韩红利.高校图书馆开展弱势群体信息援助初探[J].图书馆工作与研究,2012(12):101—103.

[195] 张靖,苏靖雯,吴燕芳,等.广东省公共图书馆残障用户服务调查[J].图书馆建设,2013(12):36—40.

[196] 张之梅.社区图书馆援助解决流动儿童文化生活的思考:以天津市西青区图书馆为例[J].图书馆工作与研究,2014(6):90—92.

[197] 赵媛,文娟,王远均,等.不同类型弱势群体信息获取现状比较研究——以四川省为例[J].档案学研究,2014(1):33—43.

[198] 张绚.澳大利亚图书馆法探析——以新南威尔士州为例[J].河南图书馆学刊,2013(03):138—140.

[199] 赵玉宇.关于英美图书馆法的调查与特色分析[J].图书馆学研究,2011(12):97—101.

[200] 张晓琳.美国公共图书馆服务体系研究[J].图书馆,2010(4):80—81.

[201] 张春华.广州市公共图书馆统一服务平台的构建与发展[J].图书馆学刊,2016(8):68—71.

[202] 张美萍.美国图书馆的现状及发展趋势[J].大学图书馆学

报,2010(2):11-14.

[203] 赵云.浅析美国社区图书馆[J].内蒙古科技与经济,2007
(17):126-127.

[204] 郑学仁.便利图书站——香港的社区图书馆经验[J].图书
馆建设,2008(1):15-18.

[205] 张广钦.国外公共图书馆建设标准与规范概览[M].北京:
国家图书馆出版社,2009:158.

[206] 周永红,陈思.国内社区图书馆服务均等化研究综述[J].图
书馆,2016(9):41-45.

[207] 郑直,张欣.基于公共服务理念的社区图书馆服务体系建
设研究[J].图书馆工作与研究,2016(4):33-36.

[208] 周园.对城市社区图书馆发展建设的探索与思考[J].图书
情报工作,2011(1):10-12.